新时代高校
"三全育人"理论研究
与实践创新丛书

**XIN SHIDAI
GAOXIAO**
SAN-QUAN YUREN
LILUN YANJIU
YU SHIJIAN CHUANGXIN
CONGSHU

新时代高校实践育人

理论与实践

主　编　李　红　王　谦

副主编　胡亚民　贾志宏

江苏大学出版社
JIANGSU UNIVERSITY PRESS

镇　江

图书在版编目(CIP)数据

新时代高校实践育人理论与实践 / 李红，王谦主编
. — 镇江：江苏大学出版社，2021.4
（新时代高校"三全育人"理论研究与实践创新 /
李洪波主编）
ISBN 978-7-5684-1599-6

Ⅰ. ①新… Ⅱ. ①李… ②王… Ⅲ. ①高等学校—社
会实践—教学研究—中国 Ⅳ. ①G642.45

中国版本图书馆 CIP 数据核字(2021)第 061564 号

新时代高校实践育人理论与实践
Xin Shidai Gaoxiao Shijian Yuren Lilun yu Shijian

主　　编/李　红　王　谦
责任编辑/李经晶
出版发行/江苏大学出版社
地　　址/江苏省镇江市梦溪园巷 30 号(邮编：212003)
电　　话/0511-84446464(传真)
网　　址/http：//press. ujs. edu. cn
排　　版/镇江市江东印刷有限责任公司
印　　刷/江苏凤凰数码印务有限公司
开　　本/710 mm×1 000 mm　1/16
印　　张/14.75
字　　数/248 千字
版　　次/2021 年 4 月第 1 版
印　　次/2021 年 4 月第 1 次印刷
书　　号/ISBN 978-7-5684-1599-6
定　　价/65.00 元

如有印装质量问题请与本社营销部联系(电话：0511-84440882)

总　序

习近平总书记强调，高校立身之本在于立德树人。党的十八大以来，习近平总书记对教育事业特别是培养社会主义建设者和接班人工作高度重视，多次强调"要坚持把立德树人作为中心环节，把思想政治工作贯穿教育教学全过程，实现全程育人、全方位育人，努力开创我国高等教育事业发展新局面""要把立德树人的成效作为检验学校一切工作的根本标准""要把立德树人内化到大学建设和管理各领域、各方面、各环节，做到以树人为核心，以立德为根本"等等。习近平总书记的重要论述为进一步开创新时代高校思想政治工作新局面指明了方向。2017 年 12 月，教育部印发《高校思想政治工作质量提升工程实施纲要》，强调要充分发挥课程、科研、实践、文化、网络、心理、管理、服务、资助、组织方面工作的育人能力，构建"十大"育人体系，大力提升高校思想政治工作质量。2020 年 4 月，教育部等八部门联合印发《关于加快构建高校思想政治工作体系的意见》，强调要健全立德树人体制机制，加快构建目标明确、内容完善、标准健全、运行科学、保障有力、成效显著的高校思想政治工作体系。

江苏大学历来重视思想政治工作，紧扣立德树人根本任务，按照"贴近实际、贴近学生、贴近生活"的要求，逐步构建形成了"全员化参与、全过程教育、全方位引导、全媒体跟进"的"四全"学生成长成才服务引导体系。学校多次荣获"江苏省高校思想政治工作先进集体"，学校思想政治工作经验入选教育部《高校德育成果文库》，教育部《加强和改进大学生思想政治教育工作简报》6 次刊发学校经验做法，2016 年 12 月 8 日全国高校思政工作会议结束当天，专题刊发《江苏大学以实施思想政治教育质量提升工程为抓手加强大学生思想政治教育》。2019 年 1 月，学校获批为教育部"三全育人"综合改革试点高校。

以试点建设为契机，江苏大学认真贯彻落实党中央的决策部署和江苏省委、教育部的工作要求，以立德树人为根本，以强农兴农为己任，积极推进"三全育人"综合改革，健全"三全育人"体制机制。以"十大"育人体系为载体和依托，充分整合全校育人力量，着力构建育人机制"大协同"、思政教育"全贯通"、育人要素"强融合"的"大思政"格局，一体化构建内容完善、标准先进、运行科学、保障有力、成效显著的"三全育人"工作体系，打造"知农爱农、工中有农、以工支农、强农兴农"育人特色，形成了育人的江苏大学模式和经验。

为总结"三全育人"综合改革的经验，江苏大学组织编写了"新时代高校'三全育人'理论研究与实践创新"系列丛书。本套丛书共11本，包括1本"三全育人"总论和10本"十大"育人专题论著，主要介绍了"三全育人"及课程育人、科研育人、实践育人、文化育人、网络育人、心理育人、管理育人、服务育人、资助育人、组织育人的基本理论和江苏大学的具体实践。总论以高校"三全育人"及其实践探索为对象，围绕如何在新时代开展"三全育人"工作，践行立德树人的根本使命展开论述，从理论和实践两个层面全面阐述了"三全育人"的理论逻辑与实践路径。10本专题论著分别围绕"十大"育人体系的理论与实践展开论述，力图呈现江苏大学在习近平新时代中国特色社会主义思想指导下，大力推进"三全育人"工作，全面落实立德树人根本任务方面的理论依据、实践探索和方案启示。

沐浴新的阳光，播种新的希望。随着中国特色社会主义进入新时代，我国高等教育也进入新的发展阶段。新时代高等教育面临着新形势、新任务，那就是要适应建设高等教育强国需要，适应高校思想政治工作质量提升需要，着力健全和完善全员全过程全方位育人格局，大力培养能够担当民族复兴大任的时代新人。发展没有终点，改革永无止境，实践不会终结。站在新的起点上，我们要始终坚持以习近平新时代中国特色社会主义思想为指导，增强"四个意识"，坚定"四个自信"，做到"两个维护"，坚定不移地全面贯彻党的教育方针，始终坚持社会主义办学方向，坚守为党育人、为国育才的初心，改革创新，奋发进取，以坚如磐石的信心、只争朝夕的干劲、坚忍不拔的毅力，立足新发展阶段，贯彻新发展理念，服务构建新发展格局，推动"三全育人"综合改革不断走向深入，在育人工作中创造出无愧于新时代的新业绩，努力创造"三全育人"的江苏大学实践、江苏大学经验。

期望本套丛书能为我国高等教育深化"三全育人"改革、落实立德树人根本任务、推进高质量发展贡献绵薄之力，为兄弟院校提供些许借鉴，不胜欣慰。

2021.4.19

前　言

　　2018 年 5 月，习近平总书记在北京大学师生座谈会上发表重要讲话时指出，学生在大学里学什么，能学到什么，学得怎么样，同大学人才培养体系密切相关。人才培养体系涉及学科体系、教学体系、管理体系等，而贯穿其中的是思想政治工作体系。加强党的领导和党的建设，加强思想政治工作体系建设，是形成高水平人才培养体系的重要内容。"三全育人"综合改革是落实总书记关于高校思政工作重要论述的关键一招，是加快构建高校思政工作体系的关键举措。"三全育人"是育人理念、育人思路、育人方式等方面的综合改革，具有战略性、全局性、系统性的显著特点。全员，不仅包括专兼职思想政治工作队伍和党务工作队伍，也包括所有学科教师和研究人员、各级各类职能部门的行政人员乃至教辅人员、后勤服务人员等，高校全体教职工都应负有育人职责，都应该在各自本职工作中对学生进行思想引导和价值引领。全过程，学生从入学到毕业，成长成才的整个过程都要贯穿立德树人总要求，形成全领域、长时段、持续性的育人机制，涵盖高校教育教学、实践实习等各方面，以教育教学为例，包括课程设置、教材选择、备课授课、质量验收等各环节。全方位，就是校内与校外、课内与课外、线上与线下等各个维度都要体现"立德树人"这一根本任务，构筑多维并进、互补互动、综合融通的"大思政"格局，不断增强思政工作的系统性、整体性。

　　教育部印发了《高校思想政治工作质量提升工程实施纲要》，详细规划了课程、科研、实践、文化、网络、心理、管理、服务、资助、组织等"十大"育人体系，聚焦短板弱项，着力构建一体化育人体系，打通育人最后一公里。江苏大学根据《教育部办公厅关于开展"三全育人"综合改革试点工作的通知》（教思政厅函〔2018〕15 号）和《教育部办公厅关于开展第二批"三全育人"综合改革试点工作的通知》（教思政厅函〔2018〕37 号）文件要求，积极组织相关部门研究讨论，精心梳理学校申报优势和试点建设实施计划，深入理解把握指导思想与政策导向，制定出具有江苏大学特色的申报方案。通过全校上下的共同努力，江苏大学于 2019 年 1 月成功入选第二批"三全育人"综合改革试点高校。

《新时代高校实践育人理论与实践》作为江苏大学"新时代高校'三全育人'理论研究与实践创新"系列丛书中"实践育人"分册，共分七章，主要包括理论研究和实践探索两大部分。一是理论研究。由马克思主义视域、教育学理论、中国传统文化视域下的实践育人为切入点，通过我国高校实践育人的发展现状与问题、机遇与挑战，对实践育人的基本内容与发展内涵进行详细的介绍。二是实践探索。从顶层设计及运行机制层面介绍了江苏大学实践育人的实施路径，主要为读者分析了实践育人中师资队伍、育人载体以及育人环境是如何建立的，并通过各种角色和角度的实践育人案例阐明了江苏大学实践育人的探索，最后提出了新时代实践育人的展望。

从育人的理论到江苏大学的实践，本书系统性地介绍了高校实践育人理论基础、时代境遇、基本内容与内涵发展，详细阐述了江苏大学在实践育人过程中的探索路径与典型案例，对江苏大学实践育人工作从本科生、研究生、志愿服务和创新创业等角度进行了深度剖析，以期对读者有一定的借鉴意义。

编　者
2021 年 3 月

目　录

第一章　高校实践育人理论基础

实践育人是一种具备综合性、实践性和开放性的活动，它可以最大限度地发挥学生的主动性，让学生在实践过程中把握课堂理论知识、提高实践操作技能。在学习过程中，有些不适合采用语言或书本等传统方式进行逻辑说明的、只能通过自己切身体会的知识文化，可以采用讲堂外实践的方法让学生接受，从而使学生通过自身体验与感悟，理性地对学过的知识进行应用、反思、创新和传承，实现自己的全面发展。

研究高校实践育人必须把握高校实践育人的本质内涵，明晰实践、育人和实践育人等核心概念，分析高校实践育人的特点、功能和本质要求，这也是开展高校实践育人研究的逻辑起点。

第一节　马克思主义视域下的实践育人

马克思主义的人类学实践论认为，实践并不是某种外在的、可有可无的东西，并不是人的某种"偶然性"，而是人的本质的存在方式；整个人类世界就是实践活动的总体。作为人的本质的存在方式，实践既具有主观性，又具有客观性；同时，实践又以一种现实的感性活动，使自己成为一种物质力量。就此而言，实践本身乃一个大全，具有本体论意义。人们的实践活动并不只是简单地改造自然、适应自然、求得生存，而是要超越自然，实现自己的目的和理想。马克思主义总体性的实践观念，克服了哲学史上关于实践的种种片面观点。马克思主义的实践观认为：实践既不是单纯的主观性，也不是单纯的客观性，更不是单纯的感性活动，而是三者的统一，是一个大全，因此马克思主义的实践观才是科学的实践观。

一、 实践是改造世界的能动活动

实践是人类存在和发展的根本方式，是人类实现自我教育的基本途径之一。马克思在《关于费尔巴哈的提纲》一文中曾精辟地指出："哲学家们只是用不同的方式解释世界，而问题在于改造世界。"改造世界，就是辩证唯物主义的最根本的实践命题。

在马克思主义者看来，实践"是人们为着满足一定的需要而进行的能动改造和探索物质世界的活动"①。实践具有客观性、能动性和社会性三个基本特征；实践具有创造客体价值和优化主体两大功能；实践包括相互联系、互动发展的三种基本形式，即生产实践、处理和变革社会关系的实践以及科学实验。能动性是实践的重要特征，社会生活本质上是实践的，实践不仅可以改造自然界和社会，而且可以改造人类的思维，使人的思维从此岸到达彼岸，体现有效的导向功能。马克思曾指出："虽然工厂儿童上课的时间要比正规的日校学生少一半，但学到的东西一样多，而且往往更多。"② 之所以会出现这种情况，就是因为实践不仅为人类的发展创造物质前提，而且具有改造人类思维、优化主体的客观教育功能，实践包含着特殊的教育功效。实践是一种深层次的教育，具有双重功能，即人们在积极能动地改造自然与社会的过程中，也正改变、优化着自己。

（一）大学生通过接触社会和自然获得直观认识

实践为大学生打开一扇门，将他们直接带入社会和生产生活，在实践中接受教育。社会和生产生活在本质上就是实践的，只有有了实践的接近，才可能有认识上的接近，进而获得知识、掌握知识。实践是面向客观世界的，大学生通过接触大量的社会现象和自然现象，除了可获得大量直接的经验认识外，还可在此基础上由现象到本质，进一步认识到事物发展变化的内在规律，掌握科学知识。例如加强大学生对促进社会可持续和谐发展、国民经济提升的必要性和重要性的认识，单靠课堂教育显然难有显著成效，但是如果让大学生到生态环境受到严重污染的地区、到贫困地区进行实地考察，便可以使大学生通过亲

---

① 马克思，恩格斯. 马克思主义哲学原理［M］. 北京：高等教育出版社，1999：46.

② 中共中央马克思恩格斯列宁斯大林著作编译局. 马克思恩格斯全集：第23卷［M］. 北京：人民出版社，1985：529.

眼所见和切身感受，对各种现实状况有深刻的直观认识，从而提高对习近平新时代中国特色社会主义思想的理解和把握。实践能使大学生获得触及灵魂的深刻感受，课堂教育的内容在实践中比较容易被理解和接受，通过实践，大学生可以较好地实现由理论知识到实践能力的内化。

（二）实践促进大学生思想观念的发展

马克思曾经说过："人的本质并不是单个人所固有的抽象物。在其现实性上，它是一切社会关系的总和。"① 人的思想观念是社会关系的反映，随着实践的深入发展，社会关系会发生不同程度的变化，从而使人的思想也相应地发生变化。大学生的各类实践涉及各种社会关系，大学生在实践中加强了与各行各业、不同社会群体或个体的联系，也提升了综合素质和能力。同时，大学生走向社会参加生产和服务实践，亲身体验生活、看到城乡差别、感受贫富差距、学习科学知识应用到生产，在与人民群众的接触、了解和交流中受到真切的感染，从活生生的典型事例中受到深刻的教育和启发，使思想得到升华，社会责任感、使命感及家国情怀得到加强。通过广泛的实践活动，还能让大学生看到自己和社会需要之间的差距，看到自身知识和能力上存在的不足，比较客观地去重新认识、评价自我，逐渐摆正个人与社会、个人与人民群众的位置。同时，他们会产生一种紧迫感和危机感，从而能够潜心思考自身的发展问题，不断去努力提高自身素质和能力，以适应社会发展的需要。

（三）社会实践帮助大学生实现理论与实践相结合

知识只有付诸实践才能发挥出巨大的能量，人才只有置身于实践中才能实现最大的价值。实践使大学生接近社会和自然，获得大量的感性认识和许多有价值的新知识，同时使他们能够把自己所学的理论知识与接触的实际现象进行对照、研究，把抽象的理论知识逐渐转化为认识和解决实际问题的能力。参与社会生活、生产创造实践，使大学生在实践中不断动手、动脑、动口，直接和社会各阶层、各部门的人员打交道，培养和锻炼实际工作能力，并且在工作中发现不足，及时改进和提高，进一步更新自己的知识结构，获取新的知识信息，以适应社会的需要。从根本意义上讲，高校学生的实践是一种着眼于现代社会新人培养的教育活动，使改造客观世界与主观世界相结合并实现互动发

① 中共中央马克思恩格斯列宁斯大林著作编译局. 马克思恩格斯全集：第23卷［M］. 北京：人民出版社，1985：18.

展，主体是参加实践的大学生，改造客观世界是途径和手段，改造主观世界是根本目的。大学生作为社会实践的主体，主要目标是接受社会的教育和文明的熏陶，并且主观能动地延续和推动社会的文明和进步。

二、 实现教育与实践相结合

随着社会生产力的发展以及社会对人才素质要求的提高，逐步发展形成"教育与生产劳动相结合，在生产劳动中实施教育"这一现代社会的基本教育思想。党的三代领导集体在谈到人的全面发展理论时，都提到并且强调了"教育与生产劳动相结合"的重要性，这些都是对马克思主义实践教育理论的继承和发展。高校在大学生的培养过程中，必须高度重视大学生实践工作的开展，把教育与实践紧密结合起来，积极在实践过程中开展各种教育活动。

（一）教育与社会实践相结合的必要性

《共产党宣言》鲜明地提出："把教育同物质生产结合起来。"生产劳动作为社会实践的重要形式，伴随着社会生产力的提高，早在资本主义大工业生产和发展时期，许多卓越的思想家和教育家已经提出了教育与生产劳动相结合的思想。例如，18世纪资产阶级民主主义者卢梭、裴斯泰洛齐等设想建立一种以个人劳动为基础的社会制度，提出了劳动教育；再如，19世纪空想社会主义者欧文认为，完善的新人应该是在劳动中和为了劳动而培养出来的，他以教育同生产劳动相结合为原则进行教育实验。对此，马克思认为，这种把教育同工业基础上的生产劳动相结合的实验是"未来教育的幼芽"，"未来教育对所有已满一定年龄的儿童来说，就是生产劳动同智育和体育相结合"[1]。他还指出："在按照各种年龄严格调节劳动时间并采取其他保护儿童的预防措施的条件下，生产劳动和教育的早期结合是改造现代社会的最强有力的手段之一。"[2] 同时他部分肯定了资本主义这种教育与生产劳动相结合的教育形式，并提出："我们认为，现代工业吸引男女儿童和少年来参加伟大的社会生产事业，是一种进步

---

[1] 中共中央马克思恩格斯列宁斯大林著作编译局. 马克思恩格斯全集：第23卷 [M]. 北京：人民出版社，1996：361.

[2] 中共中央马克思恩格斯列宁斯大林著作编译局. 马克思恩格斯全集：第23卷 [M]. 北京：人民出版社，1996：24.

的、健康的和合乎规律的趋势，虽然在资本主义制度下它是畸形的。"①

马克思主义批判地继承了人类历史上关于在生产劳动中实施教育的思想，并对之加以改造和发展，进而将其肯定为无产阶级的基本教育准则。1866 年，马克思在《临时中央委员会就若干问题给代表的指示》中结合无产阶级的历史使命，特别指出了教育与生产劳动相结合的必要性，"把有报酬的生产劳动、智育、体育和综合技术教育结合起来，就会把工人阶级提高到比贵族和资产阶级高得多的水平"②。恩格斯也提出："在社会主义社会中，劳动将和教育相结合，从而保证多方面的技术训练和科学教育的实践基础。"③

列宁继承并发展了马克思和恩格斯关于教育必须同生产劳动相结合的先进思想，指出："没有年轻一代的教育和生产劳动的结合，未来社会的理想是不能想象的；无论是脱离生产劳动的教学和教育，或者没有同时进行教学和教育的生产劳动都不能达到现代技术水平和科学知识现状所要求的高度。"④ 不论是在革命战争年代还是在社会建设时期，列宁始终强调把教育与生产劳动相结合。十月革命胜利后，他要求"青年团员个个都是有知识的，同时又都善于劳动"⑤。列宁把在生产劳动中实施教育作为社会主义教育的基本原则，认为"把教育工作和社会生产劳动密切地结合起来"是"最迫切的任务"之一⑥。

（二）教育是开展实践活动的立足点

教育与实践相结合的立足点和归宿点是为了培养人，其根本目的是在实践的过程中深化受教育者对科学知识的理解，使受教育者的知识面得到拓宽、知识结构更趋完善，并能掌握基本的工作技术与技能。也就是说，教育与实践的结合，必须为整体的教育培养计划服务，以教育为根本立足点。是否具有教育

① 中共中央马克思恩格斯列宁斯大林著作编译局. 马克思恩格斯全集：第 23 卷 [M]. 北京：人民出版社，1985：216.

② 中共中央马克思恩格斯列宁斯大林著作编译局. 马克思恩格斯全集：第 23 卷 [M]. 北京：人民出版社，1985：218.

③ 中共中央马克思恩格斯列宁斯大林著作编译局. 马克思恩格斯全集：第 23 卷 [M]. 北京：人民出版社，1966：360.

④ 中共中央马克思恩格斯列宁斯大林著作编译局. 列宁全集：第 2 卷 [M]. 北京：人民出版社，1986：413.

⑤ 中共中央马克思恩格斯列宁斯大林著作编译局. 列宁全集：第 4 卷 [M]. 北京：人民出版社，1986：358.

⑥ 中共中央马克思恩格斯列宁斯大林著作编译局. 列宁全集：第 3 卷 [M]. 北京：人民出版社，1986：746.

性，是判断在社会实践中是否实现了教育的基本依据，正如马卡连柯所说："认为在劳动教育中仅仅发展筋肉或视觉、触觉等认识手段，仅仅发展手指动作等等的看法是完全错误的。当然，劳动中的体力发展也有重大意义，也是很重要的，同时也完全是体育所必不可缺乏的因素。但是，劳动最大的益处还在于人们的道德上和精神上的发展。"① 也就是说，劳动的目的在于在实践锻炼中对受教育者施加有目的、有计划、与社会要求相符合的教育影响。

我们应当继承与发展马克思主义的教育与生产劳动相结合的思想，以"协助整个教育计划的完成，在社会实践中有效地实现教育，促进人的全面健康发展"为建立高等学校实践教育目标体系的基本取向。

（三）搞好课堂教学是教育与实践活动相结合的基础

搞好校内课堂教学教育是教育与实践相结合的基本前提，尽管实践活动有益于受教育者道德和精神的发展，但决不能以此否定和替代系统的课堂学习，否则就会本末倒置。一个人的知识绝大部分是间接地从传授和读书中获得的，而课堂教学是学习知识的基本途径。没有课堂学习的充分保证，实践将失去应有的教育价值。同样，强调系统的课堂学习也并不意味着可以忽略社会实践教育。社会实践能直接帮助大学生将理论知识运用于实际操作。对待课堂教学教育与社会实践教育，我们应持有正确的态度，既要重视课堂教学，又不可忽视和放松社会实践。因此，在建立大学生社会实践教育目标体系时，要注意从形式和内容两方面保证课堂教学与社会实践的相互协调和有机结合。社会实践应当纳入教育总体系之中，使社会实践配合教学计划，成为教育的一种有效途径。应当用教育的眼光对待社会实践，发挥社会实践的辅助教育作用，服务于整个育人过程。

（四）从实际出发是教育与社会实践相结合的基本条件

对于教育与生产劳动相结合，列宁主张从实际出发，坚持实事求是、需要和可能相结合的原则，他说："决不能这样来谈综合技术教育：从抽象的观念出发，针对遥远的未来，而不考虑当前的、迫切的、糟糕的现实情况。""教育与社会实践相结合"是对于"教育与生产劳动相结合"的继承与发展，坚持从实际出发的原则。在安排大学生实践教育内容时，必须从我国国情的客观实际

---

① 马卡连柯. 马卡连柯教育文集：下卷 ［M］. 吴式颖，等编. 北京：人民教育出版社，1985：180.

出发，从社会发展的客观需要出发，也要从大学生的内在需求出发。同时，在大学生的社会实践过程中要注意有目的、有计划地进行思想政治教育。正如《中共中央国务院关于进一步加强和改进大学生思想政治教育的意见》中所指出的：深入开展实践是新形势下大学生思想政治教育的有效途径。"实践是大学生思想政治教育的重要环节，对于促进大学生了解社会、了解国情、增长才干、奉献社会、锻炼毅力、培养品格、增强社会责任感具有不可替代的作用。"

了解实践的理论渊源，认识实践对于促进人的全面发展的重要作用，正确看待课堂教育与实践教育的关系，是科学、有效地开展大学生社会实践的前提。

三、 实践育人长效机制的马克思主义理论依据

实践育人长效机制，是马克思主义中人的全面发展的本质要求，是教育发展规律的要求，是人的思想品德形成发展的要求，是培养创新型人才的要求，更是提升大学生思想政治教育实践育人工作实效性的现实要求。

（一）马克思主义实践观的理论依据

1. 马克思主义实践观和教育观

列宁有一个著名论断：实践是马克思主义首要的基本的观点。简言之，实践就是人类改造世界的活动。马克思主义将认识的来源推广至实践，又将认识的发展归根于实践。实践无止境，认识也无止境，以实践为主要途径的"改造世界"是认识的最终目的，实践也是检验真理的唯一标准。同时，人们在实践过程中能够提升思维能力、升级社会认知，将改造自身和改造世界统一起来。社会实践是检验当代大学生对社会认知正确与否的唯一标准，在教育与自我教育的辩证理论指引下，通过社会实践实现锤炼品行、塑心修德、提升认识的育人目标。马克思主义理论博大精深，始终占据着真理与道义的制高点，其中包含以人的自由和全面发展为最高理想和根本价值取向的教育观，即关于培养人、教育人的基本立场、观点和方法。立场决定方法，马克思主义的人本立场决定了其秉承的教育方法必然蕴含着博大的人文关怀；观点体现立场，马克思主义的唯物史观决定了其努力造就的人才必定面向现实、面向实践；方法决定出路，马克思主义历史的唯物的辩证方法决定了其指导下的教育理念从产生之日起就蕴含着辩证发展的无穷力量。

2. 马克思主义实践观和认识论

马克思主义具有阶级性、科学性和实践性的特点，实践的观点是马克思主义哲学的基本观点。马克思在《关于费尔巴哈的提纲》中曾指出："人的思维是否具有客观的真理性，这不是一个理论的问题，而是一个实践的问题。"马克思把实践观引入认识论，认为实践是认识的基础，实践是认识的来源，实践是检验真理的唯一标准。要想获得真理，即证明主观符合客观，不能用理论来证明理论，要追其源头，以实践为途径和桥梁，才能使主观见之于客观。马克思说："哲学家们只是用不同的方式解释世界，问题在于改变世界。"认识世界的目的在于改造世界，人类从实践当中获得真理性的认识，随着社会实践的不断深入，人的认识的深度和广度也不断扩大，在把握规律的基础上，通过实践获得新的认识，进而创造规律、改变环境、变革社会，以此推动社会的不断向前发展和人类的不断进步。正如毛泽东说的那样，"实践，认识，再实践，再认识，这样形式，循环往复以至无穷，而实践和认识之每一循环的内容，都比较地进到了高一级的程度"。所以，实践育人长效机制可以使大学生更好地理解和消化其已有的理论知识，也可以在其参加各种实践活动的过程中发现问题、创新理论，进而促进整体素质的提升。

（二）全面发展理论与发展规律

1. 人的全面发展理论

人的全面发展，包括人的需要的全面发展、人的能力的全面发展和人的本质的全面发展。人的需要包含物质需要和精神需要两个层面，人的能力包含智力和体力，而人的本质"在其现实性上，是一切社会关系的总和"。从人的全面发展的实现角度而言、从物质需要满足和体力发展的角度而言，劳动实践是其唯一实现途径；精神需要的满足和智力的发展，则需要依靠教育来实现，教育又可分为理论教育和实践教育；人的本质的全面发展即社会关系的总和的全面发展，则要依赖于一定的社会交往，社会交往在一定程度上可以理解为实践活动，也就是说，人的全面发展的实现，需要教育与劳动实践的结合。正如马克思在《资本论》中论述的那样："生产劳动同智育和体育相结合，它不仅是提高社会生产的一种方法，而且是造就全面发展的人的唯一方法。"又如列宁所说："没有年轻一代的教育和生产劳动的结合，未来社会的理想是不能想象的；无论是脱离生产劳动的教学和教育，或者没有同时进行教学和教育的生产劳动，都不能达到现代技术水平和科学知识现状所要求的高度。"因此，要想促进大学生的全面发展，则在对其进行理论教育的基础上，还要让其参加各种实践活动，寓教育于实践，用理论指导实践，以实践推动理论的创新和发展。

2. 内化外化规律

思想政治教育的目的在于提升受教育者的思想道德素质，人的思想品德的提升和发展过程是知、情、意、信、行五个要素平衡发展的辩证统一的过程。"人的思想品德是在实践基础上主客体因素相互作用、相互协调的产物"，是思想品德形成发展过程中必须要遵循的规律之一。人的思想品德提升和发展的实现，除了需要理论的引导，更需要实践的推进，需要隐性教育。"隐性思想政治教育的开展总是寓于其它社会实践活动之中，总是和其它社会实践活动的开展有机融合，渗透于其它社会实践活动开展的全过程。"受教育者对于思想品德的认识、情感、意志和信念，主要是通过显性教育的方式进行，尤其是通过思想政治理论课这个主渠道，集中表现为集体化的理论灌输，以此来达到内化于心的目的。外化于行的实现，则主要依靠的是隐性教育，借助一定的实践活动，将思想品德认识转化为思想品德行为。当然，内外化的过程中，隐性教育和显性教育也可进行交叉和重合运用，将隐性教育应用于受教育者内化的过程，表现为：实践是认识的基础，实践是情感培育的土壤，实践是意志形成的关键，实践是信念坚定的后盾。此外，隐性教育具有潜隐性的特点，寓思想政治教育于实践活动之中，"'润物无声''潜移默化'，易于为受教育者接受，可以有效地避免显性教育中出现的逆反心理"。

3. 生活即教育规律

教育学是一门研究教育现象和教育规律的科学，而掌握和遵循教育规律是思想政治教育的基本要求之一，因此，大学生实践育人长效机制建设必须将教育学作为其理论依据之一。作为教育学重要方面的德育学科理论，它的发展和演变轨迹，证明了实践育人长效机制建设的必要性和紧迫性。传统的道德教育理念，割裂了知与行的关系，将德育教育理解为单纯的认知教育，认为德育过程是受教育者被动接受道德影响和道德理论灌输的过程，忽视了受教育者在道德教育中的能动作用，将德育与现实生活相剥离。我国教育家陶行知批判了德育教育将教育从社会生活中剥离出来的错误理念，强调了行动在教育中的重要性，行动产生理论、改进理论、发展理论，提出了"生活即教育""社会即学校""教学做合一"的教育思想理念，主张教育与生活即实践相结合。实践在教育发展过程中具有重要作用，陶行知曾指出："修身伦理一类的学问，最应注意的，在乎实行；但是现今学校中所通行的修身伦理，很少实行的机会；即或有之，亦不过练习仪式而已。所以嘴里讲道德，耳朵听道德，而所作所为却不能合乎道德的标准，无形无影当中，把道德和行为分而为二。若想除去这种弊端，非给学生种种机会，练习道德的行为不可。"此外，随着教育的不断发展和完善，我国教育学者还提出了开放式实践教育理念，即打破课内外、校内外界限，将课堂教学与生活实践相结合，使教学内容更加贴近社会生活，寓理论教育内容于社会实践，在社会实践活动过程中实现教育的目的。总之，大学生实践育人长效机制符合德育教育联系实际、知行合一的要求，也符合现代教育学发展的总趋势。

（三）党和国家领导人的实践育人观

"少年智则国智，少年富则国富，少年强则国强"，青年人是国家的未来和民族的希望。在不同历史时期，毛泽东、邓小平、江泽民、胡锦涛及习近平等党和国家领导人都对青年学生的健康成长、全面发展提出了希望和要求，对青年学生具有深刻启迪，也为教书育人指明了方向。

1. 教育和生产劳动相结合

革命战争年代，教育与生产劳动相结合是教育青年和改造知识分子的重要手段。1934 年召开的苏维埃第二届全国代表大会上，毛泽东提出苏维埃文化教育的总方针是："教育和生产劳动联系起来，以共产主义的精神来教育广大的劳苦民众，使广大的中国民众都成为文明幸福的人。"① 抗日战争时期，中国共产党筹办的抗日军政大学等都坚持教劳结合，开展了热火朝天的大生产运动。毛泽东在延安青年纪念"五四运动二十周年座谈会"上指出："延安的青年们干了些什么呢？他们在学习革命的理论，研究抗日救国的道理和方法。他们在实行生产运动，开发了千亩万亩的荒地。开荒种地这件事，连孔夫子也没有做过。"② 毛泽东认为引导青年参加大生产运动，不仅是缓解边区物资紧缺的经济

---

① 中共中央文献研究室、新华通讯社. 毛泽东新闻工作文选［M］. 北京：新华出版社，1984：34 - 35.

② 毛泽东. 毛泽东选集：第 2 卷［M］. 中央文献编辑委员会，修订. 北京：人民出版社，1991：568.

需要，更是知识分子思想改造的有效形式。

中华人民共和国成立初期，中国共产党把教育与生产劳动相结合作为党的教育工作的基本方针，并上升为中国共产党领导下的各级学校培养社会主义建设者的基本国策。1958年，中共中央、国务院联合发出了《关于教育工作的指示》。该指示所确立的两项党的教育方针其中之一就是教育与生产劳动相结合。同年，毛泽东提出对高等学校必须把握住三点工作方针，分别是坚持党委领导、群众路线，以及教育与生产劳动相结合。周恩来在第一届全国人民代表大会第四次会议上所做的《政府工作报告》指出："青年学生都应该把参加工农业生产劳动看作最大的光荣，同时又应该认识，参加工农业生产劳动是有困难的。新中国的青年应该不怕艰苦，下定决心吃苦，老老实实地劳动。全国学生的家长们和社会舆论都应该鼓励学生参加生产劳动，特别是农业生产劳动，要继续批判一部分家长和干部轻视体力劳动，阻挠学生参加工农业生产劳动的错误思想和行动。教育部门应该根据上述教育方针，在过去几年教育改革的基础上，对现行的教育制度、教育内容和教学法，彻底地稳步地加以改进。"[1] 这一阶段，教育与生产劳动相结合促进青年全面发展的出发点和归宿已经由思想改造知识青年转变为培养社会主义建设者。教育的内容转变为重在对青年进行知识学习与生产劳动相结合的思想素质教育和品德教育。

2. 教育"三个面向"的理念

"教育要面向现代化、面向世界、面向未来"（简称教育"三个面向"）是邓小平教育思想的核心和灵魂。1983年9月7日，邓小平应邀为北京景山学校20周年校庆题词，他写下"教育要面向现代化、面向世界、面向未来"。"三个面向"教育理念的提出有着深刻的时代背景和历史意义。改革开放开启了我国教育事业发展的新征程，邓小平从教育在现代化建设中所起的重要战略作用出发，重新审视了社会主义教育的方针和目的，提出了教育必须面向现代化、面向世界、面向未来的理念。

（1）教育面向现代化。中华人民共和国成立初期，确立了坚持党委领导、群众路线，以及教育与生产劳动相结合的教育方针，为新中国建设培养了一批"又红又专"的人才。改革开放以后，我国进入社会主义现代化建设的新时期，

---

① 1957年国务院政府工作报告 [N]. 人民日报，1957 – 6 – 27.

迫切需要大批现代化人才。邓小平考察访问美国、日本及欧洲等国家的现代化程度后，认为现代化工具为教育工作提供了新的平台和资源，这些平台和资源有助于提升教育效率和教育质量，办成充分应用现代化教育理念、采用现代化教育体制、运用现代化教学手段的现代化教育。同时，教育的根本目的应该是培养社会主义现代化建设所需要的"有理想、有道德、有文化、有纪律"的高素质劳动者，承担起实现"四个现代化"的历史任务。他指出："我们要实现现代化，关键是科学技术要能上去。发展科学技术，不抓教育不行。"① 同时，他强调教育要面向现代化，服从于现代化，服务于现代化，自觉适应现代化的需要，在现代化建设中发挥自身的战略作用。

面向现代化是"三个面向"的主体，面向现代化必然要求面向世界和面向未来。面向现代化的理念在本质上与实践育人是相通的。面向现代化的理念鲜明地回答了要通过什么样的实践手段来育人、培育什么样的人的问题。那就是要注重在社会主义现代化建设的大学校、大舞台、大平台中教育人，培养和造就一批"有理想、有道德、有文化、有纪律"的能适应社会主义现代化建设需要的建设者和接班人。

（2）教育面向世界。邓小平认为教育也必须面向世界，一方面，教育要为改革开放服务，发挥促进对外开放、推动思想解放的作用；另一方面，教育自身要对外开放，走向世界，广泛借鉴世界资源，提高教育质量和效益。

邓小平站在我国改革开放的时代背景之下，强调教育要面向世界，提出教育的主要目标应该着眼于培养具有国际视野和掌握全球顶尖科学技术知识的人才，他说："我们要把世界一切先进技术、先进成果作为我们发展的起点。"② 并认为教育是推进改革开放、推进思想解放的重要途径。同时，"教育要面向世界"的另一层含义是应该吸收世界先进文化和科技成果来发展教育，通过"请进来"和"走出去"两种形式推进人才培养的国际化。从 1978 年到 1996 年，我国共派遣留学人员近 30 万人，分布在 103 个国家和地区，派出人数之多，分布国家之广，充分体现了"走出国门办教育，面向世界取经验"的政

---

① 邓小平. 邓小平文选：第 2 卷 [M]. 中共中央文献委员会，编. 北京：人民出版社，1994：40.

② 邓小平. 邓小平文选：第 2 卷 [M]. 中共中央文献委员会，编. 北京：人民出版社，1994：111.

策。同时，我国积极利用世界银行贷款等国外资金支持国内教育事业发展。20世纪80年代，我国第一笔世界银行贷款资金就是用于教育项目。

面向世界是面向现代化在空间上的扩展。面向世界是为了更好地面向现代化、服务现代化、实现现代化。面向世界理念在实践育人上的体现就是必须注重在面向世界、融入世界、借鉴世界上一切先进文明和科技成果的实践中培养人，培育出具有国际视野和国际竞争力，能承担起改革开放的时代任务和历史征程的新一代社会主义建设者。

（3）教育面向未来。为了引导人们从历史的经验桎梏中解脱出来，不再单纯地根据以往某些片面的思想观点、某些单独事件所形成的历史经验来指导当前的生产劳动实践，而是应该着眼于当前实践实际，着眼于未来继承创新和发展，邓小平提出教育要面向未来。教育要面向未来的论断是基于教育是为未来社会培养人才这一出发点，包含教育要着眼于中国现代化建设的未来、中国现代化建设的未来取决于教育这两层含义。人才培养的目标应该是为社会主义现代化建设服务，也就是培养社会主义现代化建设人才所需的道德品质、能力素质和身体素质。与此同时，教育也能为现代化建设提供巨大的红利，现代化建设目标的实现取决于教育目标的实现。邓小平指出："一个十亿人口的大国，教育搞上去了，人才资源的巨大优势是任何国家都比不了的。有了人才优势，再加上先进的社会主义制度，我们的目标就有把握达到。"[1] 教育要面向未来是从未来的视角肯定了教育的重大价值和历史责任。

面向未来是面向现代化在时间上的延伸，也是为了更好地面向现代化、服务现代化、实现现代化。面向未来理念在实践育人上的体现就是必须注重在解放思想、改革开放的创新实践中培养人，培育出具有创新精神、勇于开拓求新、面向未来需求的德智体美劳全面发展的人才。

教育"三个面向"的理念，既各有侧重又浑然一体，它们从不同侧面论述了教育的目的、功能和方式，又完整地统一于培养社会主义建设者和接班人这一中心任务。"三个面向"的理念实现了与社会主义现代化建设的实际需求、时代未来发展的期望和世界整体发展进步之间的完美契合，科学揭示了教育发展与现代化建设、时代进步和世界发展之间相辅相成、整体统一的关系，是新

---

① 邓小平. 邓小平文选：第3卷 ［M］. 中共中央文献委员会，编. 北京：人民出版社，1993：120.

时期关于教育事业发展的指导思想和顶层规划。"三个面向"是面向现代化的现实性、面向世界的开放性、面向未来的超越性的有机统一。无论是面向现代化、面向世界还是面向未来，其核心目的和最终追求都是为了更好地培养"有理想、有道德、有文化、有纪律"的社会主义建设者和接班人。育人是"三个面向"教育思想的目标所在，以邓小平"三个面向"教育思想为指导，尊重知识、尊重人才成为社会主流呼声，教育工作表现出与经济改革实践紧密结合的局面。根据改革开放和社会主义现代化建设的需要，一批新兴专业、新型学科在高校纷纷开办起来，教育质量和教育效益得到较大提升，为改革开放伟大实践提供了源源不断的人才资源和智力支持。

3. 坚持学习书本知识与投身社会实践的统一

江泽民认为，青少年成长成才必须做到"四个统一"，坚持学习科学文化与加强思想修养的统一、学习书本知识与投身社会实践的统一、实现自身价值与服务祖国人民的统一、树立远大理想与进行艰苦奋斗的统一。组织学生参加劳动、开展社会实践是实行素质教育，落实科教兴国战略的必由之路。在1994年召开的全国教育工作会议上，江泽民强调："如果只是让学生关起门来读书，不参加劳动，不接触社会实践，不了解工人农民是怎样辛勤创造社会财富的，不培养劳动人民感情，是不利于他们健康成长和全面发展的。"① 在会议上，结合当时部分学校大中专毕业生分配时出现的少数学生好逸恶劳、不珍惜劳动成果的现象，江泽民忧心忡忡地谈道："教育如果不与生产劳动相结合，将妨碍社会生产力的提高，而且剥削阶级的思想意识和资产阶级的生活方式就会在一部分青少年中滋长起来，教育为社会主义建设服务，培养德、智、体等方面全面发展的社会主义事业的建设者和接班人也就将成为一句空话。"②

2000年2月1日，结合当时社会上出现的某高中生因学习压力过大杀死母亲、某学生家长因孩子未评上"三好学生"带人殴打班主任等事件，江泽民同志专门发表了《关于教育问题的谈话》，指出青少年的健康成长是家庭、学校和全社会的共同责任，要求"不能整天把青少年禁锢在书本上和屋子里，要让他们参加一些社会实践，打开他们的视野，增长他们的社会经验"③，提出

① 江泽民. 江泽民在全国教育工作会议上的讲话 [N]. 人民日报，1994 - 6 - 16.
② 江泽民. 江泽民在全国教育工作会议上的讲话 [N]. 人民日报，1994 - 6 - 16.
③ 江泽民. 江泽民关于教育问题的谈话 [N]. 人民日报，2000 - 3 - 1.

"社会主义改革开放和现代化建设，为年轻一代的成长提供了广阔的舞台，只要他们有为祖国、为人民贡献青春的志向，满腔热情地投入到建设祖国的伟大事业中去，认真学习，努力掌握实践知识与技能，把自己的聪明才智奉献给祖国和人民，就一定能够成长为有用之才"。江泽民的论述阐明了实践是青少年成长的必由之路，中国改革开放和现代化建设为青少年在实践中成长提供了广阔的舞台。

4. 把创新思维与社会实践紧密结合起来

进入 21 世纪以来，青少年的成长环境、自身行为特点都发生了重大变化。以胡锦涛同志为总书记的党中央敏锐把握这一变化，提出青年学生必须把创新思维和社会实践紧密结合起来，把社会实践作为创新思维的源头活水。2011 年 4 月 23 日在参加清华大学百年校庆时，胡锦涛提出："希望同学们把创新思维和社会实践紧密结合起来，坚持理论联系实际，积极投身社会实践，在实践中发现新知运用真知。"① 同时，他指出创新思维和社会实践紧密结合是青年成才的科学途径和青年成长的正确道路，其中社会实践是创新思维的源头活水，创新的需求来源于实践探索，创新的动力来源于实践需要，创新的成果必须应用于实践检验。同时，在社会实践的过程中，必须坚持勇于探索、敢于求新，积极运用新思维、新办法来指导开展实践活动。青年学生坚持创新思想与社会实践紧密结合，有助于在解决实际问题的过程中增长见识、提升本领，有助于培养创新精神和实践能力，为成长成才打下坚实基础。

围绕青年学生必须坚持创新思维和实践能力紧密结合，胡锦涛还在一系列讲话中多次谈到创新精神和实践能力培养的重要性。胡锦涛在召开的全国教育工作会议上提出："要促进学生全面发展，优化知识结构，丰富社会实践，加强劳动教育，着力提高学习能力、实践能力、创新能力，提高综合素质，加快改变学生创新能力培养不足状况，推进教学、科研、实践紧密结合，学校、家庭、社会密切配合，加强学校之间、校企之间、学校和科研机构之间合作以及中外合作等多种联合培养方式。"② 他强调，实践与教学和科研都是育人的有效途径，校企联合培养是人才培养的重要方式，提出促进学生全面发展，必须坚

---

① 胡锦涛. 胡锦涛在清华大学百年校庆大会上的讲话 [N]. 人民日报，2011 - 4 - 23.
② 胡锦涛. 胡锦涛在全国教育工作会议上的讲话 [N]. 人民日报，2000 - 9 - 9.

持教学、科研、实践紧密结合，学校、家庭、社会紧密结合，学校、企业、科研机构紧密结合。党的十八大报告指出："把立德树人作为教育的根本任务，着力提高教育质量，培养学生社会责任感、创新精神、实践能力。"① 这是第一次将学生创新精神和实践能力培养纳入中国共产党的重要工作范畴，写进了党代会报告，作为中国共产党领导下的青年工作和教育工作的重要内容。

5. 实践是提升本领的途径

面对全面建成小康社会的新形势、新任务，习近平同志勉励广大青年："我们的学习应该是全面的、系统的、富有探索精神的。既要向书本学习，也要向实践学习；既要向人民群众学习，向专家学者学习，也要向国外有益经验学习。有理论知识的学习，也有实践知识的学习。"习近平同志强调："广大青年既扎实打牢基础知识又及时更新知识，既刻苦钻研理论又积极掌握技能……要学以致用……在改革开放和社会主义现代化建设的大熔炉中，在社会的大学校里，掌握真才实学，增益其所不能，努力成为可堪大用、能担重任的栋梁之材。"习近平同志指出："现在，我们比历史上任何时期都更接近实现中华民族伟大复兴的目标，比历史上任何时期都更有信心、更有能力实现这个目标。"这是当代青年的际遇和机缘，习近平勉励青年"只有把人生理想融入国家和民族的事业中，才能最终成就一番事业"，希望当代青年"珍惜韶华、奋发有为，勇做走在时代前面的奋进者、开拓者、奉献者，努力使自己成为祖国建设的有用之才、栋梁之材，为实现中国梦奉献智慧和力量"。2014 年 5 月 4 日，在与北京大学师生座谈时，习近平同志再次谈道：当代青年是"两个一百年"目标的全过程参与者，"希望大家努力在实现中国梦的伟大实践中创造自己的精彩人生"。同时，习近平同志还多次给华中农业大学、保定学院等高校志愿者回信，肯定他们坚持开展志愿服务活动，坚持与祖国同行、为人民奉献的正确成长方向，指出当代青年要"到基层和人民中去建功立业，让青春之花绽放在祖国最需要的地方，在实现中国梦的伟大实践中书写别样精彩的人生"。习近平同志青年时期在陕西省延安市梁家河村度过了 7 年的插队生活，期间积极参加生产劳动，"扛 2000 斤麦子走十里山路不换肩"，被村民们誉为"好后生"。他

① 胡锦涛. 坚定不移沿着中国特色社会主义道路前进 为全面建成小康社会而奋斗 [M]. 北京：人民出版社，2012：35.

多次以亲身经历指出，劳动实践是宝贵的人生财富，是成长和进步的起始，引导青少年"生活靠劳动创造，人生也靠劳动创造……通过劳动播种希望、收获果实，也通过劳动磨炼意志、锻炼自己"，勉励青少年养成爱学习、爱劳动、爱祖国的优良品格，并在党的十八届三中全会的报告中提出，要"形成爱学习、爱劳动、爱祖国活动的有效形式和长效机制"。这就为青年大学生指明了成长成才的正确道路，也给高校实践育人明确了方向。

第二节　中国传统文化视域下的实践育人

从中国传统文化的角度来看，我国古代传统文化"知行观"中的"知行合一观"在实践育人理论中有所体现。"知"在这里指理论知识，"行"便是指人的实践。中国传统文化中的"知行观"符合通过实践教育人的理论，是高校实践育人的重要理论基础，也是大学生创造、发展的沃土。

一、"知行观"在中国的发展历史概述

（一）先秦哲学家的"知行观"

对于"知"和"行"的关系，著名的思想家老子重视"知"而轻视"行"。他说："不出户，知天下；不窥牖，见天道。其出弥远，其知弥少。是以圣人不行而知，不见而明，不为而成。"（《老子·第四十七章》）这段话是说：不离开屋子，就可以知道天下发生的事情。不向窗外张望，就可以知道日月星辰运行的规律。一个人向外走得愈远，他所知道的道理就愈少。因此，圣人不走出屋子却可以知道事理，不向外窥见却能够知晓"天道"，不妄为却可以有所成就。同时代的孔子认为，知识是一个人生下来就知道的，是在这个人进入社会之前就存在于他的头脑里的。他说："生而知之者上也，学而知之者次也，困而学之者又其次也。"（《论语·季氏篇》）这段话是说：生来就知道知识的是最上等的，通过学习才知道的是次一等的，遇到困难才学习的是又次等的。孔子强调知识的先天性，这种观点带有一定的唯心主义思想。孟子则认为，"行高于知，知明而行""不闻不若闻之，闻之不若见之，见之不若知之，知之不若行之"，进一步发展了儒家的知行观。关于知行关系，墨子则强调实践。他认为，"天下之所以察知有与无之道者，必以众之耳目之实知有与亡为

仪者也"。(《墨子·明鬼下》）这段话是说：天下用来察知鬼神有无的方法，必须是用大众的耳目实际见闻的有和无作为标准的。

（二）汉唐思想家的"知行观"

关于"知"与"行"之间的关系，汉代思想家董仲舒认为知在行之前。他曾说："凡人欲舍行为，皆以其知先规而后为之。"这段话的意思是：通常人在做事情之前，都要先弄明白这一行业的规矩，然后才去准备如何行动。佛教最初传入中国的时候，主张通过修行"转知成智""照见五蕴皆空"，在宗教性质的实践中获得有关佛的知识然后得到佛的智慧，最后修行成佛。后来，禅宗兴起，六祖惠能主张参禅悟道，他希望人们通过顿悟的方式，领会本性，"见性成佛，直指人心"，而不是通过修行，他也不提倡复杂烦琐的仪式。

（三）宋明清思想家的"知行观"

北宋思想家程颐强调知的作用，他的思想是以知为本，重知轻行。他说："须以知为本。知之深则行之必至，无有知之而不能行者。知而不能行，只是知得浅。"(《二程遗书》十五）这段话是说：应当以知为根本，如果深知那么必然会行动，没有知道道理却不采取行动的人。一个人若是知道了道理而不采取行动则是因为他知道得浅。南宋著名的理学家朱熹从"格物致知"论出发，阐述了"知先行后"的理论观点。他认为："知行常相须，如目无足不行，足无目不见。"(《语类》卷九）朱熹认为，知是排在第一位的，行是排在第二位的。明朝的思想家王阳明认为，知与行合作一处，才知便是行，能行便是真知。王阳明的学生曾问他，许多人知道对父当孝、对兄当悌，却不行孝行悌，知和行明明是分开的，怎么能说知行合一呢？王阳明说："此已被私欲隔断，不是知行的本体了。未有知而不行者，知而不行只是未知。"根据这个思想，王阳明认为，就其本来意义，知行是合一的，这个合一并不是说二者完全是一回事，而是强调二者是不能割裂的，知行的规定是互相包含的。王阳明说："某尝说知是行的主意，行是知的功夫。"这个命题的重点在"行是知的功夫"，即知以行为自己的实现手段。同时，行也不是一匹马任其狂奔，它有知作为指导。所以，行不能无主意，故行不离知；知不能无手段，故知不离行。知与行是不可分离的。这个提法是批评那种"说知行做两个，亦是要人见得分晓，一行做知的功夫，一行做行的功夫"的主张，主张没有脱离行的独立的知的功夫，也没有脱离知的独立的行的功夫。朱夫之认为"知行终始不相离"，人们是通过实践从不知到知，从浅知到深知。清朝末期的曾国藩在朱熹"格物致知"观的基础上，提出了"格物诚意"观。"格物"就是要善于研究总结，随时随事多思考工作或社会的规律，并且总结记录下来，才能形成智慧储备。而只有实际上手，才能验证总结的对错与否，正确的经验只有靠"诚意"地坚持，才能化知识为力量。

（四）近现代思想家的"知行观"

对于知和行之间的关系，孙中山的思想是"以行而求知，因知而进行"。人类的认知活动，开始是不知道而只管行动，然后是通过行动从不知道到知道，最后借由知道回到行动。认知活动始于"行"，继是"知"，终是"行"。孙中山认为，行是知的基础条件，假若没有行，便不会获得知。因此，他提出了"知难行易"说，倡导人们通过行动寻求知识，努力创建一个民主共和国。

在中国革命的决定性时刻，毛泽东将马克思主义基本原理同中国具体的革命实践相结合，并将传统的"知行"理论传播到科学理论中，写出了《实践论》。在《实践论》中，他深入浅出地分析了知就是认识，行就是实践。他提出检验真理的标准是社会实践，马克思主义认识论的基点是实践。在《实践论》中，毛泽东将马克思主义认识论与中国传统知识和实践相结合，马克思主义的实践观念被毛泽东发展到了一个新的层面。

邓小平作为中国改革开放的总设计师，在继承毛泽东《实践论》思想的同时，提出了实践是检验真理的唯一标准，将实践摆到了以往都从未有过的重要位置，为中国的改革开放事业奠定了理论基础，带领中国走出了民族复兴的重要一步。

二、中国传统文化 "知行观" 解析

"知行观"作为中国传统哲学的主要命题，是人们在了解世界和改变世界时所面临的第一个问题。通过梳理我国"知行观"的演进发展历史，知行观可大概划分为"重知观""重行观""知行合一观"三种类型。

（一）重知观

"重知观"是指在知行关系上重视和强调"知"的重要作用，认为知在行之前，是行的基础。老子、孔子、董仲舒、程颐等思想家是中国古代"重知观"的代表人物。"重知观"对"知"起到的作用很是强调，主张先"知"后

"行"，但也往往忽视了"行"对"知"的反作用，很容易陷入唯心主义。因此，"重知观"的认识论强调"知"的重要作用，有科学性的一面，但对"行"的认识却有其局限性，是有失偏颇的。

（二）重行观

"重行观"是指在知行关系上更重视和强调"行"的重要作用，认为行先于知，并对知起到决定性的作用。在知行关系上，很多哲学家认为行先于知，哪怕行是在知的后面，行的重要性也大于知。换句话说，"重行观"的重点是在行上的，知道但不实践，所有的知识都将失去其存在的意义。墨子、孟子、荀子、孙中山等思想家都是中国"重行观"的代表性人物。"重行观"强调"行"的重要作用，有科学性的一面，但对"知"的认识却有其局限性，也是有失偏颇的。

（三）知行合一观

"知行合一观"是说在知行关系上把"知"和"行"都看作人们在一切活动中必不可少的因素，两者的地位是同等重要的。在中国古代，比较早主张"知行合一"论的是王阳明，他的理论所围绕的核心就是知行问题，他认为"心即理"，所以王阳明的"知行合一"观仍然没有摆脱主观唯心主义。及至20世纪，毛泽东对传统"知行观"取其精华，去其糟粕，运用马克思主义的辩证唯物论对其进行了科学的总结，并进行了革命性的变革，建立了系统而科学的"知行合一观"。在认识来源上，毛泽东认为，认识是主体对客体的能动反映，认识来源于实践；在认识过程上，他详细阐述了认识过程中的两次飞跃。

总之，中国传统文化"知行观"，无论是"重知观""重行观"还是"知行合一观"都有科学合理的一面，但又限于当时的社会发展状况，有其历史局限性，直到毛泽东建立了系统而科学的"知行合一观"后，这种情况才得以改善。当然，中国传统文化"知行观"中科学合理的部分被高校实践育人理论作为精华而汲取吸收，成为高校实践育人的重要理论源泉，为高校实践育人理论的发展和完善奠定了深厚的历史文化底蕴。

三、 中国传统文化 "知行观" 视野下的实践育人

中国古代的知行观，特别是知行合一观，注重知行并重，认为知和行能够"知行相资以为用"，这种观点对中国教育事业具有重要的指导作用。《国家中

长期教育改革和发展规划纲要（2010—2020）》提出，要坚持教育教学与社会实践相结合。这种传统的知行观是我国教育思想的核心观点之一，是实践育人的重要理论来源，对推动我国教育事业的良好发展和实践育人理论的完善，都有着非常重要的意义。

（一）学如弓弩，才如箭镞：实践育人的以知促行

传统的知行观倡导通过教学获取知识，提倡独立学习和终身学习，认为学习非常重要，突出了知对行的作用。在实践中，育人的概念是建立在对中国传统文化的学习和理解的基础上的，它继承和弘扬了中国传统文化和先贤哲人的理念。

《论语》中提出"学而时习之，不亦说乎?"，《荀子·劝学》中的"学，不可以已"，《曾广贤文》中的"学者如禾如稻，不学者如蒿如草"，这些诗句都表达了一个观点，就是只有不断学习新知识，才能达到新的人生境界。

由上可知，中国古代的先贤认为，学习会促进一个人的成长和发展，强调厚积薄发，即通过不断地积累，达到一定的数量，从而引发质变。所以，青少年要好好学习，天天向上，把学习当作自己最主要的任务，把学习当作一种精神追求、一种生活方式，让学习为自己的梦想奠定基石，让努力学习成为向上飞翔的动力源。与此同时，青少年学生还应该抓紧时间学习。当今社会，知识更新换代的速度非常快，新知识、新事物层出不穷。知识是无穷尽的，但一个人的时间和生命是有限的，正如古人所说："吾生也有涯，而知也无涯。"青少年要勤于学习、敏于求知，要积极地把所学的知识消化掉，形成自己独到的见解，既要注重理论知识的学习，也要关心政治、关心国家和人民、关心整个世界的发展变化，承担起青少年应承担的责任。

实践育人是对学生认知规律的客观遵循。实践决定认知，认知又反过来指导和促进实践。作为大学生，只有好好学习理论知识，在充分理解学习和掌握知识的前提条件下，才能更好地探索实践，融入社会，为社会做贡献。学习先于实践，并指导着实践。作为承担培养人才任务的高校，必须本着第一课堂和第二课堂、理论研究和社会实践并重的原则培养人才，因此，高校育人实践应遵循学生思想意识和学习知识的原则，力求避免在实践中走弯路。

（二）为学之实，固在践履：实践育人的以行促知

中国传统的知行观提倡学习的实践性，就是学习的目的是为实践服务的，

强调获取知识后要敢于实践，通过实践深化所学的知识。实践育人理论中的实践观继承了老一辈革命思想家的实践观，是对中国传统文化及历代圣贤实践观的扬弃。荀子的经典思想源远流长。他提出："闻之不见，虽博必谬；见之而不知，虽识必妄；知之而不行，虽敦必困。"荀子认为，虽然学习的最终目的是为了实践，但是通过实践可以更进一步掌握所学的知识。曾国藩提出的"格物诚意"，主张以"格物"达到"致知"，获得知识，再通过"诚意"推行按格物所获知的知识去实践，达到"知""行"统一，他把知行关系提高到了"经世致用"的高度。毛泽东明确指出，学习的目的在于应用，要善于运用马克思主义之"矢"去射中国革命之"的"，他认为实践也是一种学习，要学会在实践中学习。毛泽东在《实践论》中提出："如果有了正确的理论，只是把它空谈一阵，束之高阁，并不实行，那么这种理论再好也是没有意义的。"

中国传统的知行观强调，实践是对学习的深化，是将知识转化为能力的途径。青少年学生要明白学习的目的是为了实践，只有抓紧时间，珍惜学习机会，学以致用，在多种多样的实践活动中，验证知识，将知识内化于心，才能在真正意义上掌握知识，"增益其所不能"。

高校教学的基本原则是理论与实践相结合，实践育人是符合高等教育客观规律的教学，注重教学实践和教育实践是实践育人的显著特征。实践育人的做法明确了培养人的手段、过程和目的，着眼于以"实践性"的方法实现育人目标。实践教育可以使学生在实践中深化知识，转化为技能，投入中国特色社会主义伟大事业的建设，成为民族复兴的中坚力量。

第三节　高校实践育人的理论分析

围绕高校增强和改革实践教学、提升大学生社会责任感和实践能力所形成的各个方面力量共同参与、共同发挥作用的高校实践育人共同体，是政府、高校、企业、社会等各个方面的力量依照"目标共同、机制共建、资源共享、责任共担"原则建立的实践育人载体。这种共同体建设，一方面体现为一种长效机制的构建，即将有利于高校推进实践育人的各种资源进行集结，并发挥共建机制的作用；另一方面体现为实践育人合力的凝结，即通过激发共同体组成各方的积极性、主动性和创造性，最大限度地促进共同体和共同体组成各方的共同发展，包括促进实践育人的科学发展。因而，无论是政府引导、社会及企业支持，还是高校主导，共同建设实践育人共同体是推动高校实践育人发展的必由之路。所以，要用心对高校实践育人的基本经验进行总结，正确把握实践育人共同体发展的新趋势，在此基础上科学推动实践育人共同体的创新发展。

一、基本经验

各高校在推进实践育人的过程中，都积累了丰富的经验，形成了具有各自特色的工作模式。虽然不同模式有不同的做法和特点，但在目标的确定、内容的设计及过程的推进等方面具有一定的相同或相似性。认真总结这些相同或相似性，就可以形成高校实践育人的基本经验。

（一）以顶层设计为先导

高校实践育人的顶层设计是指运用系统论的方法，从高校人才培养的全局出发，对包括实践教学、社会实践、志愿服务、公益活动和创新创业等在内的实践育人活动进行统筹规划和制度安排。顶层设计的特征有以下几点：第一，目的性，即确定实践育人各项活动的目标、程序及过程等，如明确实践教学的学分与课时、实践活动的程序与步骤、志愿服务的标准与要求等；第二，关联性，即高校实践育人不是一项单独的活动，而是要与学校教学管理过程中各种要素有效融合的，如在专业教学中增加专业实践、在思想政治教育中增加实践体验、在校园文化活动中增加社会实践等；第三，可操作性，即实践育人的目标要具有可实现性，实践育人的措施要具有可行性，实践育人的效果要具有可考核性等，如有的高校出台了实践教学管理办法、有的高校制订了社会实践活动计划、有的高校组织进行创新创业实践成果评比等。做好高校实践育人的顶层设计应从两个层级进行：一是政府教育部门应做好宏观政策的顶层设计，包括引导高校提高实践育人的思想认识，指导高校制订实践育人的教学计划，监督高校实践育人的推进情况，协调高校实践育人的利益关系，提供高校实践育人的保障条件，评估高校实践育人的教育效果等；二是高校应做好具体制度的顶层设计，包括如何在学分体系中增加实践育人学分，如何在时间空间上合理安排实践育人活动，如何在人、财、物等方面保障实践育人活动的开展，如何在教师考核和学生评价体系中增加实践育人环节的考核评价等。

（二）以发挥教师主导性为重点

高校实践育人是高校人才培养中的一个重要环节。一方面，它是专业教学从课堂教学向实践教学的延伸，其目的在于教育学生将所学的理论知识运用到实践中去，从而提高学生的专业实践应用能力；另一方面，它是思想政治教育从"灌输"方式向"体验"方式的转变，其目的在于通过引导学生参与各项社会实践活动来内化学生对思想政治理论的自我认知，从而提高学生的社会责任感和社会实践能力。因此，教师在实践育人中的主导性作用，不仅表现为教师的实践教学能力、教育学生在实践中学习和运用专业知识的教学能力，而且表现为教师的思想引导能力，即教育学生在实践中内化思想政治理论知识的引导能力。当前，高校发挥教师在实践育人中的主导性作用必须做到：首先，要克服专业教师与思想政治工作者"两张皮"的现象，即专业教师往往只关注学生的专业实践表现，而较少关注如何通过专业实践去提高学生思想理论认识，或者专业教师往往只愿意参加专业教学环节的实践活动，较少愿意参加其他的社会实践活动等；同时思想政治工作者往往只重视组织学生参加社会实践、志愿服务、公益活动等实践活动，而对学生的专业实践、创新创业实践等活动的关注和指导不够。其次，要着力提高专业教师的实践育人能力，既要鼓励他们不断更新专业知识、创新实践教学方式方法、积累实践教学经验等，也要鼓励他们在专业实践教学中关心学生的思想、关注学生的心理、关怀学生的成长等。最后，要注重提高思想政治工作者的实践育人能力，既要鼓励他们引导学生传承优良的实践育人文化传统，也要鼓励他们引导学生不断创新实践育人活动的内容和形式，如在社会体验式的实践活动中增加运用所学专业知识服务社会的内容，在专业发展式的实践活动中增加社会考察和生活体验的内容，等等。

（三）以发挥学生主体性为核心

高校实践育人以学生为对象。其各项活动都离不开学生的接受和内化，而这种接受和内化体现了学生的主体性。实践证明，学生接受教育的积极性和主动性越高，其对教育内容和要求的内化就越自觉、越有效。从目前的情况来看，大学生对高校实践育人的不同活动表现出不同的接受方式：对于专业教学实践活动，由于是实践教学的硬性规定，学生的接受具有被动性，只有在实践教学活动安排能够满足学生需求时，这种被动性才可能转化为主动性；对于社会实践、志愿服务、公益活动等，由于参与的门槛低、非功利性等特点，学生参与的积极性高，不仅在由学校组织的这类活动中参与者众多，而且在由非学校组织的这类活动中参与者也较多；对于创新创业实践活动，受限于参与的条件、个体的认识与能力等因素，学生参与的人数相对较少，在就业相对容易的高校主要是一批具有一定创业意愿和能力的学生，在就业相对困难的高校则主要是一批想通过创业实现就业的学生。因此，通过高校实践育人发挥学生的主体性作用，要根据活动的类型制订不同的教育方案。一是增加专业教学实践的可选择性，以满足学生的个性化需要。不仅要从学校便于统一管理和集中指导的方面来制订集体实践教学方案，而且要从有利于学生个性化发展的角度去制订可供个体选择的实践教学方案。同时，对这两种方案都要加强管理和指导，既要防止集体实践活动中忽视对个体的个性化指导，也要防止个体单独实践活动中缺乏针对性指导。二是增强社会实践、志愿服务、公益活动等实践活动的计划性。要以加强实践学分管理为契机，在时间和空间上对学生参与此类活动进行有序安排，既要满足学生参与的需求，又要确保学生参与的有效性，提高学生参与的积极性和满意度。三是加强创新创业实践活动的体验性，充分调动学生参与的积极性。既要为那些具有创新创业意识和能力的学生提供实践平台，创造条件鼓励和指导他们进行创新项目实验和成果转化，也要总结组织学生参加社会实践活动的经验，有组织、有计划地安排其他学生进行多形式的创新创业活动体验。

（四）以促进实践育人的融合发展为主要途径

从高校内部看，高校实践育人不是一门课程或一项活动就能解决的事，而是每门课程都要有效增加实践内容或增加实践环节，所有的教学活动、社会实践活动、校园文化活动等都要有效地渗透实践元素，围绕提高学生的实践能力和素质去开展实践育人工作；高校实践育人工作也不是一个教师或几个教师就能完成的，需要包括专业教师、思想政治工作者及管理干部等在内的全体教师的共同参与实施。从高校外部看，高校实践育人不是一所高校简单地实施专业实践教学和组织实践活动，而应当根据学生的发展需要，整合政府、企业及社会等各方面资源，在各方优势互补、互利共赢中有效推动实践育人。因而，高校实践育人从现实性上看应该是一个融合发展的过程，体现在以下四个方面：

一是目标的融合。即参与实践育人的各方，虽然参与的角度及程度有所不同，但都是围绕实践教学改革、实践活动组织、实践文化创建等各个环节共同致力于提高大学生的实践能力、培养实践性人才，这个目标各方是完全一致的，是符合各方共同利益的。

二是多元主体的融合。即参与高校实践育人的各个主体之间不是各自单独地发挥作用的，而是通过机制联结成一个共同体而发挥整体性的作用的，如在实践育人实施过程中，政府、企业、社区与高校都是实践育人的主体，但它们当中任何一个主体发挥作用都离不开其他主体的参与；相反，只有当它们凝结成一个共同整体时，才能有效地促进高校实践育人活动的制度化、常态化。

三是主客体的融合。高校实践育人不是单向度的，而是双向度或多向度的，并且这种双向度或多向度统一于实践过程之中，即教师既是实践教育的主体也是实践学习的客体，学生不仅是在实践中被动学习的客体，而且是在实践中自主学习的主体。一方面，教师的"教"，指既需要通过学生的"学"来反馈教学质量，教师也需要在实践中学习，从而不断积累实践教学经验，提高实践教学能力；另一方面，学生的"学"，指既要向教师学，也要向实践学，而这种向实践学的过程更能体现学生的自主发展和教学相长过程。

四是不同活动内容形式的融合。虽然理论上高校实践育人有多种类型的实践活动，并且每一种实践活动都有着不同的内容和形式，但在现实中任何一项高校实践育人活动往往体现着多种育人内容和形式的交叉融合，如在专业实践教学活动中往往借助一些社会实践活动的内容和形式，在社会实践活动中往往又借助一些专业实践教学的内容和形式，而在科技创新创业实践活动中，更是体现出多种实践育人内容和形式的综合应用。

（五）以健全实践育人的联系力机制为重要依托

在高校内，不同的实践育人活动由不同的部门管理，如专业实践教学由教务部门负责，社会实践活动由共青团组织负责，创新创业实践活动由就业工作部门负责，管理实践育人活动由相应管理部门负责，等等。由此，需要建立健全一个联动的管理机制协调这些部门之间的关系，如大部分高校成立了由校领导牵头、多部门负责人参加的实践育人工作领导小组，并且依靠某一个部门设立办事机构来统一协调处理各部门在实践育人过程中存在的一些主要问题，如经费预算、教师和学生表彰奖励、实践育人基地建设等。在高校外，政府、企业和社区虽然没有专门负责高校实践育人的机构，但高校可以根据不同的业务需求去对接，如与政府部门的共青团组织联合建设社会实践基地、与科技部门对接联合建设创新创业实践基地、与企业的公益服务部门对接等，以及动员企业参与到高校与政府共建的实践基地中，等等。目前，高校与政府、企业及社区等校外部门建立实践育人的联动机制主要有三种模式：第一种模式是高校依托企业建立专业实践教学基地，有的还通过在企业设立研究生培养工作站等方式，实现高校与企业联合培养人才；第二种模式是高校与政府、企业共同建设创新创业孵化基地，通过提供技术指导、资金扶持、场地保障等服务促进大学生自主创业；第三种模式是高校通过与城市或农村社区共建校外社会实践基地、社区志愿服务基地等，定期组织学生赴社区基地开展公益服务实践活动等。近年来，高校与校外联动的实践育人机制产生了一种新模式，即国际化合作模式，如一些高校纷纷与境外实践教育机构合作，组织学生利用假期赴海外开展社会实践和实习见习活动等。

（六）以加强实践育人的条件建设为保障

每一项教育活动的开展都离不开必要的条件保证，高校实践育人更是如此。从某种程度上说，一些高校在实践育人方面的工作力度不够，其中一个重要原因是他们可以获得的资源有限。因此，重视和加强高校实践育人，首先要在解决条件保障问题上下功夫。解决条件保障问题在工作方式上有三个思路：一是以学校自身解决为主要渠道，二是争取政府部门的支持，三是争取与企业的合作。在内容上主要解决五个方面的问题：第一，政策保障。既包括高校保障各项实践育人活动顺利开展的政策规定，也包括政府部门支持高校开展实践育人活动的政策规定等。第二，经费支持。不仅要在学校的年度经费预算中争取列支所需要的实践活动经费，而且要努力得到政府部门的资金支持，还要尽力争取企业的公益资金支持等。第三，指导教师。既要选拔和安排具有较强学习能力或热衷教育活动的教师担任实践育人指导的教师，还要有计划地从学校外部招聘教师，包括从企业中选聘具有较强实践教学技能的人员或管理人员担任实践育人指导教师。第四，场地提供。既要利用校内空间开展实践育人活动，也要大胆利用校外空间开展实践育人活动。对校外空间的利用，既可以依托政府、企业、社区已有的实体空间，通过增加或改造实践活动内容的方式进行，也可以与政府、企业、社区共建的方式产生新的实体实践空间。第五，评价机制。既要对学生参与实践活动的表现进行评价，并和人才培养的学分评价体系对接，还要对教师参与实践育人活动的整体表现进行评估，以提高他们的积极性。此外，还要对整个实践活动的过程及效果进行评估评价，以利于实践育人活动的持续开展。

二、 新趋势

高校实践育人共同体建设是发展趋势之一。建设高校实践育人共同体意味着高校要将参与实践育人的多元主体与学生客体通过实践育人活动紧密地联结成一个具有生命活力的综合体。这种综合体是对高校现有的各种实践育人模式的升华，既要继承和发扬现有实践育人模式的特色，又要以更高的标准创建更新、更大的优势。

（一） 规范化管理

高校实践育人共同体参与的主体多、涉及的范围广、工作性质复杂，只有加强规范化的管理，才能确保实践育人共同体发挥出最大的育人合力。随着实践育人共同体各主体认识的提高、法治思维的增强，以及实践育人共同体对各主体需求的满足和利益的实现，规范化管理成为各主体共同的要求，因而也成为实践育人共同体发展的必然趋势。这种规范化管理主要包括三个方面：一是权资明晰化。实践育人共同体内各个参与主体的权利和义务必须明确，既要明确各自权利和义务的内容，也要明确各自权利和义务履行的程序、标准等。政府、企业及高校应签订共建协议，指派专门机构或人员负责对接，或者以其中一方为主导建立实践育人共同体的日常管理机构。二是管理制度化。要对实践育人共同体目标进行设计，并严格予以执行。三是内容与形式的科学化。一方面要根据不同的专业类型、不同的教育阶段、不同的社会需求和学生的发展需要等，合理设计实践教学、社会实践、创新创业等实践育人的内容和形式；另一方面要从不同参与者的角度去考虑和照顾多方利益，实现小目标与大目标、近期目标与长远目标、个人目标与集体目标的有机统一，最终实现共同的价值目标。

（二） 常态化服务

实践育人共同体建设是一个持续性过程，不能以运动式或阶段性思维来对待，而应当立足于常态化建设。实践育人共同体的常态化服务趋势包括：第一，提供常态化的服务。高校、政府、企业等各主体在实践育人共同体中都扮演着为大学生实践服务的角色，只是在各自服务的内容和形式上存在区别，并且这些服务的提供是随时性的、常规性的。例如，政府提供的政策支持应是相对稳定的、长期的，高校提供的日常管理和运行保障应是不间断的、可持续的，企业提供的智力支持、资金扶持等也应是守信用的、讲诚信的。第二，开展常态化的服务评估考核。没有评价标准和评价考核的服务工作将会使服务的专业性、科学性和有效性大打折扣，甚至起到负面的消极作用。对实践育人共同体的各项服务工作必须坚持定期或不定期的评估和评价工作，对各参与主体的服务进行绩效考核，并建立合理的退出机制。第三，实行常态化的服务反馈和调整。常态化并不是固态化，相反，常态化的服务过程是不断变化的：一方面有不断出现的各种问题需要解决，另一方面解决各种问题的方式方法也在不断变化。只有适应这种变化状态，才能做到根据变化不断调整管理和服务，做到在反馈中反思，在反思中调整，在调整中提升。

（三）品牌化培育

品牌意味着独特的创新性、经验的示范性和推广的价值性。实践育人共同体建设的品牌化趋势可以从三个方面理解：一是实践育人的活动品牌。主要指在实践育人共同体中所形成的成效显著、具有较大影响力的实践育人活动。这种活动对于创建活动的实践育人共同体本身来说，既可以有效地凝聚和服务学生，又可以增加实践育人共同体自身内在的社会价值；而对于其他实践育人共同体来说，则具有一定的示范带动作用。二是实践育人的基地品牌。主要指一些建设形态很好、作用发挥很好、发展态势很好的实践育人基地。由于实践育人的基地建设是实践育人共同体相对固化的形式，其发展规律容易被掌握和借鉴，因而政府、企业和高校等都会注重培育和推广一个或几个品牌基地，从而发挥这些品牌基地对其他基地建设的促进作用。三是实践育人的资源品牌。主要指支撑实践育人共同体有效运作的构成要素，如实践育人的好教材、好教师、好网站、好技术、好方法、好案例等。这些品牌资源可以从一个或几个方面发挥独特的作用，相对而言更容易推广，更具有操作性。当前一些教育部门选编和推介部分高校的实践育人典型案例，实际上就是这种品牌资源的总结和推广。

（四）项目化运作

实践育人共同体的项目化运作是指高校实践育人活动依托一个或若干个

具体的项目进行实践活动管理的方法。"基于项目驱动的实践育人方法，有利于充分发挥项目化平台的灵活性、新颖性、拓展性和建设性，是大学培养创新人才的有效途径之一。"高校可从以下方面做好实践育人共同体的项目化运作：一是合理设置实践育人项目，对接学生需要和社会需求。同时，创建重大项目和一般项目、单一项目和复合项目、短期项目和长期项目、个人项目和集体项目，并根据学生的专业特点、政府和企业的支持力度，开设多样性、多元化服务项目，做到只要学生有需求、社会有需要，项目就能持续地满足这些需求和需要。二是严格规定项目化运作的基本环节，促进项目的阶段递进式管理。项目化运作包括项目申报与立项。项目跟踪与反馈、项目监督与评价、项目资助与结项、项目经验的交流推广等环节，这些环节实际上是对实践育人活动过程的具体分解。这种分解使实践育人活动管理可以分阶段进行，从而实现过程管理的即时性，既降低了项目管理的风险，又提高了项目运行的效率。三是做好项目成果的评价与转化，最大限度地增加项目化运作的效益。项目管理有其确定的目标和可操作的评价标准，对其成果的交流与转化相对来说更简单、更容易。实践育人共同体的项目化运作可以借鉴科研项目管理、工程项目管理等好的做法，并结合具体实际不断创新管理的方式方法。

（五）信息化支撑

在网络技术高度发达的大数据时代，推进网络信息技术与高校实践育人共同体建设相互融合、协同创新，有助于推进实践育人共同体的时代化发展。实践育人共同体建设以信息化为发展趋势，主要包含以下几方面内容：一是实现实践育人主体的信息化互动。实践育人共同体中不同主体之间借助信息化手段实现即时的通信和交流，做到信息沟通无障碍，信息互动有交流，及时互通互报实践育人的活动进展情况，通力协作解决实践育人工作中出现的难题。二是实现实践育人工作的信息化管理。一方面，实践育人共同体所需要和所产生的信息内容非常宽泛，这些信息需要通过信息化手段进行贮存、提取和有效利用；另一方面，对信息化技术手段的使用本身就是引导学生进行数字化生活的一种实践，是信息化环境下高校实践育人的应有之义。三是实现实践育人成果的信息化推广。新媒体的优势有助于实践育人成果的快速推广和多维度呈现，如通过微博、微信、QQ 空间、手机客户端等形式，以微视频、微访谈、微课程、微电影、微案例等方式全面展现实践育人成果，可以在更大范围内吸引学生关注。

（六）社会化运作

实践育人共同体的社会化运作主要指在运行机制上既要避免高校单打独斗，又要克服政府大包大揽，还要力戒企业的单向付出，要在遵循社会发展规律与市场经济规律的前提下，创建一种共赢的发展机制。实践育人共同体以社会化运作为发展趋势，包括四个方面：一是以对接需求为导向。既要对接高校人才培养的实践需求和师生参与实践活动的个性需求，也要对接政府参与的需求，还要对接企业发展的需求。这是实践育人共同体赖以存在的前提，离开了这个前提，任何共同体都不可能持续。二是以合作共赢为目标。社会化运作能否持久，关键在于合作共赢的目标能否实现。实践育人共同体建设以提升学生的实践能力和培养实践人才为根本目标，但不等于说参与的多元主体没有各自的特定目标，特别是对企业来说，虽然参与实践育人共同体主要是出于社会公益事业的需要，但不能不考虑其合理的经济需求。而社会化运作既能减轻政府和高校的负担，也有利于提高企业的积极性。三是以优势互补为基础。实践育人共同体建设不管以多元主体中的哪一方为主导，各方都要最大限度地发挥各自的优势，从而形成共同体发展的整体优势，增强共同体的竞争力。四是以市场化运作为辅助。高校实践育人共同体建设单靠政府和高校的力量是远远不够的，需要发挥企业机制灵活、市场意识较强、科技优势明显、管理规范等优势，特别是创新创业实践活动，更需要企业的参与和配合。社会化运作不是片面地将实践育人共同体建设的主动权交给企业，而是借助企业的力量和运作方式提高管理水平。当然，一些发展较为成熟的创新创业实践基地在条件具备的情况下也可以进行企业化经营。

三、 新思路

无论是基于理论上的认识提高，还是基于高校实践育人的现实需要，目前已经有不少高校提出了清晰的建设实践育人共同体的任务与计划。在某种程度上，建设实践育人共同体正成为高校实践育人的新常态。各高校要正确认识这一发展新常态，适应这一发展新常态，更要引领这一发展新常态，以更高的要求、更新的视野去推动高校实践育人共同体的发展。

（一）以整体性发展观推动高校实践育人

实践育人是高校实践育人共同体各构成要素之间相互联系、相互作用、相互影响的一种整体合力育人的教育实践活动。但是，目前我国高校实践育人工作由于各种因素限制，并未实现整体性的发展，育人合力还有待进一步形成，主要表现在：高校人才培养与社会人才发展需求整体性对接不够紧密；高校与政府、企业、社会、家庭等育人主体整体性融合不够紧密；实践育人与专业教学、学生工作、校园文化等整体性结合不够紧密；实践育人各方面政策制度和实践育人各发展阶段的整体性衔接不够紧密；等等。高校实践育人的整体性发展，包括以下几方面内容：第一，政策制度体系的整体性完善。纵向来说，从中央到地方，从上级教育行政部门到各个地区的高校，要形成上下一致并且一以贯之的政策体系。为实践育人铺平发展道路；横向来说，各个实践育人主体之间要形成相互扶持、相互补充的全面一体化制度体系，为实践育人补全制度上的空白，拓宽发展道路。第二，育人主体各方利益的整体性共赢。高校实践育人必须得到政府、企业、社会和家庭的支持与积极参与。不管由谁主导实践育人共同体的建设和发展，都必须充分考虑和关照育人主体各方的发展诉求和利益，只有以共赢的方式去组建与合作，才能使高校实践育人共同体进一步融合与发展。第三，实践育人内容与形式的整体性创新。高校应该利用教育国际化和信息化的良好氛围，将学生创新创业能力培养和国际化竞争能力培养、科学人文素质的提升及思想政治觉悟的提高相结合，以探索式教学实践、参与式管理实践、体验式社会实践等形式，吸引广大青年学生参与各项实践育人活动，并使他们在活动中受教育、促提高。第四，实践育人各阶段发展的整体性衔接。实践育人是一种持续性的教育实践活动，高校应无缝对接实践育人各阶段发展的内容与资源，无缝对接学生各阶段发展的实践参与项目和活动，有序稳步推进高校实践育人工作。

（二）以问题为导向完善高校实践育人共同体建设

高校实践育人共同体的建设还处于初级阶段，存在许多亟须解决的问题。例如，国家层面的政策与制度、系统设计不够完善，整体推进力度不够；社会层面的育人主体参与的主动性较差，协同育人力度不够；高校层面的人才培养顶层谋划不全面，创新改革力度不够；个体层面的师生参与存在被动参与、消极参与的情况；等等。高校实践育人共同体建设应以问题为导向，不断促进高校实践育人工作的科学发展，具体可从以下几方面努力：首先，要完善政策制度，构建良好的实践育人环境。国家应该形成完备的鼓励地方政府、企业和社会各界支持高校实践育人工作的政策方针体系，为高校实践育人共同体建设构建良好的育人环境。其次，创新人才培养，落实实践育人工作要求。部分高校实践活动的设计和组织不系统、不规范。部分教师在教育教学活动中仍然存在实践育人工作流于形式、走过场等问题。高校应积极贯彻中央实践育人工作要求，根据人才培养的实际需求，制定和设计实践育人共同体的目标与任务时要有科学性，同时加强工作队伍、体制机制和平台资源等建设，通过强化实践教学比重，对学生参加实践活动进行学分认定。对教师参与实践育人或指导学生参加实践活动的工作采取考核评估、激励等方式，积极推进高校实践育人工作。最后，提高自主参与意识，提升实践能力素质。自主参与、主动参与有助于实践能力素质的提升，被动参与不仅体现不出参与实践活动的目的性和规划性，还会使参与主体对实践育人工作产生一定的躲避或排斥心理，不利于实践能力的培养。高校实践育人共同体应以多元的实践项目、趣味性的实践内容和创新性的实践组织形式等为工作方式，充分调动各育人主体的主动性和各师生参与主体的积极性，从而切实提高实践育人的实效性。

（三）以分类突破探索高校实践育人的方式方法创新

当前，我国高校的实践育人工作在具体的实践活动设计、组织和实施过程中较注重统一整体的要求，对育人主体、参与主体的个性化实践需求关注不够。实践育人共同体应以分类探索突破实践育人的方式方法为目的，具体可从以下几方面努力：第一，区分育人主体，分类培育和优化实践育人队伍。高校作为实践育人工作的主要推动者和实施者，应对整个实践育人共同体有清晰的把握，并主动区分各实践育人主体的个性化特点及资质条件，有选择性地创建共同体或加入共同体，并以共同体为温床培育和优化骨干人才，创设校内校外、专兼职相结合的实践育人工作队伍。第二，对参与主体进行区分，分类设计实践活动与开展实践育人工作。大学生是高校实践育人工作的主要参与主体，不同专业、年级、个性的学生，对实践育人工作的认识是不一样的，喜欢参加的实践活动类型也有所不同。高校应该以专业、年级和学生群体类别为依据设计不同的实践育人活动，激发学生参与实践活动的主动性。第三，区分能力培养，分类组织与开展实践育人活动。高校实践育人工作开展的主要目的是提升学生的实践能力素质，而学生的实践能力包括沟通协调能力、调查研究能力、合作交流能力和创新创业能力等。不同的实践能力素质需要通过不同的实践育人共同体或组织，通过不同的实践活动来得到锻炼和培养。高校不仅要有针对性地通过特定的育人共同体或特殊的实践活动增强学生某方面的实践能力素质，而且要对学生的各种实践能力素质的培养进行系统谋划，分阶段、有重点地推动学生的全面发展。

（四）以特色发展提升高校实践育人的实效

高校实践育人实效不仅是高校实践育人共同体的价值追求和目标，更是提高高校人才培养质量和促进高等教育深化改革发展的重要推动力量。高校提升实践育人实效的最有效途径是以特色化发展为手段强化品牌意识，打造品牌特色，扩大品牌影响力。第一，突出特定主题，开展实践活动，增强实践育人的有效性。高校可以针对不同的主题，如爱、感恩、诚信、责任、敬业、创新等，策划一系列的社会实践活动，让学生选择性参与，使学生可以在实践活动中增长知识和才干。第二，突出特定学科，组织专业教学实践，深化实践育人实效。各高校都有独立的学科和专业，有目的、有规划和有组织地鼓励学生参加专业的实践性教学活动，不仅能让学生体会到所学学科和专业的社会价值，巩固学生的专业知识，更能有效提升高校实践育人的实效。高校应结合学校或学院学科专业优势，通过强化专业教学实践的效果来深化高校实践育人实效。第三，突出特定目标，建设特色实践基地，扩大实践育人实效。高校应明确实践育人的不同目标，并按照不同的目的、任务和要求，积极主动地构建或参与构建实践育人共同体，如专业教学实践基地、军事训练基地、志愿服务基地、创新创业基地、国外研修基地等，并通过基地规范化建设和品牌化培育，提升高校实践育人实效，进而扩大实践育人共同体的辐射力和影响力。

第二章　高校实践育人的时代境遇

改革开放 40 多年来，高校实践育人工作在创新中发展，在改进中加强，取得了显著的成效，同时也存在一定问题。本章将在文献研究的基础上，全面梳理改革开放 40 多年来高校实践育人取得的成绩与存在的问题，探究问题产生的原因。当前，我国正处在全面深化改革的关键期，教育领域综合改革全面推进，提高高等教育质量成为时代的呼唤和人民的期盼，这为高校实践育人带来了新的机遇，也对高校实践育人提出了新的挑战。因此，反思高校实践育人现状，准确把握机遇、积极应对挑战，是做好高校实践育人工作的必然要求。

第一节　高校实践育人的发展成就

改革开放 40 多年来，我国经历了巨大的社会变化。我国高等教育经历了沧桑巨变，高等教育扩招、办学体制改革推动了高等教育的快速发展，使我国成为世界上在校大学生人数最多的高等教育大国。实践育人作为高等教育的重要环节，政府、高校和社会日益重视，国家出台一系列的政策对高校实践育人进行了全面部署和深化，调动全社会力量支持、参与高校实践育人工作。各级政府、各高校认真贯彻党和国家的方针政策，扎实推进各项工作，积极开辟实践阵地、拓展实践空间、创新实践形式、丰富实践内容，取得了令人瞩目的成绩。

首先，对高校实践育人的地位的认知日臻成熟和完善。高校实践育人理念的发展动力来自社会环境的变化和社会现实的需要。中华人民共和国成立初期，党和国家领导人坚持马克思主义的教育思想，把教育与生产劳动相结合作为党的教育方针，将大学生社会实践列入高校的教学计划，作为高等教育的重要组成部分。1987 年，中共中央颁发《关于改进和加强高等学校思想政治工作的决定》。该决定强调："青年学生只有在学习科学文化知识的同时，积极参加社会实践，更多地了解国情，了解社会主义建设和改革的实际，了解人民群众的思想感情，才能树立起为社会主义祖国而献身的信念，逐步锻炼成为有用的人才。"同年，国家教委、共青团中央颁发了《关于广泛组织高等学校学生参加社会实践活动的意见》。该意见指出："高等学校学生参加社会实践活动，是青年知识分子健康成长的重要途径。""为了全面地贯彻党的教育方针，培养有理想、有道德、有文化、有纪律的社会主义建设的合格人才，必须组织高等学校的学生在学习期间广泛地参加社会实践活动。"这些文件的颁发和实施表明，社会实践活动在青年成长和高校人才培养中的地位和功能被重新评估和定位，大学生实践活动不仅是实现高等教育人才培养目标的重要环节，也是大学生思想政治教育的重要途径。2005 年，共青团中央、教育部颁发《关于进一步加强和改进大学生社会实践的意见》，强调坚持育人为本，牢固树立实践育人的思想，首次把"实践育人"以独立的概念提出，这标志着党和国家对于高校实践育人工作的认识进入较为深入的层次。2012 年，教育部等部门颁发了《关于进一步加强高校实践育人工作的若干意见》，强调了高校实践育人的重要性，构建了实践育人的组织领导体系和工作保障体系，为开展高校实践育人工作指明了方向，这标志着全社会对于高校实践育人的认知日趋成熟，实践育人在高校人才培养中的地位不断提升。

其次，实践活动的广度和深度不断拓展。中华人民共和国成立初期，党和国家已经开始重视大学生的社会实践活动，把实习作为一个必需的、重要的环节列入教学计划，把组织学生实习和参观作为教学的重要内容，并且成立了专门的生产指导委员会统筹大学生实习和实践的指导工作，形成了全国统一的高校实践活动体系。改革开放以后，党和国家对大学生社会实践更加重视，实践活动不再局限于一定的领域，高校和地方政府开始自主探寻推进大学生社会实践活动的方法和路径，大学生参与实践的规模不断扩大。据不完全统计，20 世纪 90 年代，每年参加暑期社会实践活动的学生人数都在 100 万以上，并且多数省、自治区和直辖市成立了社会实践领导小组。1992 年，中宣部、国家教委、共青团中央联合出台文件，强调要充分发挥各级党委宣传和教育工作部门、教育行政部门和共青团组织在社会实践活动中的作用，以保证社会实践活动广泛、深入、持久地开展。各级党委、政府及相关行政部门都成为大学生社会实践活动的组织者。同时，文件还具体给出了本专科生和研究生参与社会实践的最低时间限额，社会实践活动的参与者从少部分大学生扩展到全体大学生，大学生作为社会实践活动组织的主体地位进一步明确，组织力量进一步增强。自此，实践教育的功能与意义得以挖掘和显现，实践育人理念逐渐成为一种社会共识，深入人心，形成了地方党政领导重视、高校组织实施、教师主动指导和学生积极参与的生动局面。大学生社会实践活动全面铺开，实践基地建设遍地开花。建立了各级地方党委、政府牵头负责，各级宣传、教育主管部门和共青团组织组织领导，各类高校、大学生、企事业单位参与实施的大学生实践教育体系。形成了遍布全国各地、覆盖各类高校和辐射全体学生的大学生社会实践网络，大学生社会实践活动的规模空前壮大。经过数十年的发展，大学生社会实践活动已成为高校广泛开展、青年学生自觉参与的一项具有生命力和影响力的活动。

再次，实践内容和活动载体日趋丰富多样。中华人民共和国成立初期，社会实践作为大学生课堂教育的补充被列入教学计划。学生实践活动的内容包括实习、军训、生产劳动、勤工助学等，形式和内容较为单一。改革开放以来，社会环境发生巨大变化，立足于社会实践的大学生社会实践活动有了更加广阔的发展空间，活动的形式更加多样，实践的内容更为丰富。1980年，清华大学率先创新了大学生社会实践活动的形式，提出"振兴中华，从我做起、从现在做起"的实践活动口号，全国高校相继掀起了探索大学生社会实践形式的热潮。20世纪80年代，北京大学农村学生针对家庭联产承包责任制开展了"百村调查"；20世纪90年代末，国家教委、共青团中央在部分重点高校开展了中国青年志愿者扶贫接力计划和研究生支教团的工作，每年挑选一批品学兼优的大学生赴国家贫困县进行为期一年的支教工作。21世纪以来，全国大学生响应党中央、团中央的号召，把社会实践活动与专业学习相结合、与服务社会相结合、与勤工助学相结合、与择业就业相结合、与创新创业相结合，开展了科技咨询、技术培训、救灾防疫、挂职锻炼、环境保护、扶弱救困等主题鲜明、贴近专业、贴近生活的社会实践活动，丰富了实践的内容，拓展了活动的载体，并且形成了万支大中专学生志愿队暑期科技文化行动，支农、支教、支医、扶贫"三支一扶"，文化、科技、卫生"三下乡"和科教、文体、法律、卫生"四进社区"等一系列品牌项目，成为新形势下大学生参加社会实践的有效载体。大学生在投身全面建设小康社会的实践中受教育、长才干、做贡献。据统计，仅"三下乡"一项活动每年就吸引了 200 万～300 万大学生参与，他们利用暑期奔赴祖国大江南北、村野山寨以及城镇社区，广泛开展形式多样的实践服务活动。大学生参与社会实践的积极性持续高涨，参与社会实践的人数越来越多，参与社会领域的范围越来越广，参与方式已从学校组织走向自发和自觉。大学生社会实践活动已经成为共青团实施大学生素质教育计划的重要组成部分。

最后，实践育人的保障机制日益形成。制度带有根本性和方向性，健全的工作制度是各项工作顺利开展的前提和保障。大学生社会实践作为一项涉及面广、系统性强的高校育人工作，其持久深入地开展离不开一套科学完善、与社会发展相适应的制度。中华人民共和国成立初期，教育部颁布了《关于实施高等学校课程改革的决定》，指出应有计划地组织学生的实习和参观，并将其作为教学的重要内容，还对社会实践的任务、原则和具体方法进行了规定，保障了这一时期大学生社会实践的顺利开展。改革开放以后，随着大学生社会实践活动的不断深入，国家的各项保障措施相继出台，大学生社会实践的保障机制日趋完善。1986 年暑假，共青团中央和全国学联联合启动了"社会实践建设营"行动计划，在全国范围内进行统一部署和领导，初步建立了大学生社会实践活动的组织保障机制。1987 年，国家教育委员会、共青团中央出台了《关于广泛组织高等学校学生参加社会实践活动的意见》，这是大学生社会实践活动发展历史中的重要文件。该意见提出，把高等学校学生在假期和课外参加社会实践活动作为学生全面考核的内容之一，对实践活动的领导机制、组织开展和内容目标进行了全面部署，建立了大学生参加社会实践活动的考核机制。1992 年，中宣部、国家教委、共青团中央颁发了《关于广泛深入持久地开展高等学校学生社会实践活动的意见》。该意见规定了学生参加社会实践活动的学时学分，并要求把大学生参加社会实践活动的成绩作为对学生进行综合评价、评优评先和深造读研的参考依据。随着党和国家对实践工作加大力度，大学生参加社会实践情况还被作为高等学校办学水平评估的重要指标，纳入高等学校党的建设和本科教学评估体系。大学生社会实践活动的组织领导和保障制度等进一步健全和完善。

2004 年 8 月，中共中央、国务院颁发《关于进一步加强和改进大学生思想政治教育的意见》（下称《意见》），强调"社会实践是大学生思想政治教育的重要环节，要探索建立实践育人的长效机制，建立多种形式的投入保障机制"。各级政府和高校在《意见》精神的指引下，积极探索新时期实践育人的长效机制，把社会实践纳入学校人才培养方案和教学大纲，规定学时学分，提供必要的专项经费，确保每一个大学生都能参加实践。同时探索和建立社会实践活动与专业学习相结合、与服务社会相结合、与勤工助学相结合、与择业就业相结合、与创新创业相结合的运行体制，建立健全贯穿于社会实践活动全过程，集宣传动员、组织运作、考核评价和表彰激励于一体的制度规范。加强教学实习基地、志愿服务基地等固定社会实践场所的建设，建立长期稳定、良性友好的校地校企合作关系。经过数十年的努力，学生社会实践活动实现了由被动实践向主动实践、由认知社会向全面提升自身素质的转向，越来越受到高校和大学生的重视，越来越引起全社会的关注。实践活动日趋系统化、制度化和长效化。

第二节　高校实践育人存在的问题及成因

一、 高校实践育人存在的问题

"高校教育的探索是永无止境的。"实践育人工作是教育改革的重点，目前虽然已经取得了一定的成效，但其改革仍然处于初级阶段，很多层面需要进一步完善。比如，仍然要进一步解决在实践中"学"和"做"的问题，着重解决做什么的问题。实践育人仍然存在育人目标不够具体、过程流于形式、考评制度相对主观和环节不够统一等问题。

（一）目标不够具体

实践作为一种教育方式，应该发挥其应有的德育教育功能。但是目前高校实践育人目标不够具体和统一。也就是说，各种实践活动所要达到的目标，教师、学生还都不是很清晰、明确。另外，各种实践活动由不同部门组织，分阶段目标和总目标之间的协同配合缺失，所以，实践虽进行了，但收效不够明显。实践教学与实际严重脱节，目的性不强。大学培养的人才往往重理论、轻实践，人才培养与社会实践脱节，特别是在组织活动过程中，有的学生对具体事物实际似懂非懂，有的学生团队意识、交际意识、合作意识不强，有的学生对社会实践活动中的困难不能够独立面对。同时，大学生社会实践活动与实际成才需要存在着不匹配的现象，大学生思想和行为与主流价值观契合有距离，社会适应性技能欠缺等。现在，大学生实践教学在动手能力等方面有所注意，但是，对社会主义核心价值观的教育缺乏目的性，大学生实践与创新能力、学习能力、职业能力、团队合作与交流能力及责任感亟待加强。

（二）过程流于形式

如今，大学生的实践育人活动受到教育部门的高度重视，各大高校也组织了各种各样的实践活动。多样化的实践育人活动虽然形式上很热闹，但是实际的内容却较单薄，或者说，缺乏实际的内容和详尽的计划，"临时抱佛脚"的情况比较普遍，缺少相关制度、资金等方面的保障，即使申请到足够数额的活动经费，也难以保证活动有效开展。例如，在高校中开展军事训练，目的是让新生能够掌握军事技能，增强国防教育观念，同时为迎接大学生活，做好生活上的准备和铺垫，而有很多高校缩短了军训的时间，将军训这一必要的实践形式安排了很多非军事教育的内容，有的学校甚至还将军训的时间置于暑假并将教学内容让位给课堂理论教学，使军训效果大打折扣。同时，在思想政治理论课程教学中，实践学时流于形式，专业课程的实践育人活动并没有真正开展起来，很多深入实践教学基地、爱国主义教育基地等有意义的教育实践活动，部分学校和导师根本不重视，即使是去了，也是为了完成实践任务，并没有发挥出实践育人教育学生的应有效果。

（三）考评相对主观

目前，高校的实践育人活动越来越多地受到资金和精力等因素的约束，因此高校的实践活动无论是从数量上还是具体内容上都不乐观。大多数高校都采用让学生自己在放假期间寻求实践地点的方法，然而，因为大学生对实践教育的认知程度不同，造成其实践的效果有所不同。而高校对于大学生参与实践的考评机制则是以实践报告为准绳，这就导致很多学生为了省时省力，凭空捏造出一份实践报告应付了事，因为监督机制并未完全建立，所以高校的实践指导教师只能通过实践报告来评定学生的实习和实践效果，这就造成学生的实际实践能力和分数之间存在较大的反差。而这样的行为和做法，对于评定学生的思想道德品格或其综合素质都不具备科学性，这些不科学的考评制度会直接或者间接地影响大学生参与实践的热情和态度。长此以往，学生自然会排斥实践，认为实践育人仅仅是走个形式，其主动性和参与性大幅度降低，最终导致个体长期抵制实践的恶果，无法达到实践育人的理想效果。

（四）环节不够统一

大学生的实践育人教育虽然在各大高校取得了一定的成果，但是发展水平不一，没有形成优势互补、资源优化配置及相互交流的模式和局面，也没有形成科学化、系统化的教育体系。目前，我国高校的实践育人活动的组织和开展大多都是为了应付文件规定所开展的活动，只是为了按照要求完成任务，并没有真正从成才育人的角度来对待大学生的课外实践育人教育活动，所以，各大高校及实践主体主动学习相关实践经验的只是少数，大多数高校对实践育人活动和教育工作的开展交流和总结不到位。此外，社会上对于实践的重视程度不够，宣传力度小，媒体介入性不高。总之，学生个体的认识偏差和教师职责落实不到位，加之高校与社会实践单位之间未形成良好的实践育人教育机制、运行体系和合作模式等诸多因素，使得很多实践活动的信息不畅通，开展和推行也只能是初步摸索，有的高校和教师甚至把它当成不得已而为之的任务，这不仅不利于大学生的全面成长，也不利于高校教育实践改革的深入发展。

二、 高校实践育人存在问题的成因

透过现象能发现本质，而且本质能通过现象表现出来。高校实践育人的方法和工作，展现了其内部存在很多问题，其中，不仅有思想理论的认识错误和偏差，也包括教育运行机制中的不全面、资源不足等问题。

（一）认知存在偏差

"态度强度决定行动强度。"当前的高校实践育人工作存在着很多不足和相当多不确定的因素，使得实践育人工作难以顺利进行，高校、家庭和社会及实践个体有重要责任，可以说，大学生自身对于实践的重要性认识相当不足。

1. 高校认知不足

高校开展的实践工作在对其内在的认识上就有偏颇，没有完全认识到大学生实践的重要性。大学生是祖国未来的接班人和建设者，是社会主义现代化建设的未来贡献人。伴随着经济全球化的进展，各式新兴科技和信息都迅速发展，社会对各种人才的要求也越来越多，新时代的人才首先要有完备的理论知识，要具有相对广阔的视野和实践技能、本领。传统教育的理念仍然根深蒂固，高校人才培养大多只局限于课堂，并没有注重锻炼学生的创新和实践能力，也没有将思想道德素质的提高视为重要的目标，具体体现在如下几方面：① 组织教学方面。针对教师安排、课程设置、资金配比和理论课程的设置等因素都有优先考虑。对于考核的细则，理论课成绩占了大部分学分，实践课所占的学分很少。② 硬件方面。学校图书馆的规模越来越大，然而能够提供给大学生实践的场地却十分有限。这是高校在实践认识上的不足，是问题的根源，因此高校的实践育人工作，无论是从决策还是从组织工作上，都需要深入领会教育改革的精神，充分意识到实践的重要性，这是问题解决的基本和关键因素。③ 大学生对于实践的重视不够。现在，大学生的活动限制在学校里，生活模式比较单调，与外界接触的机会较少，并且高校对于实践活动的宣传力度不够，没有主导地位，也使得大学生对实践活动的认识较为肤浅。高校如果不能从实践的角度来思考自身的工作和学生成长的意义以及开展有效的实践育人活动改变学生观念，促使大学生对实践形成正确的理解和认识，便会导致大学生对学校组织的实践活动没有积极和端正的态度，实践的效果便相对较差。大部分大学生受"成绩是根本"的影响，把成绩作为个人成功与否的唯一标准，就算意识到当下社会竞争非常激烈，即使饱读诗书，倘若不能够用于实际也是无用，但在现实的高校奖惩制度和考试成绩等作用下，他们所注重的依然是理论学习。同时，社会上一些错误的思想观念对大学生也产生了不良影响，很多大学生都盲目地为了奖状和考证而浪费时间，他们每天奔波于各种考证的课堂或考场间，认为证的多少是一个人实力强弱的标志，因此对参与实践活动的热情不高。

2. 家庭认知上存在的偏差

目前我国大多数大学生都是独生子女，很多父母不希望自己的孩子受苦而溺爱孩子，家长对于学校所开展的各种实践活动并不支持，并且普遍重视理论学习，轻视实践；重视掌握技能，轻视做人。也因为这样的认识观念，使得他们的成长出现缺陷，虽然有的人对实践的重要性有一定的认识，但很少参与其中，实践起来则眼高手低，存在着不协调的问题。有一部分家长单纯地将知识理解为书本知识，只要求孩子努力学习理论知识，将实践活动视为浪费时间，还有很多家长虽然也知道大学生所处的社会已然不同，思想多元，科技也不断进步，都需要大学生在新的环境中提高实践技能，明确自我定位，然而他们却不鼓励大学生参与社会实践活动，对实践育人功能的认识欠缺。

3. 社会在认知上存在偏差

毛泽东曾说："社会和大自然是一个大学校，那里面的东西多得很，学之不尽，取之不竭。"高校工作涉及的范围大、影响广，社会的各种层面都需要提供支持，为实践提供平台。然而，目前社会上很多人都认为大学生的实践流于形式，认为实践是在浪费资源、浪费时间，所以也不支持大学生搞课外实践。例如，高校联系企业为大学生提供实践机会，企业认为大学生的实践不能为企业带来效益，浪费岗位，浪费时间，而且也有可能耽误生产，最终会给企业的发展造成阻碍，因此不愿给学生提供实践机会。所以，若企业的目光短浅，不愿意提供实践岗位，既不利于大学生的成才和成长，也不利于社会对于人才的需求。

（二）缺乏创新

大学生社会实践活动的形式单一，缺乏创新。大学的实践育人活动仅仅局限于社会实践活动，开展诸如社会调查、社会参观等活动，学生利用寒暑假进行社会调查后，撰写调查报告就算完成任务，绝大部分学生没有从中受到教育，报告内容空洞。所以，高校应利用更多渠道，比如，开放实验室，提供"试科研"机会，鼓励支持学生申报科创基金、开展项目设计等，丰富实践教学内容和手段，极大地调动学生的实践积极性，增强实践能力，同时也促进学生专业知识的学习和理论联系实践能力的提升。社会实践是理论与实践相结合的重要渠道，所谓的大学生社会实践是在理论学习基础上的实践，课堂教学是大学生获取理论知识的重要途径，两者缺一不可。目前大学生的理论学习与实践活动很多时候是脱节的。

（三）存在薄弱环节

"体制因问题而生"，高校的实践育人工作的开展和推进已有几十年，然而很多高校都未建立起有效的制约和监督机制，这就是高校育人和实践育人工作中存在问题的原因。

1. 组织机构不健全

组织机构是运行机制中协调各方面关系，调配资源于一体的方式。系统的组织机构一定要有多级的层级管理以及各部门的合作和实效性的支持。但是目前的高校实践育人工作没有形成完整的、有效的、综合运转的、系统性的组织机构，学校各方面相关部门也相互独立，较少沟通。比如，由学校团委负责组织学生的实践活动，其财务和资金需要向学校的相关财务部门申请；然而财务部门的资金配置有自己的原则和分配机制，真正落实到学校实践育人方面的开支很难足额保障，申请的经费和实际所得有很大的差距，所以在开展学生的实践工作时，只能将实践的次数减少、时间缩短。此外，高层组织机构的领导和扶持也不到位，使实践的相关安排和具体实施细节缺乏科学化、系统化的方案，无法将各部门、教师、学生有机统一起来，很难使大学生的实践活动发挥出应有的作用，致使高校的实践活动流于形式，目标、内容不统一，没有连续性。

2. 监督机制缺乏

保障一项任务能够顺利完成的至关重要的条件是有相对完善和合理的监督机制。高校的实践活动能有效促进大学生综合素质的提升。实践的监督监管机制不健全，是目前高校的实践育人工作流于形式的重要原因。主要体现为：没有对学生的实践环节和成果进行有效的监督。因为实践形式多样化，范围广泛，学校资源有限，所以缺乏统一的监督体制。比如，在高校大学生的暑期社会实践中，学校规定学生自己找实习单位，这就造成学生自己随意找个单位签字盖章，应付了事，而高校则无法通过有效的途径来进行有效的监督。

3. 考评机制不够科学

"将定量和定性考评相结合是一种科学的考评方式。定量研究注重数量，定性研究注重对物质的解释建构，但是两种考评机制都是优点和缺点并存，所以单一的考评制度不可能是完全公正、客观的，所以一定要建立定性和定量研究相结合的体制。"当下，许多高校只是以实践论文和实践报告为实践评估依据，学生更关注的是论文的成绩。这就是典型的定量考评，不仅不能够检验学生的实践活动的质量，也会让学生产生认识偏差，即数量为第一性的。再如，政治理论课程中的实践学时完成效果如何考评，没有相对细致的评价和考核标准。高校育人的一种重要的手段就是采取实践育人教育教学，考评制度是否健全完善关系到实践育人工作的开展，所以，高校需要在探索和实践中，不断摸索和完善实践育人教学体系。

4. 导向激励机制不完善

管理学的研究结果显示，导向激励机制不完善，非但没有起到促进作用，还会影响参与实践的热情及效果。目前大多数高校的教学机制只是对于理论学习的评价和激励，如对教师的教学评价和学生的评优、评奖等，而且教师的职称也是根据课业水平和研究成果评定的。而该机制本身有控制和指导作用，因此教育者和大学生过分关注理论学习，而不太关注实践的育人作用。研究结果表明，大学生的实践育人需要一个完整的实践育人机制和导向激励机制，才能激发大学生参与实践活动的针对性、积极性，达到促进个体成长的目的。因此，高校的实践育人工作要想开展好，就必须有一套完整的激励措施，以发挥实践活动的积极作用。

（四）保障机制有欠缺

资金匮乏是制约实践育人教育活动的重要因素。随着时代的发展，高校对于社会人才的培养和塑造有待逐步完善的地方有很多，需要一定的资金作为保障。随着教育教学的逐渐深入，高校针对大学生的实践育人有许多新的要求，无论是形式还是内容都有待提升，但是实践育人活动作为一种社会性的活动，消费巨大，尤其是高等教育普及化以后，高校的大学生众多，实践育人要落实到每一个学子身上，所需要的费用大大增加，由此出现了实践育人教育和理论教学争抢教学资金的状况。由于以往的高校教育都以"填鸭式"的应试教育为主，对实践的重视不足，使得课堂教学成为日常教学中的主干，因此，高校财政安排也向课堂教学倾斜，实践育人教育所需的资金难以得到保证，实践育人教育的实效性大打折扣。

实践育人受到阻碍的另一个重要原因是指导教师不足。首先，我国高校普遍存在一个问题，就是高校中的师生比失衡，师资力量不足，很多教师因为教学任务繁忙，无暇顾及实践的教育指导，学校无法配备专业的教师给实践教学方面做出指导。其次，由于实践教学具有特殊性、实践性、复杂性等特点，所以教师必须具备较强的动手能力和能够为实践教学提供指导的能力。而目前我国高校的教师所从事的生产活动都只局限于高校内部，其研究成果很少转换为生产力，对于企业和工厂的实际研发并不是特别熟悉，因此很难在实践指导上给予学生正确的指导。再次，由于高校与企业之间沟通不畅，企业中某些经验丰富、素质较高、专业技能较强的职工因为企业自身的原因等，而无法进行实践指导，致使实践教学活动存在障碍。最后，即使教师参与实践活动的指导，在育人方面的思考及落实的差距还很大。

在实践育人教育平台的搭建上，高校育人的教育效果并不理想，取得的实际成果也不多。构建实践平台是大学生进行实践活动的重要载体和组成部分。虽然我国高校目前都有自己相对稳定的实践教学基地，而且社会上也有一定的专供实践的教育实践基地，但是，相对于实践育人教育需求较多的大学生，平台能够提供的机会仍然较少。一方面，高校内部所提供的实践平台，因为资金、教师和场地欠缺，所以活动的举办和开展相对艰难，很多高校的学生社团，因为场地的原因，很多实践活动难以展开。因此，当前的大多数的高校里很难有操作良好且学生积极参与、范围广的实践育人教育平台，其往往是喧嚣了一段时间，最后也没有真正达到实践的效果。另一方面，校外的实践平台，大多数都是为了满足参观的需要，很少能为大学生提供实践教学的机会，所以学生难以得到真正的锻炼，达到育人成效。

第三节　高校实践育人面临的机遇

新时期新阶段，高校实践育人工作面临着新的时代机遇，主要体现在改革开放提供了广阔的实践平台、素质教育呼唤着实践育人的发展、"立德树人"的教育任务要求实践育人深入发展、我国高校对实践育人开展了有益的探索四个方面。

一、　改革开放的实践平台

改革开放40多年来，我国经济社会发生了深刻的变化，经济总量进入世界前列，社会开放程度大大增强，各社会主体之间的合作交流更加密切。这些深刻的变化在高等教育领域，具体表现为教育经费日趋充裕，教学科研等基础设施不断完善，校企合作逐渐深入，政策扶持力度不断增强，这些都为高校实践育人创造了更为优越的环境，提供了新的发展机遇和平台。

首先，高校基础设施的改善。高校基础设施主要包括教学环境设施、实验室设备、教学实习基地、图书馆建设、网络及信息化设施、运动场及体育设施等。高校基础设施是高等教育实现其社会职能和办学任务的基本前提和重要物质保证，加强和完善高校基础设施建设不仅能优化高校育人环境，而且能有效提高高等教育教学水平和办学质量，促进和推动高等教育的可持续发展。同时高校基础设施建设也是评估高校教学工作水平的重要指标之一。随着我国改革开放的不断推进，经过40多年的积累与发展，我国社会经济实现了稳步增长，我国经济总量在2010年超越日本成为仅次于美国的世界第二大经济体。经济的腾飞助推了我国高等教育事业的高速发展。目前，我国每年财政性教育经费支出总额已经超过2万亿元。随着经济的快速发展，教育经费投入会进一步加大。除了财政拨款，社会资金的有效注入进一步提高了高校实际可用的教学经费，企事业单位通过教育基金、专项奖助学金等形式积极支持高校的发展，促进高校办学水平和办学质量的提高。

教育和办学经费的持续稳定保障，大大加快了高校基础设施和师资队伍建设的进程，促进了办学条件的完善和优化，为高校实践育人带来了新的机遇、搭建了新的平台。专业的实践育人工作队伍、协同创新下的实践育人规划设计和专门的实践育人教学基地，在经费保障下都能实现重大突破。至关重要的是如何从顶层设计上，规划好、管理好实践育人的经费投入，在制度监管、政策扶持上下功夫，切实落实实践育人的各项经费支出，有效保障实践育人基础设施的建设和完善。高校实践育人团队也应积极、客观评估基础设施建设上的不足，在科学规划的基础上积极申报各项经费，为经费规划出谋划策。

其次，校企合作关系的建立与深化。高校实践育人是一项系统性、开放性的工作，要求高校在工作中主动与社会企业加强沟通和交流，努力为大学生专业实习、社会实践、创业就业创造良好的外围条件，搭建通畅的校企合作机制，形成良好的校企合作关系。深化校企合作，要构建良好的合作共建机制，深入挖掘高校的科研教学优势，深刻剖析企业发展的困境和现实需要，在科技创新、人才培养等领域密切合作、互补有无，形成集成创新、协同创新的优势力量。校企合作关系的建立和深化，是社会协同创新的体现，高校和企业在校企合作中不仅实现了共赢，更为高校实践育人和企业提升竞争力探寻到了新的路子。

高校与企业合作，共同加强对学生实践活动的组织和指导。让学生在参与企业的实践中获取知识、锻炼品质、完善人格，是高校实践育人工作主动回应社会人才需求的体现。在社会主义市场经济体制逐渐建立和完善的新时期，社会对人才的需求不再局限于扎实的科学文化知识，企业和市场对大学生的社会实践经验、社会实践能力提出了更具体、更细致和更严格的要求。在校企合作机制下，学生的培养直接与社会对接，高校不仅能实现实践育人的宗旨和目的，还可以在实践教学改革中进一步发挥学科特色，提高学生就业创业能力，从而形成和增强办学优势。企业与高校合作，协同高校加强和完善实践育人工作，是企业提升自身人才竞争力的有效途径。进入后工业化时期，信息化带来的产业结构调整要求企业不断提升信息化水平。要实现企业信息化，人才引进和人才储备是企业发展的关键和瓶颈。对于企业而言，一方面，校企合作有助于增进大学生对企业文化的了解和认同，缩短企业后期的人才培养周期；另一方面，学生实习的过程亦是企业培养、筛选和储备人才的过程，能高效解决信息化人才缺乏等问题。为大学生提供专业实习、社会实践平台的同时，企业能直接而快速地宣传企业文化，提升大学生对企业发展愿景的认同，通过实践培训和考察，筛选优秀的大学生进入企业工作，能直接提升企业的竞争力。

随着经济环境的变化，社会开放程度的不断提高，高校和企业愈加认识到加强合作交流的重要性。越来越多的企业在高校设立奖助学金，越来越多的高校派学生进入企业生产一线实习、实践，一大批校企共建实践基地建成运行，一大批校企合作人才培养项目启动实施。高校与企业坚持以习近平新时代中国特色社会主义思想为指导，进一步协商设计，以适应环境的变化和创新的发展，紧扣时代脉搏，体现时代特征，认真研究实践育人工作中的新问题，共同探寻深化合作的有效途径，建立教育机制互联、教育功能互补、教育力量互动的工作格局，使实践育人工作由学校向企业辐射、向社会延伸。

最后，政策的大力支持。党和国家决策部门历来高度重视高校的实践育人工作，党和国家领导人也多次强调高校实践育人工作的重要意义。自改革开放以来，教育部等部门先后颁发了《关于广泛组织高等学校学生参加社会实践活动的意见》《关于广泛深入持久地开展高等学校学生社会实践活动的意见》《关于进一步加强和改进大学生思想政治教育的意见》《关于进一步加强和改进大学生社会实践的意见》等政策性文件和通知，不断申明高校实践育人工作的重要性，并对其科学化内涵进行深入的阐释。

21世纪以来，高校实践育人提升到了前所未有的高度。2010年颁发了《国家中长期教育改革和发展规划纲要（2010—2020年）》，召开了新世纪第一次教育工作会议，确立了实践育人在高校人才培养中的重要地位，对高校实践育人提出了明确的要求。要求在创新人才培养模式中强调注重知行统一，坚持教育教学与生产劳动、社会实践相结合。这不仅从国家高等教育发展战略的高度上强调了实践育人在高校人才培养中的重要作用，更从高等教育改革的具体模式上指明了实践育人工作的创新途径和方式。

2012年1月，教育部等部门颁发了《关于进一步加强高校实践育人工作的若干意见》（教思政〔2012〕1号文件），强调要充分认识高校实践育人的重要性，要统筹推进实践育人各项工作，提出加强实践育人工作总体规划，强化实践教学环节，深化实践教学方法改革，认真组织军事训练，系统开展社会实践活动，着力加强实践育人队伍建设，积极发挥学生主动性，加强实践育人基地建设。强调要切实加强对实践育人工作的组织领导形成工作合力，加大经费投入，加强考核管理，加强研究交流，强化舆论引导。从制度政策的延续性来看，教育部等高等教育管理相关部门逐渐厘清了实践育人的重要性、基本内涵和体制机制等一系列理论和现实问题，建立了一整套推动实践育人工作发展的制度体系。在国家政策的指引下，高校实践育人工作有了理论依据和现实基础，更有了力争实现实践育人工作新突破的底气和勇气。

二、 素质教育的时代呼唤

培养什么样的人，如何培养人，是高等教育的根本问题。正确认识和解决好这个问题，是关系到党和国家教育方针的一个重大问题。1957年，毛泽东在《关于正确处理人民内部矛盾的问题》中说："我们的教育方针，应该使受教育者在德育、智育、体育几方面都得到发展，成为有社会主义觉悟的有文化的劳动者。"[①] 邓小平和江泽民也多次强调要加强对青少年的教育和培养，引导、教育和帮助青少年健康成长，使他们能成为德智体美全面发展的一代新人。基于党和国家领导人对提高人才培养质量的重视以及国家教育体制存在的弊端，柳斌在《努力提高基础教育质量》一文中提出了"素质教育"的概念，以此作为教育体制改革的目标。1999年6月，第三次全国教育工作会议提出全面推进素质教育，自此"素质教育"成为21世纪我国教育改革和发展的一项重要主

---

① 毛泽东. 关于正确处理人民内部矛盾的问题［N］. 人民日报，1957-6-19.

题。素质教育注重个体的全面均衡发展，强调个性化与社会化的统一、个体本位与社会本位的统一，其本质内涵不仅蕴含着实践育人的理念，也阐释了实践育人的战略价值，强调了实践育人是素质教育的现实途径。

首先，实施素质教育是人才培养目标的内在要求。《国家中长期教育改革和发展规划纲要（2010—2020 年)》强调："坚持以人为本、全面实施素质教育是教育改革发展的战略主题，是贯彻党的教育方针的时代要求，其核心是解决好培养什么人、怎样培养人的重大问题，重点是面向全体学生、促进学生全面发展，着力提高学生服务国家服务人民的社会责任感、勇于探索的创新精神和善于解决问题的实践能力。"① 素质教育的重要意义和现实价值毋庸置疑，然而我国目前的教育体制依然没有实现素质教育的全面突破，究其背后的深层次原因，正是教育改革尚未占领实践育人的主阵地。从教育哲学的角度进行考察，在教育目的的层次上，素质教育不仅强调对学生科学文化知识的灌输，也关注到了学生的道德素养、实践能力，这是马克思主义关于人的全面发展的学说与社会生活的现实需求相结合生成的新教育观。与其他的教育观念相比，促进人的全面发展是素质教育的核心和本质。根据人的素质构成要素进行划分，素质教育可划分为身体素质教育、心理素质教育、知识理论素质教育和社会文化素质教育。由此可见，素质教育的本质内涵体现了实践育人的基本理念。

其次，素质教育强化了实践育人的功能与价值。《中共中央国务院关于深化教育改革全面实施素质教育的决定》（中发〔1999〕6 号文件）指出，实施素质教育，就是全面贯彻党的教育方针，以提高国民素质为根本宗旨，以培养学生的创新精神和实践能力为重点，造就"有理想、有道德、有文化、有纪律"德智体美等全面发展的社会主义事业建设者和接班人。顾明远认为："素质教育的内涵是全面贯彻党的教育方针，以提高国民素质为根本宗旨，以培养学生的社会责任感、创新精神和实践能力为重点，造就具有国际视野、德智体美全面发展的社会主义合格公民。"② 这表明素质教育的根本宗旨落脚在提高国民素质，实施素质教育的重点在培养学生的社会责任感、创新精神和实践能力。素质教育以提高人的生命质量为旨趣，强调为学生探索精神和创新思维的培养、学生禀赋和潜能的发挥提供充足的时间和空间，使学生在学习中体验思

① 国家中长期教育改革和发展规划纲要（2010—2020 年）［M］. 北京：人民出版社，2010：16.
② 杜红芳. 浅谈素质教育与思想理论教育［J］. 教育探索，2010（12）：35－36.

想、创造之智慧美①。这要求在实施教育过程中，教育主体应积极为学生的成长和发展创造空间和载体。实践活动作为一项主观见之于客观的活动，实现了教育行为与教育载体在时间和空间上的融合。素质教育的客观诉求为实践育人的教育职能和战略价值指明了方向。实践育人有效地培养了学生的社会责任感、创新精神和实践能力，是实现素质教育、提高国民素质这一根本任务的重要途径。对实践育人功能与价值的强化，不仅能进一步澄清实践育人的本质并非是单纯强调社会实践活动的教育载体作用，而且是其作为新教育观的本质所在，更能突出实践育人在我国教育改革整体规划中的地位和作用，从而为高校实践育人的整体部署和科学设计提供理论依据和现实基础。

再次，素质教育要求注重人才培养过程。在传统的教育观下，应试教育的人才培养过程主要依靠理论知识的灌输，重点在提升学生的考试能力。"填鸭式"的教学法和"题海战术"的考试训练法基本可以涵盖学校的主要教育过程。在这种人才培养模式下，学生的主体性被忽略甚至被压制，脱离了社会实践的现实土壤，学生的社会责任感和创新精神的培育也无从谈起。

与传统的应试教育相比，素质教育更加关注人的全面发展，重视过程教育，强调学生成长和发展的主体性，注重社会实践参与的重要性。这意味着素质教育对高等教育的人才培养过程提出了新的要求，更加注重社会实践的育人功能和价值。具体来说，在高校人才培养工作中，应整体规划实践育人工作，在实践内容设计上充分尊重学生的主体地位，按照明确的教育目标，有组织、有计划地开展能发挥学生主动性、能动性和创造性的志愿活动、专业实习、社会调研、创业模拟等社会实践活动，做到社会实践与素质教育的有机结合，把社会实践的育人功能贯穿到人才培养过程的每个环节，全面提高大学生的政治素养、专业素养、职业技能和就业能力等，从而实现素质教育提高国民素质的目的。

最后，实践育人是实现素质教育的重要途径。作为旨在促进人的全面发展的教育，素质教育是一种独特的主体和客体的能动而现实的双向对象化过程，是一种构建自我教育、自我管理、自我发展的主体的特殊社会实践活动，具有内在的社会实践品性。社会实践既是渗透在素质教育各个环节中的教育手段、

①　"素质教育的概念、内涵及相关理论"课题组. 素质教育的概念、内涵及相关理论［J］. 教育研究，2006（2）：3－10.

教育方法，本身也是一种重要教育环节、教育步骤①。素质教育蕴含着实践的特质，对实践育人有着本能的呼唤，与此同时，它也是实现素质教育的重要途径。作为新的教育观，素质教育理念优化了实践育人环境，发挥了学生的主观能动性，重视和发挥实践的教育功能和价值。通过实践育人，大学生能积极投身于与专业知识相关、与社会服务相关的实践活动，身临其境地唤起内心的社会责任感；在实践育人过程中，大学生能更好地发挥其主体能动性，思维的灵活多变能为现实生产活动提供新的视角和思路，专业知识的积累可以在实际运用中进行验证和使用，创新精神的培育不再是空洞的理念灌输；在实践育人过程中，大学生的社会交往能力可以得到丰富和发展，社会经验的积累为其今后的职业发展打下了基础，个人价值与社会价值的矛盾调节能力切实得到锻炼，社会实践能力提升拥有了全面发展的平台与机遇。

三、 立德树人的思想导向

党的十七大提出了"育人为本，德育为先②"的理念。党的十八大报告进一步"把立德树人作为教育的根本任务，培养德智体美全面发展的社会主义建设者和接班人③"。这一教育目标深刻地回答了"培养什么人、怎样培养人"的根本问题，明确了高等教育的方向。坚持"立德树人"的根本任务，回归了德育的特点和路径，试图寻找到实践育人的价值和功能对德育的回应。

首先，"立德树人"的本质要求及内在规约性。科学准确地理解"立德树人"的本质要求和内在规约性，是高等教育改革的前提和基础。《左传·襄公》中有："太上有立德，其次有立功，其次有立言，虽久不废，此之谓不朽。""立德"作为我国传统文化中的"三不朽"之首，意指应当把树立良好的德行当作人生追求的最高境界。"树人"出自《管子·权修》："一年之计，莫如树谷；十年之计，莫如树木；终身之计，莫如树人。""树人"作为古往今来的百年之计，意指培养人才需要长远规划，需要坚持不懈地开展教育工作。爱因斯

---

① 赵剑民. 素质教育视野中的大学生社会实践［J］. 湖南师范大学教育科学学报，2004（2）：41-45.

② 胡锦涛. 高举中国特色社会主义伟大旗帜　为夺取全面建设小康社会新胜利而奋斗［M］. 北京：人民出版社，2007：37.

③ 胡锦涛. 坚定不移沿着中国特色社会主义道路前进　为全面建成小康社会而奋斗［M］. 北京：人民出版社，2012：35.

坦说过，"用专业知识教育人是不够的，通过专业教育，他可以成为一个有用的机器，但是不能成为一个和谐发展的人①"，因为只有具备良好社会道德的人才能成为一个和谐发展的人。把教育的根本任务定位为"立德树人"，既表明了党和国家对教育理念的正确认识和对教育规律的科学把握，也表明了党和国家对于教育本质的孜孜不倦的追寻和始终如一的坚守。

"立德树人"的教育理念，要求高等教育改革必须厘清德育与其他教育之间的关系，要求高等教育明晰教育的本质与本性，真正把促进人的全面发展这一马克思主义教育观作为教育的价值归宿。"育人为本，德育为先"的理念，强调了德育在整个教育过程中的地位，是针对教育领域中尚存的工具理性教育观进行的有力回击，是针对我国高校现存的大学生人文精神缺失、道德行为失范现象进行的深刻反思。在教育长期偏离正轨之后，重新将其目的、对象和任务都确立为"人"，是对教育本质的人性回归，有助于帮助高等教育工作者明确德育的首要地位，厘清德育与智育的关系，避免在实际教育过程中培养出掌握先进科学知识但不具有良好道德品质的学生。这类学生非但不能成为社会主义建设的主力军，还可能给社会造成潜在的威胁。"立德树人"的内在要求高等教育必须高度重视对大学生德行的培育，而实践育人正是破解我国高校德育困境的有效途径。

其次，实践育人是德育的特点及其实现途径。《伦理学大辞典》中对德育的释义为："教育者以一定的价值观和道德规范教育、影响受教育者，使之转化为受教育者个人的思想品德的社会实践活动。"② 与其他教育类别相比，德育有着自身的特点，主要体现在其教育内容的融汇性、教育过程的渐进重复性、教育对象的多样性、教育功能的实践性等方面。教育内容的融汇性，是指德育的教育内容包含甚广，不仅包含关于社会关系和人与人之间关系的内容，也包含一定阶级的思想道德要求，可划分为职业道德、家庭道德、社会道德等不同类型。教育过程的渐进重复性，体现为德育不可能一蹴而就或毕其功于一役，它在传授伦理规范要求，引导人们树立科学的世界观、人生观和价值观，远大的理想信念的同时，还要培养教育对象与教育内容相适应的行为习惯。加之社会环境的复杂和消极影响，德育在实现教育目的的过程中需要多次往复，效果

---

① 爱因斯坦. 爱因斯坦文集：第3卷 [M]. 许良英，等译. 北京：商务印书馆，1979：310.
② 宋希仁，等. 伦理学大辞典 [M]. 长春：吉林人民出版社，1989：1142.

表现也不可能一步到位，而是循序渐进的。教育对象的多样性，体现为德育的教育对象是具有主体性特征的人，不同的人在伦理规范、道德素养、行为习惯等方面都有各自的特点。为了提高德育的有效性，德育工作者必须因材施教，结合教育对象的主体特征制订相应的教育计划。不同的群体对社会道德的要求是不同的，教育功能的实践性体现为德育必须主动适应社会实践的发展，结合实践的客观条件来引导教育对象履行道德义务、享受道德权利。德育途径依据不同的划分标准有不同的具体所指。依据德育的发生空间或教育主体属性进行分类，可以认为德育主要有学校德育途径、家庭德育途径和社会德育途径，但这类划分并不能完全反映出德育途径的多样性和实践性。依据德育发生作用的载体类型进行划分，学界目前认为德育的主要途径有课程类途径、实践类途径、文化类途径、辅导类途径、传媒类途径等。课程类途径主要是指学校开设的各类德育课程；实践类途径主要是指课内外的各类社会实践；文化类途径主要指校园、家庭等学生生活空间内的各类文化载体；辅导类途径主要是指校内外的辅导咨询；传媒类途径主要指网络、电视、广播等大众传媒。

最后，实践育人的价值与功能是对德育困境的积极回应。概括来看，实践育人的现实价值主要在于其为高校思想政治教育提供了新的教育观念，完善和创新了高校人才培养模式；实践育人的功能主要体现在培养学生的社会责任感、创新精神和提高学生的实践能力上。无论是实践育人价值的实现，还是其功能的发挥，都能有效促进德育的发展，甚至破解德育的难题与困境。这是因为在实践育人中，大学生必然要与生动的社会实践发生信息交换、行为互动和价值传递，与此同时，社会的道德规范要求、价值追求和行为准则，必然直接在大学生身上发生作用，在课堂上枯燥的、呆板的德育内容和具体要求，就在现实生活中生动活泼起来，变得有血有肉、触手可及。社会实践作为大学生道德发展的天然"关系场"，在具体的活动中通过鲜活的道德认知和真挚的道德情感体验，唤醒学生对于美德的向往和追求，形成正确的自我道德判断和严格的道德自律，发挥着隐性教育效果，为培育大学生的道德情操铺就"通途"①，成为助力大学生健康身心和健全人格形成的双翼。德育遭遇困境的主要缘由正

---

① 神彦飞. 社会实践的隐性效果探究 [J]. 思想教育研究，2011 (12): 89–92.

是课程教育脱离了现实生活，而实践育人的教育思想正是对德育困境的积极回应。

四、 实践育人的有益探索

改革开放以来，特别是进入 21 世纪以来，我国对实践育人的理论与实践都进行了有益的探索，主要体现在实践育人理念的深化、实践育人机制的创新、实践育人内容的丰富和实践育人主体的多元等方面。

（一） 实践育人理念的深化

实践育人的理念逐渐在高校实践育人中不断深化，主要经历了对实践观点的审视、对教育观点的反思和对教育实践特点的梳理三个阶段。

（1） 实践是人类存在和生产的基本方式的观念进一步深化。马克思认为："个人怎样表现自己的生活，他们自己也就怎样。因此，他们是什么样的，这同他们的生产是一致的——既和他们生产什么一致，又和他们怎样生产一致。"[①] 从人类生存的前提看，要维持生存，人类的第一个历史活动是生产物质活动，生产实践（劳动实践）的具体化就是生产方式，是指人类使用什么样的工具，在什么样的社会关系下从事物质生产活动，即生产力和生产关系的统一；从人的本质上看，人的本质在其现实性上是一切社会关系的总和，而社会关系则是在实践活动中产生和发展的，作为实践主体的人并非是纯粹生物学意义上的人，而是社会性的；从人与动物的重要区别看，实践对物质世界的改造是对象性的活动，人类依赖于自然界，但自然界的天然状态并不完全适合于人，人类实践是根据自己的需要来改造自然，是"有意识的生命活动把人同动物的生命活动直接区别开来[②]"。因此，人不是简单的抽象物或存在物，而是在现实中生活着、生产着的社会性存在物，离开了实践，人类不仅不再生产物质生活，也将不再生产人自身。以对象为划分标准，人类的实践活动主要有两种形式：一种是为了适应自然而进行的物质生产与改造；一种是为了发展自身对主体人的改造和生产，这主要体现在精神观念领域，如文化的传承、道德的教

---

① 中共中央马克思恩格斯列宁斯大林著作编译局. 马克思恩格斯全集：第 3 卷 ［M］. 北京：人民出版社，1960：24.

② 中共中央马克思恩格斯列宁斯大林著作编译局. 马克思恩格斯全集：第 1 卷 ［M］. 北京：人民出版社，1995：46.

化等。

（2）教育是人类特有的社会实践活动的观念进一步深化。教育是培养人的一种社会活动。从广义上讲，凡是增进人们的知识和技能、影响人们的思想品德的活动，都是教育。从狭义上讲，教育主要是指学校教育，即教育者根据一定社会或阶级的要求，有目的、有计划、有组织地对受教育者的身心施加影响，把他们培养成为一定社会或阶级所需要的人的活动。教育作为培养人的社会活动，其本质上是人的特殊实践活动，这种活动方式的源起是为了种群的延续和发展，具体方式是生产劳动技能的教授、科技文化知识的灌输、社会道德传统的教化等形式。其目的是传承文明，进一步发展社会生产力。社会主义教育是建立在生产资料公有制、人民民主专政基础上的社会教育，它是人民群众改造旧社会、建设新社会、培养社会主义新人的强有力的手段。

（3）实践活动具备独有特点的观念进一步深化。恩格斯指出："世界不是既成事物的集合体，而是过程的集合体[①]"，任何事物都不能离开过程而存在，"过程属性是教育的基本属性[②]"。这表明过程性是教育实践活动的根本属性。教育作为主体间的活动，是教育主体主动满足求知需要和精神需求的实践过程，但是作为个体的教育对象却存在显著的差异性和复杂性，这就决定了复杂性是教育实践活动的第二个特点。"人从本质上是一个不断生成的过程，教育以人类个体的未完成状态为起点，以人性的完善为目标，是一个不断的引导人自我完善、人性丰满的过程。"[③] 实践活动不是简单的复制和传习，而是受教育个体基于现实生活的各种材料，对前人生产生活经验的再加工，从而生成能适应现实生活的、新的思想观念、价值追求等。因此，新生性也是教育实践活动的独有特点。

（二）实践育人机制的创新

夸美纽斯认为："制度是学校一切工作的'灵魂'，哪里制度稳定，哪里便一切稳定；哪里制度动摇，哪里便一切动摇；哪里制度松垮，哪里便一切松垮

---

① 中共中央马克思恩格斯列宁斯大林著作编译局. 马克思恩格斯全集：第 4 卷 [M]. 北京：人民出版社，1995：244.

② 郭元祥. 论教育的过程属性和过程价值——生成性思维视域中的教育过程观 [J]. 教育研究，2005（9）：3-8.

③ 冯国瑞. 生成性思维视阈中的教学范式转型 [J]. 黑龙江高教研究，2007（4）：166.

和混乱。"① 与制度不同，机制是各项制度互相链接、先后发生作用的运转模式，机制从某种程度上可以说是制度的灵魂所在。在高校人才培养工作的不断推进中，实践育人的机制不断创新，为实践育人的实践发展提供了有益的探索。具体来讲，可以从以下三个方面进行概括：其一，探索了以高校为主体的社会联动机制。从系统论的观点和方法论的视角，实践育人不可能单靠高校推动来完成，这既不符合实践育人的本质要求，在现实中也不可能实现。只有通过高校、政府、企业和其他社会组织开展社会性联动，才能最大限度地为实践育人提供机制保障。"虽然高校是实践育人的主体，但是仅仅依靠高校，实践育人难以顺利推进，政府应出台旨在调动高校与企业积极性的政策，高校负责实践育人的日常工作，企业负责实践育人基地的日常管理，形成以高校为主体、政府调控、企业参与的耦合机制。"② 其二，探索了以实践能力为标准的评价机制。当前高校尚未扭转以知识传授为主体内容，以考试分数为主要评价标准的整体局面。对大学生主体性的忽视，对其社会实践能力的轻视，都严重阻碍了高校实践育人的发展。面对严峻的教育现实，高校应积极推动以实践能力为标准的实践育人评价机制的建立。具体而言，就是把大学生的社会交往能力、应变能力、组织能力和协调能力等实践能力作为评价标准和着重考评的具体内容，逐步建立以能力衡量人才的新机制。其三，探索了以实践基地项目为平台的合作机制。在高校实践育人的实践探索过程中，高校十分注重与社会各类用人单位建立长期合作关系，保持畅通的信息交互，建立了一大批稳定、长期合作的社会实践基地，并以此为平台尝试探索合作办学、联建实验室、协同创新等新的合作项目。高校主动与所在地区的爱国主义教育基地、企事业单位、社会公益服务机构等部门进行交流协商，本着合作共赢的基本原则，从社会和市场的实际要求与大学生成长成才的现实需求出发，建立了形式多样的专业实习点、社会实践基地，主要类别有大学生思想政治教育基地、专业教学实习基地、模拟创业基地、勤工助学基地和志愿服务基地等，不仅推动了产学研的有效结合，更为实践育人机制创新奠定了现实基础。

（三）实践育人内容的丰富

随着我国社会改革进入深水区，社会转型也来到了重要的历史时刻。面对

---

① 夸美纽斯. 夸美纽斯教育论著选 [M]. 任钟印，选编. 北京：人民教育出版社，1990：242.

② 吴刚，陈桂香，朱志勇. 高校实践育人的整体把握 [J]. 教育评论，2013（2）：15-17.

新的社会形势，创新和丰富高校实践育人内容显得尤为必要，也是我国经济社会发展变革的历史需要。因为随着社会实践的发展，高校育人目标和大学生成才的需要都在不断发展变化，这就需要依据现实条件和主观意愿不断创新实践育人的形式，这也是提高高校实践育人实效性的必然要求。内容陈旧、形式落后的社会实践活动，不仅不能实现预期的教育效果，还可能受到大学生的反感和抵制。依据大学生社会实践内容与形式的统一，可以将实践育人的内容创新分为三个主要类型：第一，研究型育人实践内容。研究型育人实践是高校和社会相关组织为大学生提供的能进行课题选择、课题调研、课题探讨的实践过程，是高校通过科研训练进行学生创新能力培养的重要途径。研究型育人实践着重培养的是大学生的自主研究能力、自主发现问题和分析问题的能力，强调社会实践的内容与专业课程学习的关联性，主要包括教学实践、专业实习和科技创新创业等。第二，教化型育人实践内容。教化型育人实践是指为了提高大学生的思想政治素养而开展的一类社会实践内容，这种类型的实践活动多采用主题教育的形式。教化型育人实践强调社会实践与大学生世界观、人生观、价值观教育相结合，与思想政治教育相融合，与理想信念教育相结合，与政治理论素养教育相结合，旨在帮助大学生树立正确的人生理想和价值追求，主要包括军训、勤工助学和主题教育等。第三，公益服务型育人实践内容。公益服务型育人实践是指高校为了更好地服务于经济社会的建设和发展，为社区、企业或社会服务机构提供的大学生公益服务类实践活动，是一种适应时代发展、颇受学生和社会欢迎的实践活动，主要包括志愿服务和辅助性社会援助等。

此外，依托于高校思想政治理论课的社会实践教学，高校实践育人的内容得到进一步的丰富和发展，主要包括理论宣讲、社会调研、榜样访问、红色教育等。理论宣讲，是指大学生在接受马克思主义基本理论的教学后，到工厂车间、田间地头、城镇社区中，以宣讲团等具体形式，向广大人民群众开展马克思主义理论、党的政策方针的宣讲；社会调研，是指运用马克思主义的方法论，结合社会现实问题，利用调查问卷、访谈等形式开展的调查研究；榜样访问，是指大学生集体或单独访问社会榜样人物、校内先进师生等，从榜样的先进事迹和高尚的道德情操中增强实践育人的实效性；红色教育，是指高校定期或不定期组织大学生就近参观革命纪念馆、烈士陵园和红色教育基地等，加强对中国革命史、中国近现代史的了解，弘扬爱国主义精神，使他们形成正确的世界观、人生观和价值观。

（四）实践育人主体的多元化

据海德格尔的考察，主体的希腊语本意是停驻在下面作为根据将一切拢聚于自身者。把人作为主体，意味着把人当作一切存在者的中心根据，这是近代社会的产物①。根据人类实践活动的方式不同，可以把主体分为实践主体、认知主体和交往主体。这里讲的实践育人主体为多元化的主体，包含人，但又不仅限于人。传统的社会实践教育，主体仅限于高校或高等教育工作队伍。其根本原因在于高校将社会实践教育当作传统教育的一种特殊形式，实践活动的设计安排、组织实施和总结评价，都是由高校具体组织和指导的。在这样的教育理念下，大学生的主体性不仅被忽视了，而且参与到实践活动中的社会组织的主体性也被弱化了。实践育人理念的确立，帮助高校充分认识到大学生的主体性，也提醒他们关注到参与实践活动的社会组织的主体性。至此，实践育人的主体开始朝着多元化方向快速发展。高校作为实践育人的主体，承担着高校实践育人设计、组织、实施和评价等任务；大学生作为实践育人的主体，要求在高度重视大学生主体性的基础上，发挥其主观能动性，为了满足求知的需求、提升个人实践能力的需求、完善职业技能的需求等，主动、积极地参与到实践育人中来；企业、事业单位和其他社会组织等作为实践育人的主体，在协同配合高校为大学生提供教学实习、专业实验、社会实践平台的同时，对大学生开展有计划、有组织、有目的的企业文化、职业技能、职业道德和社会公德等教育。

从我国经济社会发展的整体格局上看，改革开放为实践育人提供了物质基础，素质教育理念的拓展呼唤着实践育人的创新发展，"立德树人"的教育方针为实践育人明确了思想导向，高校和各类社会组织开展的实践探索为实践育人的创新和发展积累了现实经验，这些都是我国高校实践育人面临的重大机遇。

第四节　高校实践育人面临的挑战

高校实践育人在面临重大发展机遇的同时，也面临着严峻的现实挑战。随

---

① 刘富胜. 现当代哲学对主体性的批判——一种社会理性的视角 [J]. 学术与探索, 2008 (2): 30 – 33.

着市场经济体制的建立和完善，社会思想观念领域发生了深刻的变化，部分人的社会价值观日趋功利化，大学生成才观日趋多样化，大学生学习观日趋信息化，高校的办学观日趋市场化，这些都给高校实践育人的创新和发展带来了困难和挑战。

一、 功利化的价值观

倡导富强、民主、文明、和谐，倡导自由、平等、公正、法治，倡导爱国、敬业、诚信、友善是当今社会主义核心价值观的基本内容，也是当今中国社会的主流价值观。

功利化是指社会群体对于现实利益，尤其是物质和经济的过度追求，是社会处于一定阶段时的变态表现。当代美国政治学家亨廷顿在《变化社会中的政治秩序》一书中提出这样一个观点：当社会处于一个急剧变化转型的时期时，社会在体制改革、理念现代化的过程中，必然会出现各种矛盾，而且社会的不稳定因素也会萌芽。历经40多年的改革开放，我国的社会主义市场经济体制逐渐建立和完善，人们的生产方式、生活方式、价值诉求发生了巨大变化。

（1）功利化价值观的社会表现。功利化本是个体人性层面的弱点。但当它变成一种价值观念，以社会意识风行时，就会在经济、政治、文化等领域直观地表现出来，呈现出多种形态的社会陋习和丑态，并对正常的生产生活方式产生一定的冲击。在经济领域中，功利化价值观表现为在市场经济中出现了为牟取经济利益而漠视经济道德伦理的欺诈现象。市场经济作为一种调节资源配置的经济运行方式，对市场的诚信度和道德标准要求甚高。然而功利化的价值观促使少部分人忽视市场经济的道德规范，为了一己私欲和牟取暴利，采用恶劣的竞争手段，"以邻为壑""饮鸩止渴"的现象层出不穷，食品安全、药品安全都成为社会矛盾所在。在政治领域中，功利化价值观表现为公权力为了功利目的的滥用。由于制度建设和法治建设相对滞后于我国的经济社会发展状况，公权力掌握了社会优势资源的分配与调度权力，在此背景下，功利化的价值观促使部分公权力持有者，在权钱交易、权色交易中丧失了道德操守，公权力的"寻租"与道德失范，以及贪污腐败问题引发了社会的广泛关注。在理想信念领域中，功利化价值观表现为对金钱物质的狂热追求，丧失了对高尚品德和社会主义理想的热忱。在西方拜金主义和享乐主义思潮的冲击下，在物质极大丰富的现实诱惑面前，部分人抛弃了传统的重义轻利的人生准则，认为只有金钱和物质才是值得坚定不移追求的目标。金钱与物质利益是他们唯一的信仰，"世界上没有一样东西不是为了金钱而存在的，连他们本身也不例外，因为他们活着就是为了赚钱，除了快快发财，他们不知道还有别的幸福，除了金钱的损失，也不知道还有别的痛苦①"。在社交领域中，功利化价值观表现为人际关系的功利化。部分人为了达到和实现其功利目标，把市场经济中的交换关系延伸至社交领域。他们把利益需求、利益交换看作人际关系产生的根本动因，否认人际交往中的情感因素，甚至认为没有永远的朋友，只有永远的利益。

（2）功利化价值观对于人才培养效能发挥及时性的诉求。功利化价值观认为，功利性是一切社会关系发生的根本动因，否认没有利益交换或潜在利益的社会活动。功利化价值观的显著特征是非常注重一切社会活动产生利益结果的实效性。具体来讲，就是认为开展或举办某项社会活动的前提是它能非常快速地产生现实利益，不能及时带来利益收获的活动没有切实开展的必要。这就对高校人才培养工作提出了严峻的挑战。功利化价值观在当代高校人才培养中的一个重要体现就是"学习有用论"，即要求学生所接受的教育能在未来的求职就业、升学深造和生活中有具体实际的用途，这是对教育本真价值的反叛。英国的伊丽莎白·劳伦斯在其著作《现代教育的起源与发展》中写道："今天，我们却不问怎样使一个孩子成为一个完整的人；而是问我们应当教给他什么技术，使他成为只关心生产物质财富的世界中一颗光滑耐用的齿轮牙。"② 在我国高校人才培养工作体系中，存在一些能及时展露其教育效能的成分。比如，大学英语的课程教学，它能在短时间内帮助大学生通过大学英语四、六级考试，获取相应的成绩证明，为大学生就业增加技能砝码；入党积极分子培训班的教学工作，它能在为期不长的时间里，对大学生的党团理论、党史知识和时政世情进行灌输，帮助大学生入党积极分子顺利通过党校结业考试，获得党校结业证书，为顺利入党完成程序化培训；针对提升专业技能开展的培训，可以帮助大学生快速掌握某些专业技能，直接应用于生活和生产。

---

① 中共中央马克思恩格斯列宁斯大林著作编译局. 马克思恩格斯全集：第2卷 [M]. 北京：人民出版社，1960：564.

② 伊丽莎白·劳伦斯. 现代教育的起源与发展 [M]. 纪晓林，译. 北京：北京语言学院出版社，1992：90.

　　然而，作为国民教育序列中层次最高的高等教育，其人才培养工作并非都能"立竿见影"获取社会利益的，大部分教育价值的体现和教育意义的展露，都需要高等教育工作者长期投入，不计回报，兢兢业业奋战在教育战线上；同时，它也需要大学生作为行为主体，花费数年时间来完成系统性的受教育过程，这段学习经历的社会价值和人生意义，甚至要在很多年后才能逐渐显现出来，而且更多的价值并非是物质层面的利益获得，而是精神层面的升华，是对于个人内在修为的建构和人性人格的完善。

　　（3）实践育人效能发挥与功利化价值观的矛盾冲突。功利化价值观不仅在日常生活中将其趋利性展现得淋漓尽致，更是内在地呼唤着功利化的社会氛围。这主要体现在客观社会的功利化，即当社会成员被功利化价值观驱动时，他们不再用理性的视角看待社会和自身，而是从简单的、单一的、功利的角度去考察社会生活，去面对自身发展；利益的等价交换被无限推广应用，即功利化价值观引导着人们对金钱、物质利益的盲目追崇，不仅在经济领域，而且在社会生活的其他领域，都沿用利益的等价交换原则来对待理想与信念、处理社会人际交往和指导思想领域的重构，导致主体人格的异化与分裂。功利化价值观把人们变成只追逐经济利益的"经济人"，忽视了对精神生活和精神交往的关注，与人的"社会性"和"道德人"进行分化，成为主体人格异化和分裂的异端。实践育人理论的提出首先是继承和借鉴了马克思主义关于实践的相关观点，在肯定人的基本生产生活方式是社会性实践的基础上，强调教育活动本身是人类社会独有的实践活动，进而探寻教育实践的基本特点与规律，其最终目的和价值归宿是促进人的全面发展，重在对人精神世界的建构。实践育人更加关注人的社会化过程，注重人长远的、非功利层面的价值获取。这一本质特点是与功利化价值观格格不入的，甚至是相互排斥的。构建在马克思主义实践观基础之上的实践育人，先天就与功利化价值观存在对立与冲突。与此同时，实践育人在高校人才培养过程中，没有"立竿见影"的效果，不能及时反馈现实利益的育人活动，这是由实践育人本身属性决定的，与功利化的价值观诉求存在不可调和的矛盾。实践育人作为高校人才培养中的有效途径，在培养大学生社会责任感、创新精神和实践能力的过程中，不仅需要统筹社会资源，系统规划设计，创造良好的条件和丰富的载体，还需要一个长期的过程，分阶段、分步骤、因地制宜、因材施教地实施，而实践育人效果更需要相当长一段时间才能有效反馈。功利化的价值观是无法容忍这种毫无现实利益的社会活动的。

二、 多样化的成才观

成才观，从另一个角度讲就是人才观，因为什么样的人才观决定了什么样的成才观。随着社会发展和思想观念的转变，我国传统的人才观遭遇了时代的挑战，主要体现在对"人才"内涵的再认识、对人才培养路径的再思考、对传统模式化人才观的扬弃等。同时，当前我国正处在社会全面转型的阶段，过渡时期的特点决定了社会个体无法准确预测自己的未来，在成才方向的选择上会出现摇摆和动荡，呈现出多样化的价值取向，进而发展出多种多样的成才观。多样化的成才观、个性化的成才需求，必然需要更加个性化的成才路径予以实现。这为高校实践育人工作提供了施展的平台，也带来了更大的挑战，主要是因为多样化成才观对人才培养路径的多元化诉求，以及实践育人的路径选择与多样化成才观的矛盾冲突。

（1）多样化成才观的社会表现。多样化的人才观带来了多样化的成才观。一些大学生的成才观逐渐从旧有受家庭、社会和传统道德影响的固化模式思维中解脱出来，开始关注自我发展需要，寻找适于自身发展要求的成才路径。纵观我国社会现阶段的成才观，其多样化主要体现在成才标准的多样化、成才动机的多样化、成才路径的多样化。① 成才标准的多样化，是"人才"内涵认识的多样化。改革开放初期，社会急缺受过较高水平教育的高素质建设者，当时对人才的定义局限在接受过高等教育、考试分数高等相对狭隘的范围内，其本质是受过高等教育的社会成员稀少与社会建设高素质人员缺乏之间存在现实矛盾。历经40多年快速发展，我国社会的人才观已经从单一的知识型人才观转向能力型人才观，究其背后的深层次原因，是高等教育大众化与实践能力教育缺失之间存在现实矛盾。与知识不同，能力的体现途径多种多样，它包括社会交往能力、组织管理能力、职业技术能力和综合协调能力等，这些能力要求带来的就是人才观的多样化。② 成才动机的多样化，是指驱动不同的人群甚至个体成才的内在动因的多样化。受到社会发展水平的限制，传统的成才动机多为改变自身或家庭的经济贫困现状。而随着社会思想观念的变迁，当代大学生的成才动机展现出多样化的趋势。何玲玲的调查研究表明，在问及青年成才的目的时，选择"有钱"的人占27.4%，选择"有权有势"的人占19.2%，选择"实现人生价值"的人占 75.5%，选择"得到他人尊敬"的人占 37.5%，选择为了"家人生活幸福"的人占 65.9%，有 61.5% 的青年根据个人喜好选择成才路径，高达 68.8% 的青年根据现实条件进行选择①。③ 成才路径的多样化，是指对于通过哪些途径才能成才的观念的多样化。20 世纪末，基于中国的特殊国情，接受高等教育是青年成才的必经道路。但是随着社会经济生活的发展和丰富，传统的、单一的成才路径遭到时代的质疑和挑战。市场经济的冲击、改革开放的深入和社会需求的多样化，促使社会为不同层次的人提供了不同的成长路径，使得大学生可以采用各自不同的手段来追求自我价值的实现。这是因为随着社会分工的细化，社会经济生活中出现了越来越多的新职业，甚至是新行业，社会为人们提供了多样的就业路径，职业分类更加多元化。

（2）多样化成才观对人才培养路径的多元化诉求。多样化的成才观必然呼唤着多元化的人才培养路径，传统的学校教育不再是社会选拔人才的唯一路径，学校内人才培养模式的发展也日趋多元化。人才培养路径的多元化，主要体现在培养主体多元化、融资方式多元化、培养类型多元化和培养方式多元化等方面。

培养主体多元化，是指根据办学或培训机构的本体属性，培养主体大致上可划分为公办高校、民办高校、中外联合培养、民营机构等。社会对培养主体多元化的关注主要集中在公办高校和民办高校。民办高校虽然在学科建设、师资配置等方面不及公办院校，但是在多元化办学方式、应用型人才培养等方面其独具优势。二级学院是以社会力量出资建设教学、生活设施和购置仪器设备，普通高校负责教育、教学的全面管理，确保教育、教学质量和正确办学方向的新的办学模式。这种模式在办学机制和办学理念上有重大突破，具有较强的生命力和良好的发展前景②。

融资方式多元化，是指人才培养经费的来源多元化。我国高等教育的经费来源主要依靠国家财政拨款，由于采取的是适度超前的发展战略，导致高校和社会人才培养经费存在一定的缺口。与此同时，社会力量与资金具备更高的活

---

① 何玲玲. 契机与挑战：社会转型期青年成才观之嬗变与启示 [J]. 中国青年研究，2009 (11)：60 – 63.

② 周璇，刘悦男. 个性化、多元化教育理念与高校人才培养战略 [J]. 学术交流，2008 (12)：303 – 306.

力，它们主动流向人才培养领域，有效地缓解了人才培养经费不足的困境。直接融资和间接融资、多元化融资等融资渠道为人才培养提供了充实的资金保障。

培养类型多元化，是指人才培养的具体方式和基本导向的多元化。具体来说，我国现行的人才培养类型，主要包含理论型人才培养和应用型人才培养两大类。理论型人才主要从事基础理论研究，注重对世界的认识和解释；应用型人才主要面向实践，注重解决生产和生活过程中遇到的实际问题。还有一种分类认为人才培养类型主要包含技术型人才培养、工程型人才培养和研究型人才培养。以上任一种人才培养类型在具体划分的过程中都可能不乏对培养对象个性特征的考量，但总的看来都是基于对培养对象未来服务社会的目标定位进行的。

培养方式多元化，是指人才培养采用的具体形式的多元化。目前，根据学生学习的具体形式，我国高等教育中的培养方式主要包括全日制培养方式、非全日制培养方式、业余培养方式、远程教育培养方式和成人自学培养方式等。

（3）实践育人路径选择与多样化成才观的矛盾冲突。多样化成才观在成才标准、成才路径等方面的多样化，对实践育人现实路径的选择提出了严峻的考验，主要体现在以下三个方面：一是实践育人途径的局限性。实践活动对教育载体有着较高的要求。一项实践活动的推进和实施，需要耗费大量的人力、财力和物力予以支持才能完成。面对现有的庞大的学生规模和多变的时代环境，无论对高校、社会的实践育人资源进行怎样的整合，采用多科学合理的实践育人规划与设计，选用形式多丰富的实践育人途径，都无法满足日新月异的多样化成才观需求。这是因为相对多样化成才观而言，高校社会的实践育人资源是有限的，这就注定了两者之间存在不可调和的矛盾。二是实践育人教育对象的局限性。实践育人对象的局限性主要表现为高校实践育人的主要对象是高校在校大学生，而多样化成才观认为，不是在校大学生同样具备成为人才的潜在可能。实践育人不可能对参与实践范围之外的对象产生任何教育影响，这与多样化成才观存在冲突。实践育人实施主体的具体化决定了它的对象只能是固定的群体，不能满足所有社会群体对于成才的需求。三是实践育人功能的局限性。主要表现为实践育人尽管具备很多教育功能，能有效地弥补和完善课堂教育的不足和缺陷，但是其本身的功能依然存在一定的局限性，不可能实现各种教育方式的全部功能，以至于无法满足学生个体对于自身成长成才的全部需要。如对理论素养要求较高的研究型人才培养而言，实践育人则无法替代课堂专业知识的传授。

三、 信息化的学习观

随着科学技术的迅速发展，人类已步入知识经济型社会，虚拟网络作为人类生存的"第二空间"正逐步壮大，信息已取代工业成为国家发展崛起的第一重要资源和财富。在信息更新快速、人才需求巨大的时代，学习已成为人们不断自我完善的终身需求。当前，我国正处于经济结构战略性调整、社会主义市场经济体制不断完善、对外开放全面扩大和推进社会主义现代化的新的发展阶段，信息化的时代背景对当代大学生人才综合素质和能力的培养提出新的要求和挑战。新时期新阶段高校人才的培养必须以新的时代背景为坐标，以转变学习观念为先导，把握新视角，确立新观念，实现新发展。

（1）信息化学习观的社会表现。一是终身学习的社会氛围增强。1972 年联合国教科文组织发表的国际教育委员会的报告《学会生存——教育世界的今天和明天》，深刻地分析了新的科学技术革命对人类活动的影响，认为人类正在走向学习化社会，每个人必须终身不断地学习，才能适应科学技术的发展和社会的变革，终身教育与终身学习是学习化社会的基石[①]。终身学习倡导生活本身即是持续不断的学习过程，社会成员要唤起主体意识，主动把学习贯穿自己的一生。现代社会信息资源丰富且较容易获得，通过各种媒体，人们会有意识或无意识地接收各种信息。一方面，由于竞争压力刺激很多人不断地学习多种知识与技能以增强自身的竞争砝码；另一方面，通过手机、电脑等终端设备浏览网络信息已成为一种新的生活方式，在这个过程中，有计划地接受教育与潜移默化的教育交替进行，不断完善自身的各项素质。学习已不再是一种谋生的简单工具，更多的是一种提高自身生存质量的手段。

二是相互合作、交流学习的过程增加。学会交往，具有良好的沟通和合作能力已成为现代学习者必备的素质要求。合作是人类生存的基础，原始社会部

---

① 联合国教科文组织，国际教育发展委员会. 学会生存 [M]. 北京：教育科学出版社，1996：217，218.

落中人类相互学习配合狩猎以获得物质资料；随着经济全球化趋势加强，当今人类之间、国家之间以及人与自然之间互相依存的程度越来越高，个人单打独斗的时代一去不复返，合作发展、合作共赢的时代已经到来。大学生只有认识合作学习的重要性和必要性，在合作学习的实践过程中不断提高自己与他人合作交流的能力，完善健全人格，才能实现自身全面发展和个性发展的协调并进。

三是自主学习能力提高。知识经济时代，利用新信息进行自我学习、自我教育的能力，直接决定了个体发展水平。学校教育是终身学习中很小的一部分，利用现代教育学习载体不断进行自主学习才能跟上时代发展的脚步。网络和实体书店的调查研究显示，职业技能培训和一般阅读性书籍的销售量逐年提高。问卷调查结果还显示，在学校教育以外有计划地进行自主学习并有较强求知欲的人数正不断提高并且年龄跨度在逐步扩大。

四是创新学习诉求日益增加。创新学习是指学习者把学习看作一种主动探索的创造性劳动，在进行学习的过程中，不拘泥于书本和已有的知识，不盲目崇信权威，敢于突破成规，能大胆探索，另辟蹊径，积极地提出自己对于事物的看法和观点，提出解决问题的新方法和新路径。在过去的教育和学习中，我们注重顺从与忍耐，尊重并完全熟记已有知识，这对于应试教育而言是很重要的学习品质，但对于信息时代而言，没有创造性是远远不够的。随着社会的发展，现代人更善于自我激励，有高度的挫折容忍力，喜欢用自己的观点评判问题，并且对事物持久的探究欲不断增强。

（2）信息化学习观对人才培养手段网络化的诉求。信息化学习观，即合理运用信息化手段增强改进受教育者的学习观念，使受教育者依靠信息化手段不断增强终身学习、合作学习、自主学习和创新学习的能力。当今社会，信息的主要来源除了通过书籍、报刊、广播、电视等传统媒体外，已越来越多地依靠各种互联网平台。网络传播的信息量大且更新速度快，已成为当今教育和人才培养的重要手段和工具。高校教师的授课离不开网络，高校学生的学习离不开网络，一台连接互联网的电脑构成了一个完整的人才培养环境。

一是人才培养手段网络化将拓展出新的教育模式。由于网络化人才培养不受时间、空间的严格限制，大学生进行知识学习和能力提升不再依靠传统的课堂教学活动，他们可以根据自己的时间安排、所处位置和持有的网络终端，合理地安排学习计划。同时，在网络化的人才培养方式中，受教育对象与教育主体的互动方式发生了重大变化。这是基于网络本身的特性，大学生能随时随地根据最新的信息传递和思想情绪的变化，及时与教育主体进行无缝交流。

二是信息化学习观要求发挥人才培养的主体性功能。这是因为在信息化学习观视角下，需要充分调动教育对象的主体性能力，变被动接受知识为主动寻找知识、主动研究知识。人才培养手段的网络化，内蕴着对网络工具理性的高度开发和利用。网络的各个角落散落着各个领域的知识信息，对于具有自主学习能力的大学生而言，不可能每个知识点都依赖高校实践育人工作者为其提供现成的答案，而是要通过自身努力寻找、掌握知识。

（3）实践育人实施手段与信息化学习观的矛盾冲突。实践的观点是马克思主义首要的和基本的观点。现代教育学也认为实践是人才培养和发展的重要环节。1979年，邓小平在《高级干部要带头发扬党的优良传统》中提到，"确定了实现四个现代化的目标还不够，还需要有人干"，"反正靠我们坐在办公室画圈圈不行，没有希望。现在真正干实际工作的还是那些年轻人"①。实践育人一直是贯穿于我国教育发展过程的重要理念。

尽管信息化学习和网络化培养也是社会实践的具体表现形式，但是与传统的社会实践活动相比较而言，信息化和网络化的人才培养有其鲜明的特征，这类社会实践活动看似并未从现实意义上产生人际交往、肢体劳动，但其实质上已经实现了传统社会实践的部分功能。信息化学习观在一定程度上是对实践育人所崇尚的"知行合一"的学习观念的消解和颠覆，它独特的信息获取方式懈怠了学生参与实践活动的积极性。

要适应信息化学习观对人才培养模式带来的重大变革。在实践育人具体实现方式方法上，仍需要进一步解放思想，从拓展其科学内涵入手，深入开展实践探索，从而摸索出新的现实路径，着力创新实践载体和形式，在虚拟和现实之间寻找平衡点，填补信息化学习观视野下实践育人有效途径的空白。

四、 市场化的办学观

市场化的办学观，是指大学办学被市场牵着鼻子走，大学将教育服务当作

---

① 邓小平. 邓小平文选：第2卷［M］. 中共中央文献编辑委员会，编. 北京：人民出版社，1994：225.

产业来经营，围绕市场经济需求办教育，通过市场交易实现教育运转，以经济效益衡量办学成败，严重弱化大学人文化的社会担当的社会行为或现象①。市场化办学方式，在一定的社会发展阶段中，通过高等教育资源的优化配置，有效地缓解了经济发展对大量高素质人才的需求和广大民众渴望高等教育大众化的现实困境。然而，我们也应当正视市场化办学观的缺陷及由其引发的一系列社会问题和教育风险。在深入剖析市场化办学观种种社会表征的基础上，理性看待市场化办学观对人才培养效益最大化的诉求，是解决实践育人效益与市场化办学观矛盾冲突的基础。

（一）市场化办学观的社会表现

目前我国市场化办学观具体特征表现为如下四个方面：

一是重办学规模的扩张，轻人文内涵建设。1999 年，为了有效地解决经济发展和就业问题，教育部出台了《面向 21 世纪教育振兴行动计划》，从此拉开了我国扩大普通高校本专科院校招生人数的序幕。高校在市场导向下，急功近利地追求招生学科专业的全面化，力求在短时间内扩大办学规模。在这个过程中出现了人才培养质量下滑、毕业生就业困难和科研创新不足等现实问题。与此同时，高校把更多的教育资源投入到硬件设施建设方面，忽视了高校人文精神的内涵建设，使我国高等教育的发展出现了阶段性失衡的现象。

二是重教书科研，轻实践指导。由于办学规模的急剧扩增，高校师资力量严重匮乏，师生比越来越大，加上国家教育经费的大量投入，高校教师面临越来越大的教学和科研压力，疲于应付各类课程教学任务及繁重的科学研究任务，没有更多的精力指导学生开展实践活动。加之现有的偏市场化的教师评价体系，决定了教师的科研产出的直接效益远远大于教书育人与实践育人产生的实际影响，这都影响了教师指导学生开展实践活动的积极性。

三是重职业技能培训，轻道德素质培养。为了有效提高毕业生的就业率，高校将更多的教育投入放在就业创业的技能培训上，加之专职辅导员配置不到位等情况，致使对大学生的思想政治素质和道德素质的培养关注不够。

四是重服务经济发展，轻理性批判。在市场经济时代"科技是第一生产力"等口号的鼓舞下，教育也随之市场化。知识经济时代，知识是为了交易，

---

① 黄正元. 大学办学泛市场化的风险［J］. 武汉理工大学学报（社会科学版），2013（1）：5-8.

科技是第一生产力，教育的第一要义就变成为经济建设服务。高校将服务社会的功能基本上局限在经济领域，特别是办学经费比较紧缺的地方高校，更热衷于通过人才培训、产学研结合、学术讲座、科技宣传等活动获取更多"立竿见影"的经济效益①。

（二）市场化办学观对人才培养效益最大化的诉求

市场化办学观下，高校的教育服务职能不再是单纯地提高国民素质，为社会主义现代化建设、全面建成小康社会输送优秀的建设人才，而是同时交织着对社会经济效益的追逐。市场化的办学理念，必然要求高校转变教育服务职能，为优化高等教育资源提供体制和机制保障。只有实现了人才培养效益的最大化，才能在市场竞争中占据主动地位，才能最终体现市场化的办学观。一方面，市场化办学观要求扩大人才培养规模。为了争取更好的社会声誉和经济效益最大化，高校在进行人才培养时，不得不将招生规模和办学规模进一步扩大，导致高校有限的师资力量不能切实保证教育质量。另一方面，市场化办学观要求拓展人才培养渠道。只有拓展人才培养渠道，才能更好地提高大学生的职业技能、社会实践能力和就业能力。良好的就业率和社会口碑，能帮助高校赢得更高的认可度，在提升高校品牌含金量的同时，实现其社会效益的最大化。

（三）实践育人效益与市场化办学观的矛盾冲突

实践育人的根本效益所在，并非是某所高校单独的效益实现，而是全民族、全体国民素质的提升，这就与市场化办学观发生了矛盾冲突。一方面，实践育人与市场化办学观追求的利益属性不同。实践育人追求的是全民族的利益、长远发展的国家利益；而市场化办学观追逐的是局部的利益、眼前的利益。实践育人过程的长期性、教育作用的迟效性与市场调节的短时性、市场作用的速效性之间存在矛盾冲突，容易使已形成"主动适应"与"应变"意识的大学生更加关注人才市场的动向，根据需要选择与市场需求相匹配的较为"经济"的教育手段。另一方面，实践育人与市场化办学观的人才培养理念不同。实践育人对人才培养采取的是促进其全面发展的培养理念，是在重视知识理论教育的同时，通过社会实践的育人功能促进其社会责任感、创新精神的生

---

① 杨科正. 论地方高校办学行为中的功利化问题 [J]. 教育理论与实践，2010（4）：3-5.

成，提升其综合实践能力。市场化办学观由于其利益诉求的局限性，无法关注到大学生个体的全面发展，其培养理念主要是以高效、实用为主要内容，无法关注到与高校自身效益无关的教育内容，学生无形中成了教育市场化的牺牲品。

从功利化的价值观、多样化的成才观、信息化的学习观和市场化的办学观等方面探讨高校实践育人面临的现实挑战，不仅能增强高校实践育人的危机意识，而且也为高校实践育人创新发展的目标和内容建构进行了理论铺叙。

第三章　高校实践育人的基本内容

第一节　高校实践育人概述

实践是人类改造客观世界的物质活动。实践育人工作中的实践活动与普通的社会实践有着一些基本的共同特征，但是又显著区别于一般的实践活动。实践育人中的实践既有一般实践活动的普遍性，又有育人活动的特殊性。

一、实践育人较之于实践活动的普遍性与特殊性

一方面，实践育人活动作为人类社会活动中的一部分，是人类社会实践活动的基本内容和重要组成部分，因而，它具有人类社会实践活动的一些共性。第一，实践的客观现实性。实践的主体、客体，以及实践手段和实践开展的过程、取得的成绩等都是客观的，这就决定了实践的客观现实性。第二，实践的主观能动性。实践是人类开展的有目的、有意识地作用于实践客体的活动，与动物简单地为了生存目的而进行的系列低级的、本能的活动不同。实践育人主要以提升大学生的综合素质为目标，具有明显的目的性和能动性。第三，实践的社会历史性。实践主体的实践活动是在一定的社会关系中进行的，个人的实践离不开一定的社会环境和社会成员的支持；同时，一定时期的实践活动还会受到历史条件和经济社会发展条件的制约，与不同社会时期的社会背景、教育发展情况、教育政策等密切相关，具有很强的历史性和现实性。

另一方面，实践育人作为一类比较特殊的实践活动，具有一定的特殊性。第一，实践育人主体的特殊性。实践育人的主体是大学生。大学生是一个处于成长期的社会群体，他们的实践活动以学习知识、掌握技能和提升综合素质为主要任务，这就决定了他们与一般实践活动的实践主体有本质不同。第二，实

践育人开展目的的特殊性。实践育人一般都在高校组织下开展，具有明确的导向性。实践的目的主要是大学生在实践活动中学习、获得新的理论知识和实践技能，检验已学的理论知识，努力实现自身理论学习和社会实践相结合，丰富自身的知识体系和能力结构，促进自身的全面可持续发展。第三，实践育人作用的特殊性。大学生正处于世界观、人生观、价值观形成的关键时期，高校开展的实践活动对于自身的教育和锻炼意义非常重要。实践育人是培养大学生实践能力和创新能力的重要途径，也是培养大学生健康个性和健全人格的重要手段，对于大学生的全面发展具有重要的促进作用。第四，实践育人形式和内容的特殊性。实践育人是以大学生为主体的实践活动，大学生作为在校学生，其主要任务是学习，主要活动场所是学校。大学生的这些特点决定了实践育人的相关内容必须与大学生这特殊群体的基本特征相对应，在整体教学计划和安排内，通过教学实践、军事训练、主题教育、志愿服务、社会调查、创新创业、勤工助学等形式开展。

二、 实践育人的理论渊源和现实需要

首先，实践育人的观点有着深刻的哲学依据。正如本书第一章中所述，中华民族历来有崇尚"知行合一"的优良传统，从《左传》的"非知之实难，将在行之"的描述，到孔子的"吾始于人也，听其言而信其行；今吾于人也，听其言而观其行"（《论语·公治长》），再到明代王夫之的"力行而后知真"的观点等，都体现了对"行"的重视和对实践环节的重视。近代著名教育家陶行知更是坚持"知行合一"的观点，提出"行是知之始，知是行之成①"，强调"行"对于"知"的重要意义，可以说从某种程度上已经强调了实践环节对于其他教育活动和整体育人工作的重要意义。这些优秀的传统思想和观点，对于当前的实践育人工作仍有很强的启发和指导意义。

实践的观点是马克思主义哲学的基本观点。马克思主义认为实践是人类社会中有目的和有意识地改造客观世界的一切活动的总和，通过实践活动不仅能够改造客观世界，而且能够通过主观见之于客观的实践过程，改造实践主体的主观世界。实践是联系人类主客观世界的重要桥梁和纽带，也是人类一切认知

---

① 华中师院教科所. 陶行知全集：第 1 卷 [M]. 长沙：湖南教育出版社，1984：134.

的源泉，人们只有通过实践活动认识和改造客观世界，才能形成自己的认识，并在"实践—认识—再实践—再认识"的循环中，不断推动实践和认识的深入发展。毛泽东指出："感觉只解决现象问题，理论才解决本质问题。这些问题的解决，一点也不能离开实践。"① 人们只有在不断深入的实践活动中，才能更好地认识和改造客观世界，才能获得自身的发展。实践育人的观点，完全符合马克思主义实践观的基本原理和要求。

其次，实践育人是培养德智体美全面发展的社会主义建设者和接班人的现实需要。"教育与生产劳动相结合，是实现人的全面发展的唯一途径②"，"实践教育是将知识转化为能力、精神、品格的必由之路和根本途径，是人才成长的决定性因素③"。高等教育的根本任务在于育人，在于培养能够满足社会发展需要的、各个方面得到全面发展的大学生。大学生的全面发展和全面成才，不仅体现在知识水平的不断提升和知识结构的不断丰富上，更体现在学生各种能力和素质的全面提高和协调发展上，并在实现个人发展的基础上，能够适应社会发展的需要，实现个人与社会的和谐发展。坚持理论学习、创新思维与社会实践相统一，坚持向实践学习、向人民群众学习，是大学生成长成才的必由之路④。这就要求大学生必须充分参与实践环节的锻炼和教育，在实践中检验所掌握的知识，在实践中了解社会、融入社会、增强社会责任感，在实践中强化对国家和社会的感情，在实践中积极运用所学知识，提高应对困难、承受挫折、分析问题、解决问题的实际动手能力。

基于有关文献研究，对实践育人进行如下定义：遵循教育规律和人才成长规律，开展与大学生专业知识学习和综合素质提高等成长成才相关的各种教育实践活动，不断强化大学生的理想信念、提升大学生的社会责任感、塑造大学生的良好道德品格和身心素质，培养大学生勇于探索的创新精神和解决实际问题的实践能力等各种综合素质，使之成为社会主义建设者和接班人的实践教学活动和过程。实践育人的形式包括教学实践军事训练、主题教育、志愿服务、

---

① 毛泽东. 毛泽东选集：第1卷 [M]. 中央文献编辑委员会，修订. 北京：人民出版社，1991：286.

② 郭元祥. 论实践教育 [J]. 课程教材方法，2012（1）：17-22.

③ 申纪云. 高校实践育人的深度思考 [J]. 中国高等教育，2013（13）：11-14.

④ 教育部，中宣部，财政部，等. 关于进一步加强高校实践育人工作的若干意见 [Z]. 教思政 〔2012〕1号，2012-01-10.

社会调查、创新创业和勤工助学等一系列与大学生相关联的实践活动。

正确把握实践育人的概念，必须注意以下认识误区：第一，把实践育人简单理解为一般教学活动在实践环节的延伸。在实际工作中，部分高校仅仅把实践视为一些理论教育课程的实验、实习环节，把实践作为理论教学的巩固过程和有效补充，目的仅在于强化理论课程的教学效果。这种观点将实践育人置于理论教学的从属地位，严重忽视了实践育人工作在高等教育人才培养工作中的重要作用，更没有认识到实践育人丰富的实践内容和育人手段在大学生综合素质培养中的独特作用。第二，把实践育人环节和理论学习环节相对立。在工作开展中，很多高校容易将实践育人同专业知识学习分割开来，认为实践环节与理论学习是此消彼长的关系，主观上武断地割裂了实践育人同理论学习的关系。这种认识既是对实践育人与理论学习相辅相成相互促进的良性活动关系的否认，也是对马克思主义实践观的否定。第三，把实践育人的作用片面化。有部分教育工作者甚至学者认为，实践育人仅仅能培养人的动手操作能力，这是将实践育人片面化和工具化的表现。实践育人不仅能够培养学生的实践动手能力，更是培养人的实践创新能力的基本途径，也是培养学生健全个性和健康人格的基本方法①。从学生层面而言，实践育人对于学生成长具有不可替代的重要作用，能够增强大学生的社会责任感、创新精神和实践能力；从学校层面而言，实践育人的理念对于深化教育教学改革，坚持以人才培养为中心，提高人才培养质量，造就一批高素质创新型人才具有重要而深远的意义；从国家战略层面而言，实践育人对于引导大学生坚定中国特色社会主义共同理想，自觉成为社会主义建设者和接班人，进而为实现中华民族伟大复兴的中国梦而奋斗，具有非常重要的意义。

第二节　高校实践育人的内容

高校实践育人内容丰富、形式多样。实践育人作为一种教育理念，渗透在高等学校人才培养的各个环节；实践育人作为一种育人途径，与其他形式的育人途径相互促进、相得益彰。目前高校实践育人形式包括实践教学、军事训

---

① 曾素林. 论实践教育——基于实证方法与国际比较 [D]. 武昌：华中师范大学，2013.

练、主题教育、志愿服务、社会调查、创新创业、勤工助学七个类型。

一、 实践教学

实践教学活动，是与高校教学工作和大学生专业知识学习相关的各种实践活动。实践教学活动是强化、巩固大学生专业知识学习的有效手段和基本途径，同时也是教学内容的基本组成部分。"实践教学是学校教学工作的重要组成部分，是深化课堂教学的重要环节，是学生获取、掌握知识的重要途径。"①实践教学活动包括课程实践、课程实习、专业实验，以及生产实习、毕业实习、毕业设计等与教学相关的实践内容。尽管不同层次、不同类型的高校实践教学活动的设置不尽相同，理工科类课程、人文社科类课程等各种不同课程对实践教学环节的体现也不尽相同，但都应该根据人才成长规律和教育基本规律，对实践教学活动进行合理的安排。教育部对于各学科门类的实践教学环节做出了规定："确保人文社会科学类本科专业不少于总学分（学时）的15%，理工农医类本科专业不少于25%，高职高专类专业不少于50%，师范类学生教育实践不少于一个学期，专业学位硕士研究生不少于半年。"

抓好实践教学活动、强化实践教学环节能更好地实现高等教育人才培养的目标。一方面，大学生通过参加实践教学活动，能加深对理论的理解和体验，有效地巩固所学理论知识，进一步巩固专业知识学习的效果，实现对所学知识的融会贯通和综合运用，培养大学生理论联系实际的学习习惯。同时，大学生在实践活动中能进一步强化专业技能和专业素质，增强自身对所学专业知识和理论知识的实践体会，进一步激发大学生对专业知识的热情，激发大学生的学习兴趣。另一方面，大学生参与生动丰富的实践教学活动，是发现问题、解决问题的过程，也是迎接困难、解决困难的过程，能激发学生的创新意识和创新思维，锻炼学生解决实际问题的实践能力和抗压抗挫能力，调动大学生进一步学习创造和科学研究的积极性，培养大学生良好的科研习惯和科学精神，实现全面提升大学生综合素质的育人目标。

---

① 教育部，中宣部，财政部，等. 关于进一步加强高校实践育人工作的若干意见 [Z]. 教思政〔2012〕1 号文件，2012 – 01 – 10.

二、 军事训练

军事训练简称军训，即根据《中华人民共和国兵役法》和《中华人民共和国国防教育法》等法律法规，在一定时期内对大学生集中进行包括国防教育、队列训练、战术训练、内务训练等一系列军事化训练的活动总称。国防建设和国防教育是国家安全和社会团结、稳定的基础。接受国防教育、增强国防意识是每个社会公民应该承担的责任。大学生参加军事训练是大学生接受国防教育、参与国防建设的重要途径和手段。《中华人民共和国国防教育法》规定："国防教育是建设和巩固国防的基础，是增强民族凝聚力、提高全民素质的重要途径。依法普及和加强国防教育是每个公民的权利和义务。"① 军事训练是对大学生进行国防教育，强化大学生国防意识、民族忧患意识和担当意识的重要途径，是培养国防后备力量、加强国防建设的重要手段。党和国家一直高度重视大学生军事训练工作，特别是 1985 年以来，更是以法律的形式对大学生军事训练工作进行了强调和部署。《中华人民共和国兵役法》规定："高等院校的学生在就学期间，必须接受基本军事训练。"② 2007 年，教育部、总政治部、总参谋部联合下发《学生军事训练工作规定》，对高等学校学生参加军事训练的组织领导、开展实施、训练内容、训练保障和奖惩制度等进行了规定③。"组织学生进行军事训练，是实现人才培养目标不可缺少的重要环节。"④ 大学生参加军事训练，是高等学校人才培养工作的基本内容，是对学生进行国防教育和国家安全教育的基本途径，也是高校实践育人的重要形式，能提升大学生的综合素质。

首先，军事训练能增强大学生的国防意识。和平与发展是当今世界的主题，是世界发展的大势所趋，也是全世界人民的共同需求，我国整体上处于和平稳定、有利于实现快速发展的国内国际环境。但是，国际反华仇华势力、国

---

① 《中华人民共和国国防教育法》，第九届全国人大常委会第 21 次会议于 2001 年 4 月 28 日通过.

② 《中华人民共和国兵役法》，第六届全国人大常委会第二次会议于 1984 年 5 月 31 日通过，2011 年 10 月 29 日修订.

③ 教育部，总参谋部，总政治部. 教育部、总参谋部、总政治部关于印发《学生军事训练工作规定》的通知 [Z]. 教体艺〔2007〕7 号，2007 – 03 – 20.

④ 教育部，中宣部，财政部，等. 关于进一步加强高校实践育人工作的若干意见 [Z]. 教思政〔2012〕1 号，2012 – 01 – 10.

内疆独藏独势力等影响我国和平稳定环境的复杂因素依然存在，都对我国的国家安全和社会和谐稳定的大局构成了威胁。"南海争端""钓鱼岛问题"等一系列重要安全问题和突发事件就是最好的例证。因此，加强国防教育显得十分迫切。大学生是未来国家竞争的主体，是国防力量的后备军，对他们加强国家安全教育、国防意识教育十分必要。军事训练能让大学生进一步认清复杂的国际形势，认清国家安全面临的潜在威胁，增强大学生的忧患意识和国防意识，进一步明确时代赋予他们的历史使命，帮助大学生树立正确的世界观、人生观、价值观，培养大学生的爱国精神，增强大学生维护国家领土主权完整、国家安全的决心、信心和自觉性，坚定大学生建设社会主义现代化强国、实现中华民族伟大复兴的理想信念。

其次，军事训练能提升大学生的思想道德素质。通过开展军事训练，大学生与人民解放军同生活、同训练，能让大学生进一步感受、了解和学习中国人民解放军"听党指挥、能打胜仗、作风优良"的强军目标，学习不怕吃苦、敢于牺牲的革命英雄主义精神，从而加强对大学生爱国主义和革命英雄主义教育。通过严格标准的军事训练，能帮助大学生学习人民解放军艰苦奋斗、不畏艰难的坚强意志品质，帮助大学生树立"流血、流汗、不流泪，掉皮、掉肉、不掉队"的顽强意志，帮助大学生克服贪图享受、不思进取等懒散情绪和懈怠精神，帮助大学生养成吃苦耐劳、不怕困难、乐于奉献、积极进取的坚强意志。

再次，军事训练能培养大学生的团队意识和纪律观念。在军事训练中，各种训练任务的完成需要全体参训学员的相互配合和通力合作，需要参训学员具备良好的大局观念和服从意识。通过各种高强度的队列训练，举办阅兵式、分列式等训练成果比赛，并以此为导向对大学生的训练过程和训练成果统一的要求、进行标准化管理，提升大学生的团队意识、集体意识和合作意识，培养大学生的团结协作精神。同时，军事训练以军人的标准要求大学生服从命令、令行禁止，坚决服从组织纪律，坚决服从大局安排，能帮助大学生改变以自我为中心的主观倾向，从而强化大学生的纪律意识、自律意识和大局意识。

最后，军事训练能提升大学生的身心素质。在军事训练中，大学生按照军人的标准参与高强度、高体力的训练活动。在军事化的管理方式中接受风吹雨淋、阳光暴晒，能帮助大学生锻炼强健的体魄，增强大学生的忍耐力和承受力，培养大学生吃苦耐劳的优良品德和坚韧不拔的意志品质，从而实现大学生身体素质和心理素质的协调发展。此外，通过为期半个月至一个月的军训，能帮助大学生养成科学合理的作息时间，强化大学生参与体育活动的意识，引导大学生养成积极参与锻炼活动的良好习惯，提高大学生的身心素质。

三、 主题教育

主题教育活动是围绕某一特定的教育主题，通过实践活动的开展，将思想政治教育的目标和要求加以贯彻、强化，进而达到教育效果的实践活动。大学生参加的主题教育活动一般由相关上级组织、团学组织等为主导，根据教育环境和大学生的身心发展和成长特点等，进行设计、策划，形成特定的主题，并围绕这一主题开展一系列相关教育活动。主题教育实践活动已经成为大学生思想政治教育和高校人才培养工作的重要手段和内容。教育部等部门在《关于进一步加强高校实践育人工作的若干意见》中规定："要抓住重大活动、重大事件、重要节庆日等契机和暑假、寒假时期，紧密围绕一个主题、集中一个时段，广泛开展特色鲜明的主题实践活动。"[①] 主题教育活动是实践育人的主要形式，通过组织大学生参与系列活动，实现对大学生教育引导和塑造熏陶的目的，它在大学生思想政治教育中发挥着不可替代的作用。

主题教育活动具有鲜明的特点，主要体现在以下几个方面。

首先，主题教育活动的针对性强。针对性强是主题教育活动的突出特点和基本特征，是主题教育活动在育人工作中最独特的优势所在。主题教育活动能根据特定的教育任务和特定的教育对象选取特定的教育手段和途径，并进行针对性的情境设计和谋划，最大限度地强化育人活动的效果。一方面，主题教育实践活动的主题具有针对性。活动中，高校主题实践活动的组织者和实施者，能在充分把握基本规律的前提下，根据教育形势的基本情况和育人目标的基本要求，结合本单位开展育人工作的实际，选择针对性强、适应教育形势发展并能满足教育目标基本要求的主题活动，达到增强育人活动效果的目的。另一方面，主题教育活动的受教育对象具有很强的针对性。主体实践教育活动的组织

---

① 教育部，中宣部，财政部，等. 关于进一步加强高校实践育人工作的若干意见 [Z]. 教思政 〔2012〕1 号，2012–01–10.

者能充分考虑受教育对象的专业知识背景、学习阶段特征、年龄阶段特征、生理心理特点等一系列情况，有针对性地进行活动规划和设计，从而更好地适应受教育对象的基本特征，增强教育实效性。同时，主题教育活动中，教育活动的组织者在确定教育主题和教育对象的基础上，能进一步选择并优化教育活动的实施方案，选择适合活动主题的、受教育对象乐于接受的开展方式，最大限度地实现主题教育的育人功能，从而达到因地制宜、有的放矢的效果，增强大学生思想政治教育工作的针对性和实效性。

其次，主题教育活动的灵活性强。传统的教育活动中，因为教学内容固定化、教学过程程式化，教学形式枯燥、内容单调，不适合大学阶段的学习特点。大学生对这种教育方式的认可度非常有限，因而越来越受到大学生的排斥和反感，教育效果往往较差，而主题教育灵活性强的特点则能很好地弥补传统教育活动的弊端。一方面，主题教育活动的主题选择是灵活多样、丰富多彩的。主题教育活动的组织者可以根据不同阶段教育对象的现实需求和心理特点，灵活自由地选择主题教育开展的内容和时机，并根据实际情况和受教育对象需求状况的变化以及社会的现实需求等，及时调整主题教育活动的内容安排和实施形式，增强主题教育活动的吸引力，激发大学生参加主题教育活动的积极性和主动性。另一方面，主题教育活动的形式和载体是灵活多样的。在活动开展过程中，活动组织者结合不同时间段的具体任务、一定时期内的重大历史事件等，以具体的活动为载体，根据教育目标和教育对象的不同，创新主题教育的载体，丰富主题教育的形式，灵活选择座谈会议、专题讲座、团组织生活会、文体活动、参观考察等多种形式中的一种或几种，达到增强教育活动效果的目的。

最后，主题教育活动的实践性强。所有的主题教育活动最终都要通过实践的形式付诸实施，因而实践性也是主题教育活动最主要的特征之一。实践是认识的来源，是理论积累的最终目标和检验手段，是大学生获得全面发展的基本途径。大学生在实践活动中，能掌握、巩固所学理论知识，并运用它们为社会服务，进而更好地发挥自己的聪明才智，实现自身的价值。主题教育活动是实现理论与实践相结合的重要形式。主题教育活动一般都是围绕一定的主题，设定教育目标，设计、提供一定的情景模式，通过参与活动，真正实现受教育者理论学习与实践参与相统一，加强受教育者对各种理论的深刻理解和感悟，引导他们在实践锻炼中实现自我、发展自我，从而达到强化教育效果的目的。

四、 志愿服务

志愿服务活动是志愿者不以获得报酬为目的参加的，服务社会、奉献他人或者为促进经济社会发展进步的社会公益实践活动。志愿服务活动具有社会性、公益性、自愿性和无偿性等特点。它是大学生思想政治教育、道德教育的有效途径，能增强大学生的社会责任感，提升大学生专业素质和实践能力。

我国的志愿服务工作源于 20 世纪 90 年代。1993 年年底，共青团中央开始组织实施中国青年志愿者行动。当年 12 月，两万余名铁路青年以"青年志愿者"身份走上铁路，开展了以"为京广铁路沿线旅客送温暖"为主题的志愿服务活动，奏响了中国青年志愿者服务行动的序曲。1997 年，由中宣部、文明办、团中央、教育部、全国学联统一组织发起的大学生青年志愿者暑期"三下乡"社会实践活动正式开始，我国大学生暑期社会实践活动也由此拉开大幕。作为志愿服务的一个重要实现途径，在此后的 20 多年里，越来越多的大学生选择加入志愿服务活动，利用暑假时间深入人民群众生产生活一线，结合广大人民群众的实际需求开展形式多样的志愿服务活动，在积极奉献科学文化知识和青春智慧的同时，努力提升自身的综合素质。经过 20 余年的发展，中国青年志愿者队伍不断壮大，志愿服务活动的活动内容、活动方式、活动范围也不断增多和扩大，社会影响力显著增强，志愿服务活动已成为当代青年大学生的价值追求和时尚潮流，成了大学生成长成才的重要实践平台。

志愿服务活动的育人效果也得到了党和国家领导的高度肯定。2013 年 12 月 5 日，适逢中国青年志愿者行动实施 20 周年，习近平总书记在给华中农业大学本禹志愿服务队的回信中说道："（你们）加入青年志愿者队伍，走进西部，走进社区，走进农村，用知识和爱心热情服务需要帮助的困难群众，坚持高扬理想、脚踏实地、甘于奉献，在服务他人、奉献社会中收获了成长和进步，找到了青春方向和人生目标。"①

志愿服务活动是高校实践育人的重要载体，在高等学校育人工作中起着非

---

① 习近平给华中农业大学"本禹志愿服务队"回信 勉励青年志愿者以青春梦想、用实际行动为实现中国梦作出新的更大贡献［N］. 人民日报，2013 - 12 - 6.

常重要的作用。首先，志愿服务活动是大学生思想政治教育的有效途径。大学生参加丰富多样的志愿服务活动，深入基层了解社情民意，了解改革开放以来经济社会发展的突出成绩，帮助大学生正确地看待当前经济社会发展中出现的问题，帮助大学生正确认识社会发展规律，明确自身肩负的社会责任和历史使命，进而坚定地在中国共产党领导下全面建成小康社会、实现中华民族伟大复兴的中国梦的理想信念。其次，志愿服务活动能加强对大学生的思想道德教育。通过志愿服务活动的生动实践，能培养大学生服务他人、奉献社会的精神，加强对大学生以爱国主义为核心的民族精神、以改革开放为核心的时代精神为主要内容的社会主义核心价值观教育。倡导学生践行"爱国、敬业、诚信、友善"的价值准则，并在大学生不断参与志愿服务实践的过程中得到强化，从而内化为大学生的内在品格，提升大学生的思想道德素质。再次，志愿服务活动能提升大学生专业素质和实践能力。大学生在参与志愿服务活动的过程中，将所学知识运用到广大人民群众的生产生活实际中，能进一步加深自身对专业知识的掌握，锻炼大学生运用知识解决实际问题的能力，并激发大学生学习专业知识的主动性和自觉性，以更加饱满的热情和更加负责任的态度投身今后的学习生活中，进一步提升服务他人、奉献社会的本领。最后，志愿服务活动能促进大学生的身心健康发展。大学生走出课堂、走进社会生活现实，接受一线生产劳动的锻炼，接受社会生活的磨炼，能不断提升大学生的身体素质和抗压抗挫能力。同时，大学生在参加志愿服务的过程中，助人为乐、服务他人，能在服务他人的过程中不断实现自身的价值，不断获得良好的情感体验和正面的心理暗示，培养大学生阳光、向上的心态，不断提升大学生的心理素质。此外，志愿服务活动对培养大学生解决问题的实践能力、勇于探索的创新精神，也具有十分重要的正面促进作用。

五、 社会调查

社会调查是一种认识社会的科学方法，是深入社会、了解社会现实的基本途径。所谓社会调查是指人们运用特定的方法和手段，从现实社会收集有关社会事实的信息资料，并对其做出描述和解释的一种自觉的社会认识活动[①]。社

---

① 黄奇杰，蔡军. 社会调查方法概论［M］. 杭州：浙江大学出版社，2007：3.

会调查的目的是在调查和统计的基础上，分析其中的问题，从而揭示事物的本质及其变化发展的规律，进而寻求改造社会的方法和途径。社会调查具有实践性、客观性和综合性的特征。因为参与主体和开展目的的特殊性，不同于一般的社会调查，大学生参加的社会调查活动，一般以提高大学生社会观察分析能力等综合素质和加强大学生思想政治教育为目标。他们走出课堂和校园，在相关专业老师的组织引导下，围绕一定的目标而开展社会调查实践活动。

社会调查活动是大学生走出校园、了解社会的重要途径，是实践育人的重要载体。教育部等部门在《关于进一步加强高校实践育人工作的若干意见》中强调了社会调查的育人意义，并对大学生社会调查的开展情况提出了具体的要求："每个学生在学期间要至少参加一次社会调查，撰写一篇调查报告。"[1] 参与社会调查是大学生了解社会生活、获得正确认知的基本途径，也是实现大学生全面成长成才的重要途径，对于大学生各方面素质的提升有明显的促进作用。

首先，社会调查活动能帮助大学生树立正确的价值观念。大学生在校学习的方式主要以课堂学习为主，接受的思想政治教育也往往以课堂理论知识传授为主要途径。因为缺少对社会生活亲身的体验和感悟，所以思想政治教育的认同度和实效性不够理想。大学生在相关教师的指导下开展社会调查活动，能更加清楚地了解社会现实，更加辩证、客观地了解社会中存在的种种问题，更加清楚地认识人类社会发展的规律和社会主义建设的规律，帮助大学生认识到中国共产党带领中国人民走社会主义道路的历史必然性和现实科学性，从而帮助大学生树立正确的世界观、人生观、价值观，坚定大学生在中国共产党领导下进行社会主义现代化建设，实现中华民族伟大复兴中国梦的理想信念。

其次，社会调查活动能增强大学生的社会责任感。深入广大人民群众生产生活一线，参与经济社会生活，能帮助大学生更清楚地认识社会现实和中国国情，切身感受时代的脉搏，了解当前经济社会中存在的问题和面临的困难，了解广大人民群众的现实需求和迫切愿望，从而帮助大学生明确自身所肩负的时代责任和历史使命，激发大学生的责任意识和担当意识，提升大学生的社会责任感。通过社会调查活动，能引导大学生牢固树立责任意识、成才意识，增强

---

① 教育部，中宣部，财政部，等. 关于进一步加强高校实践育人工作的若干意见［Z］. 教思政〔2012〕1 号，2012 – 01 – 10.

成长成才的紧迫感和使命感，在今后的学习生活中更加刻苦学习科学文化知识，努力增强自身服务他人、奉献社会的本领，以主人翁的姿态肩负起未来社会主义现代化建设事业的重任。

最后，社会调查活动能培养大学生良好的学习习惯。参与社会调查是大学生了解社会生活、学习知识的基本途径之一。毛泽东早在 20 世纪 30 年代就提出了"没有调查，就没有发言权"的论断，"你对于某个问题没有调查，就停止你对于某个问题的发言权"，"你对那个问题的现实情况和历史情况既然没有调查，不知底里，对于那个问题的发言便一定是瞎说一顿"①。大学生通过参加社会调查，能更好地理解和掌握所学知识，了解和认识社会问题，获得仅靠课堂学习不能获得的知识和能力，认清理论知识无法阐明的社会现实，从而培养大学生理论联系实际的学习习惯，进一步激发大学生深入学习的主动性和积极性。同时，通过参加社会调查，能帮助大学生克服主观主义和经验主义的作风，培养大学生树立勤于实践、善于思考的严谨的科学态度，养成良好的学习习惯，提高学习能力。

六、 创新创业

创新是人类特有的认识能力，也是人类特有的实践能力。它是人类主观能动性的高级外在表现，其本质是突破旧的思维定式，实现新发明、新创造和新描述。创新为创业提供了技术支撑和力量之源。"创业"一词的字面意思为创立或创建基业、事业。创业教育的概念最早由联合国教科文组织于 1989 年提出。经济学家萨伊、熊彼特、沙梅等分别从经济、管理等不同角度对创新创业进行了论述。对于创业，国内学者在综合国外研究的基础上，结合中国实际对其进行了系统的研究，部分学者还结合当前大学生创业行为的时代背景和现实状况，对大学生创业行为进行了专门的论述，认为大学生创业从本质上来讲是一种实践活动，即大学生根据社会发展和个人就业的需要，运用自身所学的专业知识和技能，创新性、创造性地运用、整合各种生产要素和社会资源，通过为社会提供符合社会需求的产品和服务，获得报酬和社会认可，进而实现个人

---

① 毛泽东. 毛泽东选集：第 1 卷［M］. 中共中央文献编译局，编. 北京：人民出版社，1991：110.

社会价值的实践行为。

随着高校毕业生规模的不断扩大和大学生群体就业压力的不断增加，大学生创业行为越来越受到党和政府的高度重视与支持。党的十八大报告指出："要贯彻劳动者自主就业、市场调节就业、政府促进就业和鼓励创业的方针，实施就业优先战略和更加积极的就业政策。引导劳动者转变就业观念，鼓励多渠道多形式就业，促进创业带动就业"，"加强职业技能培训，提升劳动者就业创业能力，增强就业稳定性"，"全党都要关注青年、关心青年、关爱青年，倾听青年心声，鼓励青年成长，支持青年创业"①。党的十八届三中全会强调："健全促进就业创业体制机制。建立经济发展和扩大就业的联动机制，健全政府促进就业责任制度。规范招人用人制度，消除城乡、行业、身份、性别等一切影响平等就业的制度障碍和就业歧视。完善扶持创业的优惠政策，形成政府激励创业、社会支持创业、劳动者勇于创业新机制。完善城乡均等的公共就业创业服务体系，构建劳动者终身职业培训体系。"② 同时，对大学生创业活动进行了全面的部署，指出要"实行激励高校毕业生自主创业政策，整合发展国家和省级高校毕业生就业创业基金。健全人才向基层流动、向艰苦地区和岗位流动、在一线创业的激励机制③"。中共中央、国务院在《关于进一步加强和改进大学生思想政治教育的意见》中指出："要进一步建立健全大学生就业指导机构和就业信息服务系统，提供高效优质的就业创业服务。"④ 教育部等部门在《关于进一步加强高校实践育人工作的若干意见》中也指出："要加强大学生创新创业教育，支持学生开展研究性学习、创新性实验、创业计划和创业模拟活动。"⑤ 党和国家的创新创业政策为青年学生的创新创业实践搭建了广阔的平台，提供了坚实的条件保障。

---

① 胡锦涛. 坚定不移沿着中国特色社会主义道路前进 为全面建成小康社会而奋斗［M］. 北京：人民出版社，2012：35，56.

② 中共中央. 中共中央关于全面深化改革若干重大问题的决定［M］. 北京：人民出版社，2013：44.

③ 中共中央. 中共中央关于全面深化改革若干重大问题的决定［M］. 北京：人民出版社，2013：45.

④ 中共中央，国务院. 中共中央国务院关于进一步加强和改进大学生思想政治教育的意见［Z］. 中发〔2004〕16 号，2004－10－14.

⑤ 教育部，中宣部，财政部，等. 关于进一步加强高校实践育人工作的若干意见［Z］. 教思政〔2012〕1 号，2012－01－10.

大学生创新创业活动包括研究性学习、创新型实验、创业计划和创业模拟活动以及创业实践等内容。20 世纪 80 年代，发达国家关于创新创业教育的理念传入我国，由此各高校陆续开始创新创业教育的实践和尝试。1989 年，由团中央、科协、教育部和全国学联共同发起的首届全国"挑战杯"全国大学生科技学术竞赛在清华大学举行，活动受到了党和政府以及社会各界的高度重视和广泛关注。1999 年，团中央、科协、全国学联共同举办了全国第一届"挑战杯"大学生创业大赛，标志着创业教育开始成为全国高等学校人才培养和竞争的一个重要内容。在"挑战杯"系列大学生课外科技学术作品大赛和创业计划竞赛等官方大型创新创业活动的带动下，全国大学生创业大赛、全国大学生数学建模大赛、全国大学生机械创新设计大赛、全国大学生广告艺术设计大赛等专业类和行业类创新创业活动赛事，也如雨后春笋般相继兴起。二十多年来，各类创新创业类活动赛事吸引了数以百万计的大学生不断参与其中，有力地促进了大学生创新能力、实践能力的培养和综合素质的提升，在高等学校人才培养工作中发挥了越来越重要的作用。

首先，创新创业活动能培养大学生的创新精神和实践能力。大学生在创新创业活动和实践中，不断面对新问题、新情况，迎接新挑战，这就需要他们打破传统习惯和思维定式，充分发挥敢想敢做的特点，创造性地运用所学理论知识大胆尝试。这将帮助大学生打破传统思维藩篱的束缚，进一步强化大学生思维的敏捷性、灵活性和创造性，从而提升大学生的创新能力，培养大学生勇于探索、开拓进取的创新精神。同时，大学生在创新创业活动的尝试中，需要不断将理论知识在实践中加以检验和完善，不断地将新的想法、新的思维付诸实践和行动，通过各种途径争取各方帮助。创新创业活动中会遇到各种困难和阻力，解决活动中的问题，能有效地锻炼大学生综合应对各种困难的承受能力和解决实际问题的动手实践能力。截至 2013 年，历届参加"挑战杯"全国大学生课外学术作品竞赛的选手中，产生了 2 名"长江学者"、6 位国家重点实验室负责人、20 多位教授和博士生导师，70% 的参赛学生获奖后继续攻读更高层次的学历，近 30% 的学生出国深造。

其次，创新创业活动能全面提升大学生的综合素质。大学生在创新创业活动中，需要在所学理论知识的指导下开展各项工作，将理论知识应用在实践中加以检验和深化，巩固专业知识和专业技能，提高自身综合运用专业知识解决实际问题的能力。大学生在创新创业活动中，需要同来自不同生活背景、不同学科门类的团队成员相互配合和协作，需要团队成员相互支持、相互鼓励，为实现同一个目标共同努力，能很好地锻炼大学生的人际交往能力、组织协调能力，强化大学生的大局意识、集体意识、团队意识和奉献意识。此外，在创新创业的实践中，大学生抗压能力、思辨能力、社会适应能力、意志品质等各种能力和素质都将得到强化和提升，从而其综合素质得以全面提升。

最后，创新创业活动能有效地缓解大学生的就业压力。随着我国高等教育规模的不断扩大，高等学校毕业生人数剧增。2003 年我国高等学校毕业生人数突破 200 万人，达到 212 万人。2013 年高校毕业生人数达到 720 万人。高等学校毕业生人数不断激增，社会对高等学校毕业生的用人需求却相对有限，适合大学生就业的有效就业岗位与大学生就业需求之间的缺口越来越大。大学生的就业问题日益突出，"史上最难就业季"的呼声一年高过一年，毕业即失业成了部分高校大学生面临的残酷现实。通过参加各种创新创业活动和创业实践，能很好地锻炼大学生的创新能力和实践能力，激发大学生的创新思维、创业激情和创造意识。经过创新创业活动和创业实践的锻炼，越来越多的大学生加入创新创业队伍，充分利用自身的年轻热情和智力优势，发挥自身的积极性和创造性，积极投身创业实践。这不仅能有效地解决一部分大学生的就业问题，还能吸纳更多的毕业生就业，为社会提供就业岗位，缓解整个社会的就业压力。

七、 勤工助学

勤工助学是在校大学生利用课余时间参加的以获得经济报酬、积累社会经验、培养自身能力等为目的而进行的各类实践活动的总称。近年来，随着高等教育事业的不断发展，大学生规模不断扩张，参加勤工助学的大学生数量也随之增多，勤工助学活动也从简单地为家庭经济困难学生提供经济支撑，演变成为大学生参加社会实践、全面提升个人素质的重要途径和载体。2005 年，教育部和共青团中央联合下发了《关于进一步做好大学生勤工助学工作的意见》，对高等学校和大学生组织、参加勤工助学的各个方面进行了规定，指出："（勤工助学）是贯彻教育与生产劳动相结合、推进素质教育全面实施、加强和改进大学生思想政治教育的重要举措①"，强调了勤工助学的育人功能。勤工助学活动是大学生社会实践活动的重要内容之一，是高校实践育人的主要形式。

第一，勤工助学活动是大学生思想政治教育的有效手段。大学生通过参加勤工助学活动，走出课堂、走向社会，能进一步了解社情民意，还可以使他们了解经济社会发展的现实，了解中国特色社会主义建设取得的伟大成就，加深对党的纲领路线方针政策的认识、理解和认同，更加清楚地认识社会发展规律和社会主义建设规律，更加坚定自觉地跟中国共产党走中国特色社会主义道路，为实现中华民族伟大复兴的中国梦而勤奋学习、不懈奋斗。

第二，勤工助学活动能有效提升大学生的综合素质。大学生在勤工助学活动的过程中，接触经济社会发展的实际，深入生产劳动一线，将所学知识加以运用，不断加深对所学理论知识的掌握，并通过实践不断深化、内化为自身的知识和能力，从而锻炼自己运用专业知识的能力，实现融会贯通，最终提升大学生解决实际问题的实践能力。大学生在勤工助学的实践活动中，不断接触新事物、面临新状况、解决新问题，能最大限度地激发自身的创造激情和动力，为大学生从事创新创造提供机会和平台，促进创新能力的提升和创新精神的培养。通过参加勤工助学活动，直接从事各种各样的生产活动，接受实践活动的锻炼和磨砺，能强健大学生的体魄，提高大学生的身心素质。参加勤工助学活动，需要与不同的社会成员进行交流、沟通，需要和其他同学团结合作，能培养大学生的集体意识和团队精神，锻炼大学生的人际交往能力。同时，参加勤工助学活动，走出课堂和寝室，参与丰富多样的社会实践，能帮助大学生树立阳光、开放的健康心态，提升大学生的心理健康水平。

第三，勤工助学活动能培养大学生良好的道德品质。参加勤工助学活动和各种生产劳动，能增强大学生对广大劳动人民的了解和体悟，强化大学生的劳动观念，培养大学生良好的社会品德和职业道德。大学生通过参加勤工助学活动获得报酬，能深刻理解劳动的艰辛和不易，体悟"没有付出就没有回报"的道理，从而树立正确的价值观念和生活态度，以及劳动光荣的价值观念，自觉抵制不劳而获的错误思想。勤工助学在使大学生获得经济收入的同时，能强化大学生自立自强的意识，改变大学生对助学金、困难补助等经济资助的依赖，

---

① 共青团中央，教育部. 共青团中央教育部关于进一步做好大学生勤工助学工作的意见［Z］. 中青联发〔2005〕14 号，2005－04－08.

培养大学生对自身负责的担当性、主动承担社会责任的积极性。同时，大学生在课余时间参加勤工助学工作，需要不断地面对并克服学业、生活等各方面的压力和问题，锻炼了大学生的意志品质和毅力，全面提升了大学生的综合素质。

第四，勤工助学活动能提升大学生的社会化程度。在勤工助学活动中，大学生按照相关组织的统一要求，在规定的时间内完成一定的任务安排，获得相应的经济报酬。通过承担具体的工作职责，大学生体验了不同的社会身份、适应不同的社会角色，了解了社会分工和社会运转的基本情况和基本规律，有利于他们做出科学准确地自我定位，摆正自己与他人以及与社会的关系，更加客观地认识和处理个人发展与社会需求的关系，明确今后个人努力的方向，从而提高自己的社会化程度。同时，通过参加勤工助学活动，大学生可以尽早接触社会生活现实，锻炼社会适应能力，积累了社会经验和人生阅历，提升了心智成熟水平，尽快实现从学生到社会人的转变，为顺利适应未来的社会生活打下良好基础。

第三节　高校实践育人与高校思想政治教育的关系

实践育人可以让青年学生了解国情，培养学生的创新精神及为社会做贡献的精神，提高学生的社会责任感。大学生思想政治教育的实质是改造人的主观世界，提升人的思想境界和道德品质，并帮助人们提高改造客观世界的效果。因此，实践教育与思想政治教育相辅相成，密不可分。

一、　实践育人是高校思想政治教育工作的重要环节

《中共中央、国务院关于进一步加强和改进大学生思想政治教育的意见》提出，加强和改进大学生思想政治教育的基本原则之一，即结合社会实践。实践教育是高校思想政治教育的重要组成部分，对思想政治教育工作起着重要的作用，也是提高高等教育质量的切入点。这主要体现在三个方面。

（一）凸显思想政治教育的目标

1999年颁发的《关于加强和改进思想政治工作的若干意见》中，进一步确定了高校思想政治工作的任务，即"学校的思想政治工作要围绕培养社会主

义合格的建设者和接班人的根本任务来进行"，把培养"四有"新人作为社会主义教育事业的目标。实践育人对培养大学生的"四有"品质具有重要作用。实践育人工作的展开恰恰是高校思想政治工作落实培养"四有"新人目标的表现，进一步践行了党的教育方针。我国的思想政治教育不光是简单地向学生们介绍社会意识形态，还包括身体力行去体验，因此实践教学一直以来都受到高度重视。实践育人工作的开展，彰显了我国思想政治教育和人才强国战略的宗旨，对增强综合国力具有重要作用。

（二）拓宽思想政治教育的渠道

为了实现 21 世纪社会主义现代化"四有"新人的培养目标，思想政治教育要改变传统的教育方式，扩大育人渠道，让学生愉悦地接受和认可。之所以说实践育人是高校思想政治教育的重要组成部分，是因为实践育人是 20 世纪 80 年代高校思想政治教育开辟的新渠道，它将教育内容寓于活动之中，使大学生在实践中接受教育，应用所学，提高觉悟。

几十年的经验表明，实践对思想政治教育产生了巨大的影响。在实践开展的过程中，能开发出隐性教育、感受教育、自我教育，同辈群体教育、网络教育和社会教育等子渠道，使思想政治教育向纵深方向延伸，让每一个大学生都能在这片绿地上欢歌载舞。

（三）整合思想政治教育的资源

马克思主义哲学表明，实践是知识的源泉。生动的实践活动是思想政治教育理论的重要来源。思想政治教育理论作为适用于科学的理论具有与时俱进的特点。而与时俱进、完善更新并不能在闭合空间里完成，"封闭即退化"，应当通过实践育人这个开放的窗口，把握大学生思想发展动态，迎接挑战，放眼世界，更新资源。思想政治教育好比深不可测的"古井"，而实践育人正是源源不断地给它输送了生命的"活水"。灌输教育利用的思想政治教育资源极少，属于"静态思想政治教育"，而实践活动最大限度地调动了思想政治教育资源，使思想政治教育自然资源、社会资源、组织资源、教育资源、文化资源、科技资源、信息资源等得到充分整合和开发，构建"动态思想政治教育"成为可能。

二、 思想政治教育是实践育人有效开展的重要保证

思想政治教育是一切工作的生命线。深入开展实践育人工作是新形势下大

学生思想政治教育的有效途径。实践育人源自思想政治教育，因此不能摆脱思想政治教育，应当在思想政治教育的指引下，摸索、完善实践育人工作。如今，实践育人越来越多地走出教室，走向社会，甚至走出国门。在这种情况下，更需要加强思想政治教育对学生的指引性，避免西方文化殖民主义歪曲我国青年健康成长的方向。

（一）确保实践育人的正确方向

思想政治教育是实践育人有效开展的重要保证，这首先体现在思想政治教育的主体作用上。它始终把实践活动指向教育者寻求的方向，纠正实践活动中偏离正确方向的做法，确保教育在预期方向上发展，实践活动为教育工作者带来理想的结果。

"方向"和"旗帜"涉及培养什么样的人的根本问题，关系到培养出的人走什么道路、跟谁走的问题。长期以来，全国高校始终把正确的政治方向放在工作首位，始终围绕党的中心工作确定自己的教育任务和教育方针。进入21世纪，全国各地高校始终坚持"越是改革开放越是加强高校思想政治教育"，一直坚持用马克思主义中国化最新成果来武装学生，把握住了马克思主义在意识形态领域的主导地位，确保了实践育人朝着社会主义方向迈进。

把握了大方向，还要关注实践育人开展过程中是否坚持了科学理论，是否走在正确的轨道上。在开展实践育人的过程中，高校主要有以下欠佳表现：第一，高校教师缺乏科学理论的学习和指导，盲目开展实践，得出个别偏离科学的错误结论；第二，某些大学生参加实践活动态度不端正，抱着玩乐主义的心态，不求甚解、半途而废，甚至还出现了一些不好的风气；第三，存在极少数教师和领导不重视实践育人工作、敷衍了事的现象。思想政治教育就像海上的灯塔，引导教育工作者和大学生运用科学的理论和方法来理解和分析问题，并指导师生的主观目的和认识，约束大学生在实践过程中的行为，进而确保实践育人工作朝着既定的目标前进。

（二）为实践育人工作提供理论支持

思想政治教育在实践育人理论指导下的作用取决于实践与知识的关系。马克思主义哲学认为，认识在实践中具有主导作用。人类的实践与动物本能活动不一样，人类的实践需要以科学知识为指导，没有任何理论指导的实践是盲目的实践。在科技快速发展的当今社会，认识实践活动的导向、预测、规避、促进作用变得越来越重要。正确的理论支持会使实践顺利进行，并取得理想的效果；当使用错误的理论支持实践时，会带来负面影响，甚至造成破坏性影响，导致实践失败。实践作为主观之于客观的活动，本身就包含着认识的因素，需要以正确的认识作为理论支撑。

只有以科学的思想政治教育理论来充实实践育人理论，指导实践育人工作，才能使实践育人工作达到较好的效果，否则培养"四有"新人的目标只能束之高阁。思想政治教育通过直接作用于大学生、教师的精神世界，通过对大学生、教师的认识产生影响而作用于实践育人活动。思想政治教育理论、实践育人理论都是大学生实践活动的理论基础。因此，思想政治教育作为实践育人中的一条主线，是开展大学生实践育人活动的重要保障和理论支撑。

（三）确保实践育人获得真实效果

只有掌握了思想政治教育的理论知识和本质，思想政治工作者才能安排和设计出真正帮助学生、关心学生的以学生为本的教育政策。没有对思想政治教育理论知识和党的教育政策的正确认识，就不可能把握教育的本质，从而实现大学生在教育实践中的健康成长。目前，学者们对如何提高实践教育的实效性进行了大量的研究。研究主要集中在内容开发、机制建设、基础设施建设和团队培训等微观行为方面，发挥了不少作用，实践育人也引起了社会各界的广泛关注。但总体来看，从创新层面、根源层面和其他宏观、前瞻性方面的讨论较少。因此，外部因素通过内部因素才能真正起作用，而教育者要想取得真正的成果则不是一日之功，需要长期作用于大学生、教师、社会工作者的主观内在，达到潜移默化的效果。而实现了这一伟大工程，便是拥有了创新品质和开放视野的大学生思想政治教育。

三、 思想政治理论课实践教学与大学生社会实践的区别与联系

（一）两者的发展背景与进程

一般认为，大学生社会实践的出现早于思想政治理论课的社会实践。"自1983 年以来，团中央、全国学联就开始发起大学生利用假期搞社会调查、勤工助学、挂职锻炼等的一系列大学生社会实践活动。"1987 年颁布的《中共中央关于改进和加强高等学校思想政治工作的决定》中强调，青年学生只有在学习科技文化知识的同时，积极参加社会实践，才能成为有用的人才。此后，中央

联合发文，将高校学生参加社会实践作为重要的培养环节纳入教育计划。20 世纪 90 年代以后，大学生社会实践活动与青年志愿者活动结合了起来。此外，共青团在大学生社会实践中起到了积极的带动作用。21 世纪，胡锦涛在清华大学百年校庆中强调，希望青年学生将创新思维和社会实践结合起来。可见，大学生社会实践已成为我国高校常抓不懈的重要任务。

思想政治理论课作为一门学科，其理论体系的建设是在 20 世纪 80 年代初提上日程的。而思想政治理论课实践教学则是 20 世纪 90 年代以来才出现的概念，其初衷是为了改革高校传统的大班理论教学封闭、单一、僵化的旧模式，以适应时代发展的需要。随着思想政治理论课教学改革的深入发展，把思想政治理论课推向社会，增强理论教学的时代感和吸引力成为当务之急。在这种环境下，思想政治理论课实践教学应运而生。

（二）两者在目标与本质上的区别

社会实践的目标是培养大学生分析问题、解决问题、克服困难和应对挑战的能力，这将促进大学生的全面发展。而思想政治理论课实践教学的目的是帮助学生激发兴趣和开阔他们的视野，并认识到思想政治教育理论知识和社会实践的结合，从而优化大学生思想政治认识和强化大学生思想政治修养。两者目标的侧重点是不同的。

大学生的社会实践活动是由共青团委发起的，它是教学计划及大纲之外的活动，也是对课程的补充。在大多数情况下，它被认为是"第二课堂"或"第二渠道"。思想政治理论课实践教学是高校思想政治理论课的重要组成部分，具有很强的方向性、思想性、课程性和研究性，在本质上仍然是一种教学活动。

（三）两者在内容和组织方式上的差异

在形式上，思想政治理论的实践教学包括课堂实践（研究实践和科研实践）和课外实践。而大学生的社会实践活动主要指课外活动。从两者的内容上看，思想政治理论课的实践教学是围绕本课程展开的，相关内容设计是为了提高学生的马克思主义理论素养和社会实践经验，为学生提供尽可能丰富的艺术、娱乐、体育、科学、文化和社会方面的经历，内容十分广泛。

大学生的社会实践活动通常是由院校团委牵头组织的，时间安排在寒假和暑假，分为团队和个人两种形式。组织部署的实践基本上是临时性的，学生具有高度的自由度。思想政治理论实践教学主要是由课程教师组织的，课程结构和实施标准相对固定。因此，思想政治理论课的实践教学在教师指导、具体安排、后勤管理等方面采用的体系与大学生的社会实践是不同的。

（四）两者的共性和联系

思想政治理论课实践教学与大学生社会实践虽然有许多不同，但两者都是实践活动，有着密切的联系。

第一，两者共存于高校思想政治工作中。在高校思想政治工作中，思想政治理论课实践教学和大学生社会实践是大学生思想政治和道德素质教育的重要手段和主要途径，要提高高校思想政治教育的实效性，两者缺一不可。思想政治理论教育在培养学生正确的世界观、人生观、价值观和高尚的道德素质方面有着强大的作用，是大学生的基础教育，是其他学科所不能替代的。而大学生的社会实践是补充学生课外知识，提高学生各方面素质和能力，加强学生社会化的有效手段。总之，两者都是高校思想政治工作的重要环节，共同存在于高校思想政治工作体系中。

第二，两者作为实践活动有共通之处。在思想政治理论课实践教学中，课外实践活动在实践内容和实践方式上都与大学生的社会实践活动密切相关。例如，株洲大学在皖南革命老区开展的思想政治理论课实践教学活动，其实也是一种社会实践活动，这些活动的准备、部署和反馈非常相似，只是活动的主题和目的略有不同。除此之外，只要遵循大学生成长和受教育的客观规律，以服务社会、了解社会，贴近生活为目的的公益活动，既可以运用于社会实践，也可以运用于实践教学，高校思想政治理论课应认识到这一点，努力把两者结合起来。只有当一项活动达到两种目的时，教学成本才能降低。

第三，在发展趋势上，存在着两者相结合的趋势。首先，思想政治理论实践性教学是从大学生的社会实践中拓展和发展起来的。大学生社会实践的成功开展为思想政治理论课的开展提供了有益的参考。此外，随着市场经济和网络时代的不断发展，学生接触社会、了解社会、融入社会的需求也被提上了日程。因此，在课程建设方案中，教育部提出在优化课程内容的同时，积极引入和加强社会实践环节，构建理论与实践相结合的教学模式。两者在产生上有渊源，在发展过程中可以相互学习。其次，两者的结合是提高高校德育效果的需要。随着高等教育的发展完善和人们对素质教育的日益重视，如何提高德育的实效性已成为一个热门话题。由于社会实践在促进大学生身心健康方面发挥着重要作用，社会各界都在积极地推进社会实践的发展。实践教学已被证明是目前最佳的教育改革方式，其必须与大学生的社会实践相结合，与培养优秀人才的需要相结合。

（五）两者的协调与发展

新时期实现社会实践与思想政治教育相结合是提高社会实践有效性的有益尝试。通过对当前大学生社会实践现状的分析，发现大学生在社会实践方面缺乏思想政治教育的引导，思想政治理论实践教学缺乏大学生社会实践的系统性、科学性。两者可以互相借鉴，取长补短。在了解了两者的定义、现状、区别和联系之后，如何实现两者的有机结合成为难题。目前，学术界对此并没有提出具体的、科学的对策，只是重复地罗列了一些提高社会实践实效性的办法。在此，对两者的协调发展有以下一些思考和建议。

1. 要相互借鉴，融合发展

随着大学生社会实践进一步朝着制度化、规范化、科学化方向发展，把大学生社会实践纳入思想政治理论课教学计划，"建立'受教育、长才干、做贡献'的社会实践课程体系越来越有必要"。

只有这样，才能保证大学生社会实践的有效开展，提高大学生的社会实践效果，更好地落实大学生思想政治理论的社会实践。大学生社会实践体系可以学习思想政治理论课实践教学组织的严密性、系统性，考核的规范性，指导的全面性等特点，加强各个环节的思想政治教育工作，提高参与者（学生和教师）的政治素养和道德水平，端正他们的参与态度，加强对社会实践各个环节的理论指导，使社会实践朝着正确的政治方向发展并有坚实的理论支撑。

思想政治理论课实践教学可以借鉴大学生社会实践灵活、多样、独立、自觉等特点，积极调动学生的参与意识和主人翁意识，借鉴社会实践的有益经验，丰富实践教学形式和内容。在整合社会资源和充分调动学生的积极性的基础上优化组合，使思想政治理论课实践教学形成点和面结合、重点和一般结合、集中和分散结合的多样化教学模式，促进实践活动的有效开展。

2. 要各有侧重，协调开展

尽管对于一些社会实践，思想政治理论课的学生可以参与并能受益，但这并不代表社会实践完全等同于思想政治理论课实践。通过以上分析可知，两者目标的侧重点是不同的，所以应各有侧重地协调发展。思想政治理论课实践教学是课程的重要组成部分，这就要求严格区分大学生的社会实践，重点搞好课堂实践、研究实践及科研实践，以引导和帮助大学生认同马克思主义理论和掌握马克思主义的立场、观点和方法，树立正确的世界观、人生观、价值观，为提高大学生的整体素质奠定坚实的理论基础。大学生的社会实践应立足于人的全面发展，特别是能力的发展，因此在实践中不应弱化目标任务，只重视提高学生的素质，忽视了学生其他方面的发展，长此以往学生会失去热情和自主性，造成不良后果。

3. 虚拟实践，结合创新发展

可以尝试构建虚拟实践，实现两者的融合，建立学校实践网站和微博，将大学生社会实践和思想政治理论教学板块进行整合，为学生和教师创造一个共享的实践平台，让他们关注学校社会实践的现状和成果，使社会实践变得生动有趣。设立思想政治理论课实践教学实验室也是良好的尝试。教师和学生的集思广益、良性互动、定量科学分析能摸索出更多有效的实践形式，实验室还能使实践效果看得到、摸得着，不再是走形式、走过场。

思想政治理论课的实践教学与大学生的社会实践相结合，无疑是一项复杂而艰巨的工程，需要各方高度重视，共同努力，长期探索研究，艰苦奋斗，才能早日形成高校健全的社会实践体系，确保每个学生健康快乐地成长。

第四章　高校实践育人的特性

第一节　高校实践育人的基本特性

实践育人作为一种教育理念，是基于马克思主义实践观，并在尊重教育发展规律、人才培养规律的基础上形成的科学的教育理念，渗透于育人工作的各个环节，与教书育人、管理育人和服务育人等一系列活动相互补充、相互促进，共同构成完备的高等教育育人体系。高校实践育人工作以大学生为参与主体，以主观见之于客观的实践活动为主要载体，形式多样、内容丰富。实践育人的这些本质特性也就决定了其具有其他各种育人手段所不具备的特点。

一、　导向性

导向性是指能够使事物朝某个方向发展的特性。实践育人作为育人途径的一种，是一种目的性和针对性很强的教育实践活动。实践育人的根本目的在于通过各种实践活动，提升大学生的综合素质，促进大学生的全面发展，努力使大学生成长为社会主义的合格建设者和接班人。实践育人的目的性和针对性，也就决定了实践育人活动必然具有导向性的特征。实践育人的导向性，是指实践育人工作有着明确的目标和方向，工作内容和安排都是以提升大学生的思想政治素质、培养大学生的实践创新能力和促进大学生的全面发展等为导向，设计实践育人工作的各项环节和内容，以实践活动为载体，不断实现并强化育人目标。

从宏观层次来讲，作为以育人为主要目的的实践活动，它显然不同于一般性的实践活动。根据马克思主义关于人的全面发展的观点，教育与生产劳动相结合是实现人的全面发展的唯一途径。因此，实践也是大学生成长发展的基本途径之一。但是大学生社会实践活动与一般性的认识和改造世界的活动有着明显的区别。实践育人的本质应该是一种学习活动或学习过程，因为实践育人的首要目的不是认识和改造客观世界，而是改造大学生的主观世界。实践育人的导向性要求实践的内容和设计必须以强化大学生的理想信念、提升大学生的社会责任感、塑造大学生的良好道德品格和身心素质、培养大学生勇于探索的创新精神和解决实际问题的实践能力为出发点和落脚点，服务于思想政治教育和育人工作的大局，最终实现实践育人的目标。从微观层次来讲，实践育人工作的导向性还体现在：高校在开展实践育人的工作时，都应围绕培养大学生综合素质这个目标，根据育人工作的整体要求，对实践育人的开展情况和整体安排进行顶层设计和整体谋划，对实践育人的时间、方式、效果等都有一定的预期和监控，保证活动开展的效果。各高校开展的实践育人活动形式多样、内涵丰富，但无不落脚在育人这一点上。实践活动紧紧围绕立德树人的根本任务，把提升大学生的实践创新能力等各项综合素质作为工作开展的目标和方向。实践育人的导向性是实践育人区别于一般性实践活动的主要特征。

二、 参与性

作为育人工作的一项重要形式和重要内容，实践育人工作的出发点和落脚点是育人。不同于理论知识学习等其他形式的教育工作，实践育人不以课堂理论知识传授和经验传承为主要内容，它区别于其他育人活动的最大特征就是实践育人工作中学生的主体参与性。"人作为主体是通过他自身的实践活动来参与和接受客观的影响，从而获得主体自身的发展。"[1] 实践育人以提高大学生的实践创新能力等综合素质为导向和目的，以主观见之于客观的活动为载体，通过组织、引导大学生参与到形式多样、内容丰富的实践中去，通过生动活泼的实践体验，在认识、改造客观世界的同时，更为丰富、深刻地认识和改造自己的主观世界，并在实践的过程中实现自身各种能力和综合素质的锻炼提升，从而实现大学生的自我教育和自我成长。"促进自我教育的教育才是真正的教育[2]"，实践育人的参与性决定了实践育人是大学生实现自我教育的最佳手段。

"学生是实践育人的对象，也是开展实践教学、军事训练、社会实践活动

---

① 黄济. 教育哲学通论 [M]. 太原：山西教育出版社，1998：385.
② 苏霍姆林斯基. 少年的教育与自我教育 [M]. 赵玮，等译. 北京：北京出版社，1984：101.

的主体。"① 实践育人是以学生为参与主体而开展的育人活动，可以从以下三个方面理解实践育人的参与性。首先，大学生是实践活动实实在在的参与者。实践育人的所有内容都以大学生作为活动开展的主体，不管是主动参与还是被动接受，大学生都会参与实践育人的全过程。大学生通过实践活动，获得实践感悟和认识，改造自己的主观世界，提升自己的实践创新能力等各种能力，优化自身的身心素质。其次，大学生参与实践育人活动会对实践育人的工作安排产生积极的互动和影响。学校或教师在开展实践育人工作设计时，不能一手包办，牵着鼻子走，应尊重大学生的主体地位，根据大学生的实际情况，针对性地开展实践育人的相关工作，并根据大学生的意见反馈进行调整。大学生在实践育人中根据自身特点，积极参与实践育人的谋划设计和实践活动的全过程，能够提高实践育人工作的参与程度，充分发挥自身的主观能动性，从而更好地达到育人效果。最后，大学生可以自主地参与实践过程。大学生可以根据自己的实际情况、兴趣爱好等，选择适合自己的实践内容、实践方式、实践课题，自行组织、自行设计，只是在必要的时候寻求帮助和指导。在这种完全自主性的实践活动中，大学生既是实践活动的参与者，更是实践活动的组织者和倡导者。通过自行组织实践育人活动，既能达到实践育人的主要目的，又能全面地培养大学生的主体意识和大局意识。

三、 体验性

体验的意思是体会经历，在实践中认识事物。根据体验的生成机制，体验是生理和心理、感性和理性、情感和思想、社会和历史等方面复合交织的整体矛盾运动。实践育人的体验性是指在大学生参与实践活动的过程中围绕一定的育人工作目标，根据大学生的实际情况和特点，为大学生提供、创造或还原各种实践机会或者现实情景，使大学生在参与实践的过程中深化对知识的理解和掌握，获取丰富的情感体验和感悟，促使综合素质的提升，最终实现育人工作的目标和效果。

实践育人的体验性切合教育规律。在校大学生的学习主要以课堂理论知识

---

① 教育部，中宣部，财政部，等. 关于进一步加强高校实践育人工作的若干意见 ［Z］. 教思政〔2012〕1 号，2012 – 01 – 10.

学习为主，但是理论知识学习存在形式单调、内容枯燥、参与性和活动性较差等明显缺陷，尤其对思想道德素质和意志品质等方面的教育作用更是非常有限，因为"人永远是自己也只能是自己才能体验所发生的事情以及产生危机的那些生活环境和变化，谁也不能代替他这样做，就像最有经验的教师也不可能代替自己的学生去理解所讲的内容一样①"。实践育人的体验性特征，决定了实践育人工作能够达到其他育人工作所不能达到的效果。"人的正确思想，只能从社会实践中来"，"一个正确的认识，往往需要经过由物质到精神，由精神到物质，即由实践到认识，由认识到实践这样多次的反复，才能够完成②"。在实践活动中，大学生不仅能够获得知识和文化，完善自己的知识结构，提升自己的认知水平，还能够体会并形成新的情感和认知，锻炼新的思考方式和思维模式，获得心智上的成熟和发展。通过理论与实践的有效结合，通过不断获得并升华丰富的实践体验，能够强化大学生在育人工作中的主体地位，调动大学生参与育人工作的积极性和主动性。同时，实践育人能更好地激发大学生的创新思维，锻炼大学生的身心意志，强化大学生的精神归属和价值认同。

四、 渗透性

实践育人是对所有大学生参与的实践锻炼活动的概括，实践育人包含的内容非常丰富，实现的形式也多种多样，包括课程实习、毕业实习、生产实习等教学型实践内容，也包括课程实验、科技创新创业实践等探索体验型实践内容，还包括军事训练、主题教育、勤工助学和社会调查等各种各样的实践活动。实践育人的渗透性主要体现在以下两个方面：

一方面，实践育人的内容涵盖其他育人工作的基本内容。实践育人是其他各种育人工作的组成部分和基本载体。其他各种育人工作和育人活动在开展的过程中无形地渗透了实践育人的理念和做法。实践育人与其他各类育人工作相互融合、相互交织、相互补充、相互促进。例如，专业实验、认知实习等本来就是课程教学的重要内容，更是强化理论知识教育效果的重要途径和手段。正因为如此，为了保证实践育人工作在教学活动中的落实，教育部对各个学科门

类教学活动中实践育人工作的时间要求也给出了规定，如"人文社会科学类本科专业不少于总学分（学时）的15%、理工农医类本科专业不少于25%、高职高专类专业不少于50%[①]"。

另一方面，实践育人能促进其他育人目标的实现，强化其他育人工作的效果。实践是认识的来源，实践更是进一步深化和提升认识的基础，大学生进行理论知识学习、经过实践的检验方能更加深刻地理解本质、领会内涵，内化为自己的认识和思想。同时，实践育人工作更是德育、美育、体育等育人工作的基本实现载体，是实现素质教育的基本途径。能力需要以掌握一定知识为基础并通过实践锻炼和强化而获得，而素质则需要通过长期持久的实践而内化形成，并通过能力外显出来。理论知识的学习、识记和掌握仅仅是能力提升的初级阶段，一个人综合素质的提高往往要经过实践的历练和升华。实践育人渗透在大学生综合素质全面培养这一过程的各个环节。

五、 综合性

实践育人内容的广泛性决定了实践育人是一项系统而复杂的过程。"实践育人是一项系统工程，需要各地区各部门的大力支持，需要各高校的积极努力。"实践育人内容的丰富性也决定了实践育人效果的全面性和深刻性，因此对于实践育人的综合性可以从工作开展的综合性和育人效果的综合性两个层次来理解。

一方面，实践育人涉及多个方面的工作。实践育人是一项系统性、全面性的工作，既需要政府教育主管部门、企事业单位以及社会的大力支持与相互配合，更需要各高校的积极努力，不断为实践育人搭建平台，提供支持。教育部等部门在《关于进一步加强高校实践育人工作的若干意见》中对实践育人外部支撑环境提出了具体要求："地方各级政府整合社会各方面力量，大力支持高校实践育人工作。教育部门要加大对高校实践育人工作的指导和支持力度，进一步发挥好沟通联络作用，积极促进形成实践育人合作机制。财政部门要积极支持高校实践育人工作。宣传、文化等部门要为学生参观爱国主义教育基地、

① 教育部，中宣部，财政部，等. 关于进一步加强高校实践育人工作的若干意见 ［Z］. 教思政〔2012〕1 号，2012－01－10.

文化艺术场所提供优惠条件。部队要支持学校开展军事训练，积极加强军校合作。共青团要动员和组织学生参加社会实践活动。各高校要成立由主要领导牵头的实践育人工作领导小组，把实践育人工作纳入重要议事日程和年度工作计划，统筹安排，抓好落实；要加强与企事业单位的沟通协商，为学生参加实习实训和实践活动创造条件。企事业单位支付给学生的相关报酬，可依照税收法律法规的规定，在企业所得税前扣除。"同时，实践育人更离不开专业化教师队伍的指导，以及作为实践主体的大学生的积极参与。实践育人工作的开展是一项综合性的复杂工程，需要调动各方的积极性，形成合力，才能最终保证实践育人工作的顺利开展。

另一方面，实践育人效果和目的的综合性。实践育人对大学生、高校和国家来说都具有十分重要的意义，"是全面落实党的教育方针，把社会主义核心价值体系贯穿于国民教育全过程，深入实施素质教育，大力提高高等教育质量的必然要求①"。同时，实践育人工作的育人效果有非常强的综合性，"是培养理论与实际结合、学用一致、全面发展的新人的根本途径②"。实践育人不仅能够巩固提升大学生的专业素质和专业技能，更能够锻炼大学生的实践能力和创新意识，优化大学生的身心健康，增强大学生的理想信念和社会责任感，进一步增强大学生在中国共产党领导下实现中华民族伟大复兴中国梦的自觉性和坚定性，引导大学生成为合格的社会主义建设者和接班人。

第二节　高校实践育人类型

根据高校实践育人的开展形式和目标，可以将高校实践育人分为七种类型。

一、引领型实践

引领型实践是指，在高校实践育人过程中，以理想信念教育实践为目标，

---

① 教育部，中宣部，财政部，等. 关于进一步加强高校实践育人工作的若干意见 ［Z］. 教思政〔2012〕1 号，2012－01－10.

② 邓小平. 邓小平文选：第 2 卷 ［M］. 中共中央文献编辑委员会，编. 北京：人民出版社，1994：107.

培养大学生树立正确的信仰观和思想导向，从而提高大学生的责任感、使命感和思想道德修养。引领型实践的活动内容主要包括思想政治素质教育活动、大学生党员党性实践活动、以重大节日和热点问题展开的教育活动、理想信念和社会主义核心价值观教育活动、各级党校教育活动等。例如，复旦大学本科生"笃志"计划、上海交通大学"全国大学生文化素质教育基地"、吉林大学邓小平理论研究会、安徽滁州学院习近平新时代中国特色社会主义思想研究会、华东理工大学三级党校、学生党员党校生锻炼机制等。

根据当今的时代特征和当代大学生的特点，引领型实践将大学生的个体发展与信念教育的目的和内容进行结合，帮助大学生树立正确的思想方向，使他们的个人理想与建设中国特色社会主义的共同理想相融合。把大学生的"成才梦"与"青年梦"、国家"富强梦"结合，从而为实现中华民族的伟大复兴贡献自己的一分力量。

二、 教学型实践

教学型实践是指，在高校实践育人过程中，将课堂教育教学实践作为主要目标，不断提高大学生的专业发展能力，使专业知识吸收与转化得到进一步加强。教学型实践的活动内容主要包括课堂教学实践活动（课堂讨论、技能型竞赛、模拟活动和主题论坛等）、专业实习见习活动、社会调查活动等。例如，上海大学大学生骨干理论研习营、全国大学生机械创新设计大赛、华东理工大学社会学院社工专业在香港实习项目、上海市大学生理财规划大赛、阜阳师范学院未来教师技能大赛等。

作为理论教学的补充与延伸，教学型实践具备很强的操作性和直观性，具体包括实习和实训、课程设计、课堂教学实践、实验教学、社会调查、毕业论文（设计）等形式。教学型实践是使大学生利用已有的知识、经验和能力解决学习、生产和生活过程中的实际问题，并在这个过程中接收信息、接受考验、接受锻炼，使自己的情感、态度、意志、个性、认知水平、自主性、创新性等都受到影响和触动，在原来的基础上得到培养和提高。

三、 服务型实践

服务型实践是指，在高校实践育人过程中，将各种志愿服务活动作为主要目标，注重培养大学生的服务意识和奉献精神，增加大学生学习机会，从而提高大学生的精神境界，使大学生的业余生活更加丰富多彩，同时促使大学生得到全面发展。服务型实践的活动内容主要包括各种大型志愿服务、公益服务活动、社区科学知识普及服务等。例如，2008 年北京奥运会志愿者、2010 年上海世博会志愿者、上海科技馆志愿者服务活动、华东理工大学科学商店实践活动和华南理工大学的"西部放歌"志愿服务活动等。

《关于进一步加强和改进大学生社会实践的意见》提出："大力倡导大学生参加志愿服务等公益活动，引导大学生运用所学知识和技能服务人民，奉献社会，培养为人民服务的道德观，弘扬社会主义道德风尚。要拓展社会服务的新领域、新载体、新形式，鼓励大学生参加志愿服务西部计划、贫困地区支教计划、青春红丝带志愿行动等活动。"众多高等院校认真贯彻落实文件精神，组织大学生积极参加各种类型的志愿服务活动、公益活动和社区科学知识普及服务等一系列实践活动。这一系列的服务型实践活动能够使实践的育人功能得到充分发挥，从而为培养具有奉献精神和服务意识的新一代大学生做出贡献。

四、 认知型实践

认知型实践是指，在高校的实践育人过程中，以社会调查和文化艺术类实践为主，旨在提高大学生的认知能力和文化内涵，培养大学生高尚的道德情操，促进大学生素质的全面发展。认知型实践的活动内容主要包括各种社会调查研究活动、文化艺术实践活动等。例如，结合基层群众的实际需要，开展文化科技卫生"三下乡"大学生暑期志愿者服务活动、高雅艺术进校园、"我爱读经典"学生人文经典阅读项目等。

长期以来，各高等院校的文化艺术实践活动丰富多彩，文化艺术实践活动中有很多极具特色的项目品牌，大学生可以选择不同的途径积极参加各种文化艺术实践活动。这不仅可以加深他们对社会的认识，还可以使他们的能力得到提高。

五、 创新型实践

创新型实践是指，在高校的实践育人过程中，以各类创新创业活动作为提升大学生科学精神和创新能力的主要方式，变革大学生的学习方法，塑造大学生的意志品质的实践活动。创新型实践的活动内容主要包括各类科技创新活动、大学生创业活动等。例如，上海大学生节能减排创新行动、上海市高校大学生创业天使基金会资助培育活动、挑战杯大学生创业竞赛、复旦大学的科创行动、华东理工大学 USRP 大学生创新实践活动等。

大学生参加科技创新可以为社会贡献自己的一分力量。目前，我国正在努力扩大大学生参加科技创新活动的规模。国家和高等院校不仅为学生提供了学术活动的基本平台，而且为科技创新活动提供了各种学术和技术竞争的平台。为了支持大学生创业，国家和各级地方政府不仅出台了大量扶持政策，而且建立了创业投资基金和创业基地。这些都为大学生提供了创业培训和创业服务，并取得了显著成果。

六、 职业型实践

职业型实践是指，在高校实践育人的过程中，将职业体验类活动作为主要内容，不仅可以培养大学生和初入职场人员的工作能力，还可以帮助他们积累工作经验，加快他们的社会化过程。职业型实践的活动内容主要包括各种工作学习活动、职业培训活动、挂职锻炼等。例如，阜阳师范学院大学生创业实践大赛、上海高校实施的"青年职业见习计划"、上海大学生暑期实践活动、上海交通大学勤工助学工作等。

根据参与对象，职业型实践可分为在校大学生参与的职业型实践活动、毕业生参与的职业型社会实践活动，以及在校大学生和毕业生共同参与的职业型社会实践活动三类。在校大学生参与的职业型社会实践活动主要包括各种勤工助学活动和挂职锻炼，毕业生参与的职业型社会实践主要包括大学生"村官"计划和"三支一扶"计划，而就业见习活动是大学生和毕业生共同参与的职业型社会实践活动。

七、 自治型实践

自治型实践是指，在高校实践育人过程中，借助各种平台（学生生活园区、各类学生组织和网络社区等）提高大学生的综合素质及自我管理能力与意识，达到促进大学生个性发展的目的。自治型实践的活动内容主要包括各种高校学生组织、学生生活园区、各种网络虚拟社区等。例如，各高校学生自治会、学生代表大会、各类学生社团、人人网、高校 BBS、华东理工大学社区书院等。高校学生组织的主要目的是用于学生的自我服务、完善和管理，以及辅助教学。高校学生组织由学生组成，服务于学生，维护学校方面的利益，能够推动学校的顺利发展，切实表达和保障学生的切身利益。

第三节　高校实践育人的原则

在科学分析高校实践育人面临的时代机遇和困难挑战、准确把握当前高校实践育人工作现状的基础上，从顶层设计上合理构建高校实践育人的目标和内容，坚持教师主导与学生主体相结合、第一课堂与第二课堂相结合、能力培养与品德锤炼相结合、校内主动与校外联动相结合、积极扶持与严格考核相结合的原则，能构建起最大限度调动各方参与、最高效率保障育人效果的高校实践育人工作体系。

一、 教师主导与学生主体相结合

教师和学生是实践育人工作体系中两类不同的角色。从高校实践育人工作的角色划分角度来看，必须发挥教师的主导作用和坚持学生的主体地位，使两者共同作用于学生成长成才这一实践育人目标。

教师是高校实践育人队伍中的主要成员，在实践育人中起着主导作用。实践育人是高校人才培养工作的有机组成部分，教师作为高校人才培养工作的主力军，在实践育人中起着主导作用。教师的主导作用主要体现在如下三个方面：一是教师保障实践育人工作方向。受认识局限性和个人主观性的影响，大学生在自我规划发展方向、自我检视发展需求等方面不可避免地存在一些缺陷和不足。这需要教师来协助大学生厘清个人发展需求，引导发展方向，纠正发展偏差，起到定向纠偏作用。二是教师协调实践育人资源。学校作为办学主体，教师作为教育主体，能拥有和支配教学资源，并联系和协调社会资源支持学生开展实践活动。在高校实践育人工作体系中，应坚持教师主导，积极协调各方资源来支持学生在实践中成才。三是教师提供实践活动指导。实践活动离不开理论与实践相结合，离不开书本知识的应用。教师掌握着更加丰富的专业知识和更加全面的理论基础，能有效指导学生开展实践活动，特别是在专业实习、社会调查等教学实践活动中，教师指导是保障实践活动效果不可或缺的因素。

学生主体是高校实践育人的核心。在高校实践育人中应坚持以学生为主体，充分调动和发挥学生的主观能动性。实践育人归根到底是促进学生的健康成长和全面发展，其出发点和落脚点都是学生的成长和发展。坚持学生主体原则，必须把握以下三个方面：一是坚持以学生的需求为实践育人的出发点。在策划实践活动、安排实践内容时，以学生是否实际需要、学生有哪些需要为工作的第一信号和首要考量，做到绝不开展不符合学生成长需要的活动，绝不开展不利于学生全面成长的活动。二是坚持在实践活动过程中尊重学生自主选择权，鼓励学生发挥主观能动性。实践活动在本质上属于一类教育活动，教育活动中必须充分调动学生参与的积极性，赋予学生一定的自主选择权，尊重学生独立完成、主动完成的主体地位。三是坚持以推动学生健康成才、全面发展为实践育人的最终归宿。在评判实践活动效果、检验实践活动效益时，要以是否有效推动学生成长成才为最基本的评判因素，根据在学生成才中的贡献度来评价实践活动效果，积极探寻实践活动改进措施。

高校实践育人实现教师主导和学生主体的协调统一。教师扮演好引导者、组织者、服务者的角色，鼓励学生扮演好参与者、学习者、评价者的角色。教师的职责重在引导，为实践育人工作起到定向纠偏作用；重在组织，积极协调各方资源支持学生投身实践；重在服务，及时响应学生需求，提供必要的指导协助。学生的作用重在参与，深刻认识实践活动的重要性和必要性，积极投身实践活动中；重在学习，认真总结思考实践活动的收获，从实践活动中学习知识、增长才干；重在评价，科学评价实践活动效益，协助学校加强和改进实践育人工作。最终，通过教师主导、学生主体，发挥好实践活动的育人功能。

二、 第一课堂与第二课堂相结合

第一课堂和第二课堂是实践育人体系中两类不同的阵地。从高校人才培养大体系上来看，高校第一课堂、第二课堂在人才培养上各有分工、各有侧重，共同承担着培育德智体美劳全面发展的大学生的使命。具体到高校实践育人工作，也应坚持第一课堂与第二课堂相结合的原则，促使两者有机协作，协同育人。

第一课堂是依照学校既定的人才培养方案，在较为固定的空间环境内按照一定的教学大纲开展教学活动，即传统意义上的课堂教学。第一课堂是高校人才培养的主阵地，讲授内容、师生互动形式都较为规范。第一课堂在实践育人工作中发挥着重要作用，主要体现在以下两个方面：一方面，第一课堂开展教学实践、科技创新等学生实践活动具有先天优势。教学实践、科技创新等活动的知识基础来源于课堂教学，活动开展依赖于任课教师的指导。活动目的之一是促进大学生更好地学习和掌握第一课堂所学知识。离开第一课堂的支撑，开展此类实践活动将直接影响活动效果乃至无法开展活动。另一方面，第一课堂拥有最为丰富的、能支持实践活动开展的资源禀赋。第一课堂是大学生人才培养的主课堂，国家和高校在课时设计、经费投入、师资力量配备、教学基础设施投入等资源分配方面都向第一课堂倾斜。开展好实践育人工作，离不开科学借助和高效利用第一课堂所拥有的丰富资源禀赋。

第二课堂是课堂教学以外的育人活动，是在第一课堂学习基础上进行的有效延伸、补充和发展。在高校人才培养工作中，第二课堂的育人功能越来越被教育主客体双方所认知，也发挥着越来越重要的作用，实践育人应与第二课堂紧密结合。首先，第二课堂所拥有的生动、主动等特性是实践育人功能实现所需的核心资源。相比第一课堂，第二课堂形式更加生动丰富，学生主观能动性更加得到激发，这些特性与实践育人功能实现的本质诉求和关键资源紧密相关。学生主动参与的积极性直接影响和决定实践育人的效果。实践育人离不开生动活泼、丰富多彩的第二课堂教育。其次，部分第二课堂活动具有实践育人功能。以志愿服务活动为例，它是高校思想政治教育工作的重要载体，是第二课堂的主要育人形式之一。在引导大学生服务社会、奉献他人的同时能锻炼自己、增长才干，实现育人效果。

第一课堂与第二课堂有机结合，是做好高校实践育人工作的关键，第一课堂能规范实践育人形式，开展教学实践活动，提升学生实践技能。第二课堂能激发学生参与实践活动的兴趣，组织开展形式多样、内容丰富的实践活动，直接为学生提供实践平台。坚持第一课堂与第二课堂相结合开展实践育人工作，才能提升学生的实践技能与实践热情，并为开展实践活动提供实践平台。

三、 能力培养与品德锤炼相结合

能力培养与品德锤炼是实践育人工作体系中两类不同的目标。能力培养侧重于"能"，指的是培养学生认识社会、改造社会的专业技能和个人素质。品德锤炼侧重于"德"，指的是培养学生积极向上、乐观进取的思想品德和公民道德。能力培养与品德锤炼必须作为实践育人工作中既有差别又相统一的目标。

实践育人着眼于提升学生专业能力和个人素质。人的全面发展，离不开人的能力的全面发展。实践育人应着眼于以下三种能力的培养：一是认识社会的能力。实践活动作为大学生了解社会、认识社会的窗口，通过开展社会调查、假期社会实践等形式，能帮助学生搭建从学校走向社会的桥梁，进而更加明确自身成长需要，把社会发展与个人进步紧密结合起来，使自己成长为国家和人民所需要的社会主义建设者和接班人。二是创新实践的能力。实践是创新能力培养的重要载体，实践活动作为大学生运用专业知识、实现理论与实践相结合的有效形式，在实践过程中注重培养学生实践能力，激发学生创新思维，培养学生创新精神。三是从事基本劳动的能力。针对当代"90 后"大学生成长环境普遍较为优越、行事方式较为娇惯等特征，组织学生开展勤工助学、志愿服务、军事训练等实践活动，引导他们从事一定量的基本劳动，能培养他们从事基本劳动的能力，提高身体素质。

品德锤炼是实践育人的题中应有之义。实践育人，一是培养大学生的社会责任感。在组织大学生认识社会和服务社会的过程中，着力引导他们正确认识自身在社会发展中所承担的角色，培养他们的集体荣誉感、社会责任感和自身使命感。二是培养大学生坚强卓越的意志品质。在大学生走向社会、走进实践的过程中，不可避免地会遇到新问题、碰到新困难。大学生在克服困难和解决问题的过程中能培养自身不怕挫折的意志、顽强奋斗的品质和坚守胜利的信心。三是培养大学生对劳动和劳动人民的感情。亲身从事生产劳动实践，是引导大学生认识劳动艰辛、珍惜劳动成果、培养对劳动和劳动人民感情最直接的形式，能发挥书本知识学习和理论说教所无法发挥的作用。

高校实践育人既要注重能力培养，又要做好品德锤炼。脱离了品德锤炼的实践育人，培养出来的只能是"有能无德"的废才；而脱离了能力培养的实践育人，培养出来的只能是"有德无能"的庸才。只有坚持能力培养与品德锤炼相结合的实践育人目标，才符合马克思主义视域下人的全面发展的要求，才能培养出合格的社会主义建设者和接班人。

四、 校内主动与校外联动相结合

校内与校外是高校实践育人体系中的两类不同的阵地。实践育人需要校内主动与校外联动相结合。校内主动就是要在实践育人中注重挖掘校内资源，积极开展实践育人活动。校外联动就是要积极联系校外资源，通过校企联合、校地联合等形式为学生实践活动提供平台、政策、资金等，最终实现校内外协同育人。

校内主动是做好实践育人工作的前提。学校作为一个独立主体，承担着实践活动组织管理职能，教师扮演实践活动的主导角色，学生扮演实践活动的主体角色，这些要素都从属于校内子系统。要素的主动合作是维持系统良性运转、保障实践活动效果的基本前提。校内主动，一方面是指思想下的主动，学校和教师应充分认识实践育人的重要性，加强组织领导，投入必要的人力、物力、财力和政策倾斜来大力支持学生开展实践活动；另一方面是指行动上的主动，学校要主动收集学生实践成长的发展需求，全面梳理自身能用于支持学生开展实践活动的资源，积极协调校外资源支持学生开展实践活动，通过评先评优等形式鼓励学生积极开展实践活动。

校外联动是做好实践育人工作的支撑，大学生实践成才所需的平台、政策等资源是高校不具有或无法提供的。校内应加强与校外的联动，一是实现政策联动，积极向各级政府部门反映大学生开展实践活动所需的政策支持，从加大财政投入、出台保障措施等方面，营造全社会共同支持大学生参与实践活动的政策环境；二是实现平台联建，积极向企业反馈学生实践平台需求，争取企业提供更多、更加契合学生成才需要的实践平台和实践岗位来支持学生开展实践活动；三是实现资源联动，学校加大与企业、地方之间的沟通协作，设立学生实践活动支持资金，加强学生实践活动指导教师的培训力度，优化学生实践活动支持资源，强化学生实践活动保障条件。

高校实践育人坚持校内主动与校外联动相结合，校内主动是校外联动的基础，校外联动是校内主动的支撑。只有实现了校内主动，才能为校外联动提供明确的联动方向，才能调动起校外联动的积极性。校外联动是校内主动的支撑，可以弥补校内的若干缺陷，为实践育人提供更丰富的政策、平台和资源支持，校内主动与校外联动相结合，能最大限度地开发高校实践育人资源，实现实践育人的资源协同。

五、 积极扶持与严格考核相结合

扶持和考核是高校实践育人体系中两类不同的方法。扶持侧重于"拉"，是通过舆论宣传、政策保障、载体建设、资金投入等形式支持开展实践育人活动，为实践育人活动提供资源保障。考核侧重于"推"，是通过学生体验性评价、教师指导性评价、学校综合性评价等形式，加强对实践育人主客体育人成效的考核，确保实践育人效果。

积极扶持是高校实践育人的前提。实践育人应注意做好以下三个方面的扶持投入：一是强化舆论引导。教育部等部门下发的《关于进一步加强高校实践育人工作的若干意见》中指出，要强化舆论引导。对于高校实践育人，舆论宣传起着统一思想、凝聚力量、宣传发动、激励推动的作用。二是加强载体建设。在校内外建设一批思想政治教育基地、教学实习基地、就业实习基地、创新创业基地、社会实践基地、军训基地、志愿服务基地和勤工助学基地等，规范基地运作模式，提升基地育人功能，为大学生开展实践活动提供平台和岗位。三是加大资金投入。学校要设立实践育人专项经费，新增生均拨款，教学经费要优先用于实践育人工作，形成实践育人经费常态化增长机制。通过发动校友捐资、企业合作投资等方式，多渠道吸引实践育人的资金投入。

严格考核是实践育人效果的保障。科学合理的考核评价机制能发挥导向作用，应用选拔、激励和预测功能，提升高校实践育人工作效果。应该把实践育人工作效果评价与学生体验性评价、教师指导性评价、学校综合性评价结合起来。一是把实践育人课程建设，实训基地、实践基地和实验室等教学基本设施建设，实践育人的实效纳入学校办学水平考核评价指标体系，在办学水平评估中体现实践育人的目标导向。二是建立以学生综合素质和实践能力全面提高、个性特长和创新潜能充分发挥为综合评价标准的学生综合素质评价观。把创新精神和实践创新能力作为学生综合素质评价的一级指标；把参与教学实习、创新创业、志愿服务、勤工助学等实践活动情况作为二级指标，并赋予相应的权重来进行评价。三是将实践育人考核纳入教师业绩考核体系，将教师指导学生开展实践教学、实习实训和社会实践活动情况作为教师工作业绩考核的重要组成部分。

高校实践育人坚持积极扶持与严格考核相结合。其中，积极扶持是前提，严格考核是保障。只有从政策、资金、载体、舆论等方面加大扶持力度，才能为实践育人工作提供强有力的保障。只有建立好科学合理的考核评价机制，才能更好地引导实践育人工作方向，保障实践育人工作效果。脱离了扶持的考核是无根之木，脱离了考核的扶持是放任自流，必须坚持扶持与考核并重，才能促进高校实践育人工作水平的提升。

第四节　高校实践育人的功能价值

高校实践育人是人才全面培养过程中不可或缺的重要组成部分，社会、学校、大学生三者相互配合形成了新的实践育人共同体，并在此基础上建立了互惠互联互需的多赢合作机制。在这个过程中，大学生是实践活动的参与主体，高校是实践育人的实施主体，社会是实践育人的实践载体和最终受益者。高校实践育人有效地促进了大学生的成长成才和全面发展，促进了高校的改革发展和功能实现，促进了社会繁荣昌盛和国家创新发展。

一、　有效促进大学生成长成才和全面发展

教育的过程不仅是大学生将所学的知识按照自己的发展方向和理想目标进行消化的过程，而且是在生活中表现为个人行为举止和道德实践结合起来的过程；也是教育者言传身教，在传授知识的同时培养大学生的人格品质、基础知识与基本技能的过程。在这"传道—内化—外化"的客观过程中，如果没有受教育者切身的实践与再实践，是不可能完成的。高校实践育人促进了大学生的思想品德教育，提高了大学生的综合能力，加速了大学生的社会化进程，是大学生的成长成才与全面发展的新理念、新模式和新实践。

（一）加强大学生的思想品德教育

大学生的思想品德形成的关键因素是积极参与实践活动和正确的行为选择，苏联教育家安东·谢苗诺维奇·马卡连柯认为劳动是教育的根本因素之一，法国社会学家埃米尔·迪尔凯姆认为劳动是道德教育的实质。很多理论可以证明高校实践育人对促进大学生思想品德教育产生了积极作用，我国各地高校开展的道德实践活动也证实了这一点。

1. 高校实践育人有利于加强大学生的责任感和使命感

高校实践育人活动不仅是为了帮助大学生成才，更是帮助大学生树立把自身价值与国家命运牢牢联系在一起的思想意识的重要途径，与此同时还能帮助大学生了解中国的国情并锤炼其意志品质。大学生通过参与社会实践，在改革开放和时代发展的浪潮中感受时代的脉搏，增强同人民群众的血肉联系，加深个人的爱国情怀，树立正确的世界观、人生观、价值观，正确引导和规范个人使命感和社会责任意识。更为可贵的是，可以激发大学生自身的学习主动性和积极性，认真思考如何在未来用自己的努力为社会发展贡献力量，创造一个有信念、有梦想、有奋斗、有奉献的人生。

2. 高校实践育人有利于塑造大学生的思想品德

高校实践育人能够塑造大学生高尚的品德、顽强拼搏的精神、积极向上的心态、宽广包容的胸怀。个体品德和健全人格的形成需要在具体、真实的情境和处理人与社会关系的过程中得以体现与升华。高校实践育人，一方面有助于大学生正确认识我国的国情，全面了解社会发展现状，帮助他们提高发现问题、思考问题、分析问题、解决问题的能力，并在此基础上认真思考自己的人生追求和未来道路；另一方面可以帮助大学生在社会上和各种各样的人打交道时，克服困难，将理性与感性结合、将理论与实践结合、将所学知识和生活经验结合，从而使大学生养成良好的道德品质和健全的人格。

3. 高校实践育人有利于磨炼大学生的意志品质

一方面，高校实践育人为大学生提供了消除本领恐慌、社交胆怯、生存焦虑等不良心理状态，锻炼心理素质和心理承受能力的机会。另一方面，高校实践育人是大学生磨炼意志的大考场、历练能力的大课堂。在实践育人过程中，经常会遇到各种矛盾和问题，大学生必须以满腔热情投入工作，以百倍勇气战胜困难，通过学中干、干中学，提高与他人沟通的能力，赢得理解与尊重。同时，通过实践，大学生进一步认识了自我、发展了自我、完善了自我，提高了对环境的适应能力，提升了心理成熟度，形成了全面看待问题的做事风格。

（二）提高大学生的综合素质能力

高校实践育人是大学生把所学的知识转化为工作能力的桥梁、提供的学以致用的平台。学习是一个成长进步的过程，实践是提高个人技能的途径，要把学习和实践结合起来提高大学生个人主观意识，实现全面发展。

1. 高校实践育人有利于大学生形成学以致用、终身学习的态度和能力

一方面，通过实践育人，大学生更注重学以致用，在社会主义现代化建设的大熔炉中，将书本知识与实践经验结合起来、将扎实学问与厚实见识结合起来、将理论学习与实践探索结合起来、从实践中汲取营养、检验知识、丰富阅历，从实践中思考、体验、感悟、提升，领悟"学什么、怎么学"，既打牢基础知识又更新前沿知识，既钻研理论知识又掌握专业技能。另一方面，高校实践育人可以养成大学生主动参与、主动实践、主动思考、主动探索和主动创造的学习态度和学习能力。大学生通过参与实践能够适时有效地调整自我发展方向，提高自身行为与发展的自觉性，并通过对所学知识的运用和思考，自觉调整和完善自己的知识结构，培养和健全自己的心理素质和能力素质，将学习作为首要任务，作为一种责任、一种精神追求、一种生活方式，树立"梦想从学习开始、事业靠本领成就"的观念，让勤奋学习成为青春远航的动力，让增长本领成为青春搏击的能量。

2. 高校实践育人有利于提高大学生创新实践能力和就业创业能力

通过实践育人，大学生可以了解倾向的职业与自己专业知识结构之间的差异，从而弥补所需的知识，以便更好地胜任工作，这样既拓宽了知识面，优化了知识结构，又提高了教育的质量。"在实践中发现新知、运用真知，在解决实际问题的过程中增长才干，不断提高实践能力、创新创业能力，切实掌握建设国家、服务人民的过硬本领，为走上社会、成就事业打下坚实基础。"

3. 高校实践育人有利于培养大学生良好的团队合作能力

在职场上奋斗过的人都明白一个道理：仅凭个人能力去解决工作上所有的问题是很难高效率完成的，还可能会造成工作上的重大失误；所以很多人更愿意选择利用团队凝聚的智慧结晶来为工作注入活力。高校实践育人正是在此基础上要求大学生积极参与团队建设活动，学会正确处理人与人之间的关系，培养良好的团队合作能力，通过团队合作促进大学生个人交往能力和沟通能力的整体发展。通过实践可以培养团队、师生、成员之间的沟通和协作能力、组织协调管理和领导能力以及创新创业能力。高校实践育人不仅有效地将学校教育与社会教育联系起来，成为学校教育中社会拓展和素质教育的重要载体，而且

为大学生相互评估、相互学习提供机会，提高了大学生利用团队合作解决问题的能力。

（三）加速大学生的社会化进程

社会性是人的根本属性。教育要解决的是作为"个体"的人的个性发展与社会发展的要求之间的矛盾问题。高校实践育人是根据高等学校的教育目标的要求所设计和构建的理论和实践模式，高度契合了"促进人类生命个体健康成长，实现生命个体由自然人向社会人的高度转化"这一教育本质。它有利于培养大学生的创新实践能力和就业创业能力，加速大学生的社会化进程。

对于当代大学生而言，要想自己的能力获得社会的认可，首先需要从青涩走向沉稳，从天真走向成熟，让自己学会与社会不断磨合；其次要积极参与社会实践，用实践经历缩小知识差距，审视自身存在的问题和差距，明确个人目标和发展方向；最后要紧跟社会时代的步伐，快速适应环境和工作，承担各种各样的社会角色，面对问题和失败不轻易认输，学会按照社会需要来不断调整个人定位。

高校需要解决的是大学生的个性发展与社会发展要求之间的矛盾，引导大学生个体生命健康成长，与此同时，要加速大学生的社会化进程，使他们树立社会角色的意识，了解自己的社会责任，形成与社会相互依存的关系，提高社会适应性。

二、 有效促进高校的改革发展和功能实现

实践育人作为一种新型教育理念，是教育本源的一种回归。高校实践育人理念的提出实现了两个目标：一是促进了高校人才培养模式的改革；二是带动了高校教育改革发展，实现了教育教学水平不断提高的要求。它的实施促进了高校的改革发展和多样功能的实现。

（一）深化高等教育综合改革

党的十八届三中全会通过的《中共中央关于全面深化改革若干重大问题的决定》对高等教育改革发展提出了最直接、最明确的要求，即"创新高校人才培养机制，促进高校办出特色，争创一流"。"十四五"期间，高等教育在达到普及化阶段后，将步入高质量发展阶段。

目前，我国高校普遍存在的问题是高校建设目标的定位不准确、人才培养的类型不全面，甚至出现与教学内容不匹配的状况，缺乏与行业需求和区域发展需求紧密结合的教育机制等，导致高等教育改革面临严峻的考验。要想高等教育取得成效，需要高等教育在综合改革发展的过程中从单一改革转向全面改革，从数量追求转向质量追求。深化高等教育综合改革不仅可以促进高等教育教学质量的提升，还对经济转型和升级具有非常重要的意义。

（二）推进高校人才培养模式变革

伴随着我国社会经济的不断发展，各行各业对人才的要求也更高。因此，中国共产党在新形势下提出了实现从人力资源大国向人力资源强国转变的人才发展策略。为了培养更多的高质量人才，高校要紧随社会发展对高校大学生提出的要求，为他们创造更多的成长平台。在面临挑战和发展机遇时，大学生要在高校实践育人模式的引导下，把自己锻炼成社会所需要的人才，同时高校要帮助大学生建立协同合作机制，利用社会和国际资源，给大学生提供实践场地和岗位，将社会资源变成育人资源。大学生通过学校的帮助可以更加熟悉当前社会形势，提升自身能力。

（三）促进高校教育教学水平提高

高校是知识创新和传播的主要基地，也是培育创新精神和创新人才的摇篮。在经济全球化深入发展、科技日新月异、人才竞争日趋激烈的背景下，社会对劳动力和专门人才的素质要求越来越高。学校教育能一次性满足人一生谋生发展所需知识的时代一去不复返了。高校实践育人极大地丰富了高校的教学内容，促进了学科建设和教材建设，探索了提高大学生综合素质的实践教学新途径。在以往以教书育人为主体的教学中，理论课教学内容与社会实践往往有一定的距离。高校实践育人通过将实践教学向课外、向社会延伸，实现了理论课堂与实践课堂、学校课堂与社会课堂的有机结合，达到了深化专业技能、培育人才的目的。同时，高校实践育人的开展进一步推动了教学内容的改革，建立了高校教学内容充分反映学科专业研究新进展、相关实践新经验、人的全面发展新需要的长效机制。学生将在学校学到的知识应用到社会实践中时，往往会发现学校教育与社会需求之间存在差距，他们将这些问题反馈给学校，学校就可以有针对性地整合资源，改革教学方法，改善教学内容，调整知识体系，以达到学校教育与社会需要的一致。

（四）保证高校人才培养质量的提升

教育有其自身的发展规律，只有遵循教育的发展规律，才能最终实现人才培养的目标。马克思主义理论认为，"实践—认识—再实践—再认识"的过程是不断往返循环，并在往返循环中达到主客观统一的过程。大学生学习科学文化知识的途径主要有两种：间接地从书本上学和直接地从社会实践中学。学习科学文化知识，仅依靠书本是远远不够的，参加实践活动才是课堂教学育人的有效延伸和深化。实践育人是高校人才培养的一个重要环节，其将学校教育、社会教育和学生自我教育融为一体。大学生通过实践的锻炼与感悟，将高校的要求变成自己的内在追求，在自我体验的基础上，自觉地对自己的思想行为进行矫正，达到自我教育、实践育人的目的。高校实践育人进一步激发了高校人才培养的潜力和活力，突破了实践能力这个薄弱环节，形成"教学—评价—反馈—指导"的教学与评价循环管理体系，创新应用型、复合型、技能型人才的培养机制。通过投身社会实践，大学生一方面可以加强学校和社会的信息交流，有机会运用自己的专业知识和技能，巩固和深化课堂上学到的知识；另一方面可以在社会实践活动中把所学的专业知识与生产活动结合起来，将书本知识转化为实践能力，全面提升自身素质，使书本知识得到深化和转化，并进一步明晰科学技术发展的方向，把握社会发展的脉搏。

三、 有效促进社会繁荣昌盛和国家创新发展

高校实践育人的提出是为了能够有效促进社会的和谐稳定与繁荣发展，是科学技术转化为生产力的重要条件之一，也是提高大学生素质的基本途径。它既满足了社会对人才的要求，也促进了社会文化的新发展，是夯实创新型国家建设的基础。

（一）满足社会人才的新需求

当今世界，各国在各个层面的竞争实际上是经济、政治、军事等方面的竞争，统一起来就是综合国力的竞争，而提高综合国力最重要的因素就是人才。当前，为了提高我国的综合国力，培养创新型、全能型人才已刻不容缓。一个优秀的大学生不能只会纸上谈兵，而是需要将理论与实际相结合，实践育人就是高校为社会培养具有创造精神和实践能力的全面发展的人才的有效载体，也

是大学生了解社会、服务社会的有效途径。一方面，大学生以科学的专业知识、庞大的团队保障投身社会实践，提前将专业技能运用到社会实践中，极大地弥补了社会上对高层次人才的需求，创造了良好的经济效益、人才效益和社会效益；另一方面，高校结合社会对人才的需求，进一步将教书育人和实践育人有机结合，培养了大学生的管理能力、沟通能力、创新能力、适应能力和动手能力，既能增强大学生的就业能力，又能为社会培养大批符合需求的人才。

（二）引领社会生活的新风尚

现代化在带给人们高度物质满足的同时，也带来许多难以回避的问题：技术至上的盛行、实用主义的扩张、个人主义的泛滥、人文精神的失落等。高校是保存、传承、传播和创造先进文化的地方，它利用象牙塔的精神之光照亮那较少为人们所关注的角落，站在一个超脱的高度对社会进行判断。大学生是当代青年中最有文化、知识和影响力的群体，他们具有思路新、知识基础牢固、思维活跃的特点，高校要充分发挥大学生的这些优势，承担起建设社会主义精神文明的重任。习近平总书记在全国大学生"村官"代表座谈会上强调，推进农村改革发展，迫切需要一大批有现代知识、现代思维、现代眼光的优秀青年才俊投身社会主义新农村建设。全国各地的大学生实践育人的实践也说明，广大学生"大力弘扬民族精神、时代精神，积极投身社会公益事业与志愿服务行动，以实际行动倡导健康、文明、科学的社会生活新风尚"，有利于在全社会树立奉献、友爱、互助、进步的时代新风。

（三）促进社会文化的新发展

传播优秀文化是高校的又一社会功能。在现代社会，科学技术的高度发达在带给人类繁荣的物质文明的同时，也导致人的异化。人们对完美生活的追求更多地侧重于物质生活，而忽视了高层次的精神文化追求。与此同时，以唤起商品拜物教为目的的大众文化乘虚而入，迷惑了一些没有完全树立正确观念的大学生。高校作为精英文化看护人，是新知识、新思想、新理论的重要摇篮，是继承与传播民族优秀文化的重要场所和交流借鉴世界进步文化的重要窗口，必须正确引导学生认识外来优秀文化和外来糟粕文化，大力弘扬我国优秀文化。在参与实践育人的过程中，作为"象牙塔"精英的大学生具有思想观念新、文化水平高的优势，一方面需通过社会实践增长才干、锻炼毅力、培养品格；另一方面要身体力行，成为一名走在时代前列的奋进者、开拓者、奉献者，以执着的信念、优良的品德、丰富的知识、过硬的本领为国家做出更多的贡献，不断传播新知识、新理论、新思想，促进社会先进文化的繁荣与发展。

（四）夯实创新型国家建设的基础

创新型国家是指以技术创新为经济社会发展主要驱动力的国家。建设创新型国家是实现中华民族伟大复兴的战略需要，也是中国在知识经济时代保持经济繁荣的必然选择。推进创新型国家建设应立足于提高国民的创新素质和创新能力，努力培养有才能和创新思维的人才，他们是创新型国家建设的设计者、实践者和组织者，是自主创新、模拟创新和联合创新的主体。高校实践育人的开展有利于建立多元多维实践教育评价机制，实现人才培养由原先标准统一的"授受式教育""记忆力教育"变革为自由发展的"引导式教育""创造力教育"的人才培养模式。提高国家素质和培养创新型人才在于教育，高等教育改革和发展的最终目标是鼓励和引导大学生的成长，激发和引导个体的创造性冲动，使个体得到发展，以满足创新型国家的需求。同时，高校实践育人教育体系的建设和升级，为全社会提供了一个普及创新精神和宣传创新理念的平台，促进了创新文化内化为实践的内在动力，使国民具有积极创新的精神状态和思想风貌。

第五章　新时代江苏大学实践育人的实施路径

第一节　顶层设计及运行机制

一、 以实践教学平台建设为龙头， 夯实本科生实践人才培养

为深入贯彻落实党的十九大精神和习近平新时代中国特色社会主义思想，以立德树人为根本，以增强学生实践能力、创新能力为目的，江苏大学积极探索实践育人规律，优化实践育人内容，创新实践教学模式，完善实践育人体系，不断提高大学生勇于探索的创新精神和善于解决问题的实践能力。江苏大学构建了江苏大学特色的实践育人长效推进和持续优化机制，形成实践育人统筹推进工作格局；全面完善"教师全员参与，学生全体惠及，本科全程融入，目标分级达成"的创新创业教育体系；创建一大批创新创业类精品社团和品牌实践活动。

江苏大学实践育人工作的建设从以下五个方面展开。

（一）实践教学强化方面

近5年，江苏大学共建立了300余个校级实践实习基地，新增省级实践教学平台建设项目2个，完成省级实验教学示范中心建设项目4个，依托各级实习基地、校企共建实验室和校外实践教育中心，构建多元化、模块化、学科立体交叉的实践教学体系，满足不同层次学生在学习、科研领域的需求，促进学生能力的多样化发展。不断增加综合性、设计性、研究性实验教学，加大课程设计、毕业设计与生产、社会实际相结合的力度。推动科研实验室和大型仪器设备向本科生共享开放，鼓励依托科研优势开设开放性实验项目，研发虚拟仿真实验项目。坚持产教融合、协同育人，按照融通实体虚拟、综合校内校外的

思路，积极引导校内校外共建实践教育资源，共同拓展实践与创新教育大平台，人工智能和智能制造产业学院获批江苏省首批重点产业学院建设点。依托实验管理系统、毕业设计（论文）管理系统、校友邦实习管理系统等实验教学与实习实训管理平台，强化实践教学过程管理，获批江苏省优秀毕业设计（论文）96 篇，学生综合应用与实践创新能力不断提升。

（二）卓越人才培养方面

一是创新校企联合技术攻关、合作教学改革、共建共享平台、共育共享人才"四大"合作机制，聘请百余位企业专家任校外兼职教授，重点打造 25 家产学研一体化联合培养示范区，形成"协同资源、协同育人、协同提升"的双赢机制。学校成为"中国机械行业卓越工程师教育联盟"副理事长单位，在省内外高校中发挥了示范引领作用。二是以开放性实验训练、科研训练和国际化训练为校内实践主线，以企业先进生产链、技术链和管理链为校外实践主线，将"校企交替"性分阶段合作培养升级为"校企交融"性一体化协同培养，构建了内外结合、产教深融的"三训三链"多层次立体化工程创新人才培养体系。三是创新和优化教材内容、教学环节和教学形式，引企入教、转教入企，通过对专业课程体系的有效集成和深度融合，打造若干门学科交叉互融、理论与实践相结合、解决复杂工程问题的专业"大课程"。

（三）创新创业人才培养方面

出台《江苏大学创新创业教育改革实施方案》，按照"学生全体惠及，教师全员参与，本科全程融入，目标分级达成"的思路，在培养模式、教育体系、管理机制、资源建设等方面实施改革，形成"双创教育、四元融合"机制。大力实施"专业课程提升计划"，推动专业教学与创新创业的深度融合，实现学生创新意识、创新思维、创新精神、创新创业能力的全面提升。加强对学生科研活动的指导，不断完善"一院一赛""一系一项目"体系，加大科研实践平台建设力度，推动国家级实验教学示范中心，国家级、省部级科研基地，众创空间，创客工场等创新平台更大范围的开放共享，支持学生早进课题、早进实验室、早进团队。建设了"创业人生""创业管理""创业计划"等一批国家级精品课程资源，形成"塔式"创新创业教育体系、材料类"工程素质链"人才培养模式等一批示范性项目模式，涌现出牛瑞东、申仕杰、赵金宇等一批本科大学生创业典型。近 5 年，江苏大学大学生创新创业训练计划项目逐年递增，省级立项 1108 项。学校获评"全国高校实践育人创新创业基地""全国创新创业典型经验高校"，大学生创新创业实践教育中心获江苏省首批创新创业实践教育中心建设点，是新一轮"江苏省大学生创新创业示范基地""江苏省大众创业万众创新示范基地"。

（四）精英人才培养方面

以培养具有理想信念坚定、创新创业精神突出、专业知识扎实、领导能力卓越、国际视野宽广的高素质人才和杰出校友为目标，汇聚不同学科专业背景的学生和导师，打造"一个优质交流平台、一套完善的培养机制、一支杰出的导师队伍、一批德才兼备的高素质人才"等"四个一"运行模式。出台《江苏大学菁英学院管理条例（试行）》等系列管理制度文件，积极邀请名师、专家开设领导能力、魅力气质、文化修养、创新能力及国际化教育 5 类 10 余门课程和百余场专题讲座，举办"菁"益求精系列分享会、开口练、菁英乐跑、"行走的课堂"等高品质第二课堂活动，人才培养活动多次被中国青年网、《中国科学报》等媒体报道。

（五）国际化人才培养方面

江苏大学大力实施国际化办学战略，初步形成了集中外合作办学、联合培养、短期访学、来华留学生为一体的培养管理体系。5 年来，新增中美、中澳本科生学分互认双学位项目 8 项，中法工程师本硕联合培养实验班项目 1 项，目前成建制中外合作办学、联合培养本科项目达 10 项。学校获批为《中美人才培养计划》121 项目创新人才培养实验基地、国际组织人才培养创新实践基地和国家优秀本科生国际交流项目单位，成立"一带一路"国际人才学院、国际组织人才学院，国际化人才培养平台更加丰富。5 年来，具有海外学习交流经历的学生累计达 4644 人，862 人赴哈佛大学、伦敦大学学院、新加坡国立大学等世界名校留学深造，境外学习交流的学生数量大幅增长。设立并成功实施"金山英才班"专项海外研修项目，拔尖人才境外集体研修工作取得突破。目前，共有来自 78 个国家和地区的 925 名来华留学本科生在校学习，留学生规模持续快速增长，修订出台《江苏大学来华留学生教育管理办法》等系列文件，来华留学生管理制度体系进一步健全。本科生留学人才"3 + 1""m + n"培养模式改革全面推进，生源、培养、就业"三质并重"的留学生培养质量体系逐步完善。学校成功入选首批"留学江苏目标高校"、首批教育部来华留学质量认证高校。

二、 打造 "科产教融合" 新范式, 着力提升研究生实践育人质量

江苏大学坚持以习近平新时代中国特色社会主义思想为指导,深入贯彻落实全国和全省研究生教育会议精神,以提升研究生教育质量为目标,围绕"立德树人、服务需求、提高质量、追求卓越"的工作主线,走内涵式发展之路,紧密结合国家重大战略和发展需求,打造科产教融合新范式,聚焦创新型高层次人才培养,为区域、行业产业转型升级和创新发展提供强有力的支撑与保障。

(一) 深化科产教融合,构建政校企所合作培养新模式

学校紧盯国家重大需求,着力提升研究生教育和高层次应用型人才培养质量,基于"四螺旋"理论,贯通科教融合、产教融合渠道,创建了以"学识链—创新链—实践链—能力链"为内部螺旋,以"政府—企业—科研院所—高校"为外部螺旋的"双四螺旋"研究生培养模型;基于"项目牵引—科研夯实—实践强化—素质提升"的人才培养理念,聚力打造"校内导师 + 联培导师 + 管理人员"全员育人、"课程教学 + 基地科创 + 社会服务"全方位育人、"知识传授 + 联合攻关 + 创新实践 + 人格建立"全过程育人的联合培养平台,培养具有江大精神、家国情怀、国际视野、创新意识和实践能力的高层次复合型精英人才。

强化顶层设计,明确以研究生为主体、高校和基地为抓手的"一体两翼"联合培养工作格局。以"双向投入"为驱动,健全"校地共担"的制度保障,明确"基地出卷—高校答卷—人才输送—联合研发"的工作总思路,真正实现人才共育、成果共享、合作共赢。出台《江苏大学研究生联合培养基地建设与管理实施办法》《江苏大学校外研究生指导教师聘任与管理暂行办法》等 5 项系列规章制度,明确各主体之间的责、权、利,建立协同管理机制。同时,作为江苏省产学研合作培养专业委员会主任委员单位,江苏大学以专委会举办年会为契机,汇集各高校产学研合作培养工作的亮点做法,紧扣研究生教育质量,遵循人才培养规律,推动科教融合、产教融合,加快构建现代化研究生教育体系,为江苏省科产教研究生联合培养建章立制提供政策依据。

（二）依托科研载体，打造名企大院联合培养育人平台

学校进一步落实习近平总书记给全国涉农高校的书记校长和专家代表的回信以及对江苏大学重要批示精神，明确了创建农机特色一流大学的办学思路，先后部署了新工科、新农科融合建设和"095"工程行动计划，依托校内外人才、科技与平台等优势，打造"政校企所"协同、"学研创用"互促的研究生"科产教融合"协同育人新范式。同地方政府、国内外大型农机龙头企业、国内外高校院所、国内国际农机行业组织等"名企大院"布局建设一批新的重大项目，全面融入农机装备国家创新体系和产业体系，努力解决一批"卡脖子"技术，大力提升我国农机装备领域关键核心技术研发能力，努力为推进农业现代化做出新贡献。先后与江苏沃得农机、苏州久富农机等一大批农机龙头企业共建研究生工作站；同徐工集团签署了全面战略合作协议，共建研究生工作站。目前学校共建成省级研究生工作站 534 家、校级研究生实践基地 1049 家，每年累计输送 2000 余名研究生进驻基地，参与工程实践与技术研发。近年来，学校获评省级优秀研究生工作站 29 家，"全国工程专业学位研究生联合培养示范基地" 2 家，全国"做出突出贡献的工程硕士学位获得者" 2 人，全国"工程硕士实习实践优秀成果获得者" 3 人，均位列全省前列。

此外，创新机制体制，采用与名企大院共建研究生分院的形式，拓宽研究生科产教联合培养的渠道和方式，提高培养质量。近两年，学校先后与中国一拖集团有限公司、国家农机装备创新中心共建江大洛阳研究生院；与江苏省农业科学院、南京农机化研究所等共建南京研究生分院；与北京农业信息技术研究中心、北京农业智能装备技术研究中心、中国农业机械化科学研究院等共建北京研究生分院；与江苏省产业技术研究院、苏州市相城区人民政府共建江苏大学苏州集萃研究生院。目前在院联合培养研究生已超 200 人，科研成果初步显现。

（三）聚集多方资源，构建"校内＋校外"协同育人机制

学校深入落实研究生联合培养的"双导师"制，打造"校内＋校外"协同育人师资力量，建立健全联合指导机制，促进教育链、人才链与产业链、创新链的有机衔接。一是校内外导师联合，全链条指导研究生。以"项目制"为导向，采用"课程学习＋专业实践＋论文开题＋科研创新＋学位成果"的全链条双导师协同培养方式。在传统单一校内导师指导的基础上，重点发挥校外导

师与生产一线结合紧密等方面的丰富经验，共同参与专业与实训平台建设、人才培养方案制订、教材开发、教学改革，指导或联合指导研究生，承担实践课程的建设和教学工作。同时，举办"产业教授进校园"品牌活动，邀请产业教授为相关学科的研究生开展讲座，与校内导师洽谈项目，共同推进产学研工作。二是开设实践课程，将实践指导环节前移。加强顶层设计，邀请生产一线的企（行）业专家与校内导师联合开展专业课程的教学设计、教材编写和课堂教学，构建"校企合作"的多元化教学团队，不断提高核心课程的挑战度和含金量，促进企业需求融入课程改革，逐步形成理论知识与实践能力并重的高水平的专业核心课程群。同时，依托学校产学研一体化运行的机电总厂，开设企业生产实践课，由企业专家担任任课教师，讲授企业导向、生产管理、启发研讨和技能提升4个模块，根据不同的专业领域进行个性化设定，搭建角色转换的校企桥梁，实现专业学位研究生从学校到企业之间的无缝对接。

（四）推进趋同化管理，组建质量过硬的基地导师队伍

学校进一步深化专业学位研究生教育综合改革工作，着力打造质量过硬的基地导师队伍，推进基地导师与校内导师趋同化管理，完善培训交流机制、考核评价机制、表彰奖励机制和责任追究机制。目前学校已聘任90位江苏省产业教授、1553名校外实践指导教师，其中10位获评省优秀产业教授。基地导师队伍的建设遵循以下几个原则：一是严格"遴选＋考核"，过程同管理。根据省校相关文件，严格产业教授和校外实践指导教师的遴选、聘任、管理、监督、考核环节。由学科牵头，通过对实践导师进行遴选和资格认定，聘任有一定实力的校外专（兼）职研究生指导教师联合指导研究生，与企业签订联合培养研究生协议，商定高校导师和实践导师的权利与义务，确保合作培养成效与可持续发展。根据相应的协议和考核办法，打破基地导师"终身制"，依托信息化平台对联合培养基地和分院校外导师指导情况进行过程管理与考核，动态掌握培养质量情况。二是拓宽"对接＋培训"，内涵同发展。与科技处协同开展产学研合作培养工作。打通"项目对接＋人才培养"的联合培养链条，定期共同组织研究生联合培养项目需求对接会，以"项目制"构建长效合作机制，充分发挥桥梁作用。实施"基地＋技术转移中心"联合运营计划，"分批次分片区"开展形式多样的校外导师上岗培训，邀请校内教授、督导、管理人员走出学校，为校外实践指导教师和校外专（兼）职教师就立德树人、科学研究、

培养环节等方面开展系统培训。三是开展"评价＋激励"，机制同建立。开展联合培养研究生座谈会，广泛听取研究生在导师评聘、考核制度、导师指导中的意见；要求研究生在联合培养后，在系统中对导师进行有效评教反馈，做出客观公正的评判，完善校外导师制评价制度。加强绩效考核与评优机制，对优秀校外导师进行表彰和奖励，重视激励校外导师的积极性与主动性。

三、 构建 "因势利导　纵横有道" 的大学生创新创业工作体系

江苏大学创办了全国首家创业学校，获评首批"全国高校实践育人创新创业基地"（地方院校仅 7 所）"全国毕业生就业工作典型经验高校""全国毕业生就业工作先进集体"；首批"江苏省大学生创业教育示范校""江苏省大学生创业示范基地"。分管创新创业工作的副校长以"大学生专业创业引导策略"项目入选教育部思政杰青。"创业管理"获批国家精品课程（全国创新创业类课程仅 2 项入选），"创业人生"获评国家级精品视频公开课（稳居爱课程网创新创业类精品公开课人气榜首位），"创业计划"荣获教育部全国首批创业类慕课课程立项（全国仅 20 项），"塔式立体化中小企业人才培养体系"获评"国家教学成果二等奖"及"江苏省教学成果特等奖"，"纵横有道的大学生创业能力培养体系"获评"江苏省教学成果一等奖"。校地共建了"国家大学科技园""国家级高校学生科技创业实习基地"，校内实训基地建成国家级实验教学示范中心。中央电视台、《光明日报》等 20 余家媒体曾组团来校采访创就业工作。学校"因势利导　纵横有道"的大学生创新创业工作体系特色鲜明、成效显著。

（一）"因势利导"的创新创业教育体系

"势"乃潮流与使命，"导"乃指导与引领。学校牢牢把握创新创业的时代契机，以培养"善于创新、敢于创造、勇于创业"的学生素质，打造"产品开发型"和"专业服务型"的"双创"人才为目标，构建机制先导、教学主导、培训指导、实践引导"四位一体"的创新创业教育体系。

1. 机制先导，培育创新创业"土壤"

学校将创新创业列入党政工作要点及十大重点实事，列入"十三五"发展规划、第三次学生工作会议及第三次本科教学会议重点议题，确认为"质量名校推进计划"的首要任务。成立了创新创业教育工作领导小组及创业教育研究室等 4 个非编机构，以及创新创业学院办公室 1 个常设机构。在创新创业学院

管理、创新创业学分认定、孵化基地管理、实验室开放、精英学员选拔与培育、创业导师遴选与管理等方面出台了契合校情的文件及细则。2016 年，相继颁布《创新创业教育改革实施方案》《创新创业学院建设方案》等全校性文件，开启了以创新创业为主线的综合教育改革新篇章。

2. 教学主导，植入创新创业"基因"

将创新创业元素作为基本要求植入培养计划和教学大纲，结合专业特色广泛开设相关课程，并在新版培养计划中将必修课外学分提高至 3 个。规定各专业均须开设紧贴学科前沿、紧跟社会发展的创新创业类课程，要求每一个教师将创新创业土壤培育落实在每一间教室和实验室，将创新创业基因植入贯穿于每一节理论课和实验课。以国家精品课程"创业管理"和国家精品视频公开课"创业人生"为引领，以创业教育研究室为依托，通过"选、送、训、聘"的方式充实教学师资，并围绕新时期如何深化改革进行理论研究，在教学成果、论文论著等方面成绩卓著。

3. 培训指导，选育创新创业"种子"

针对不同发展阶段的学生分类培训，选育优秀创业"种子"。2002 年创办的创业学校成为创业型人才培养的摇篮，2006 年增设菁英班，2015 年在此基础上改制成立创新创业学院，每年遴选 300 名学生进行实践性、项目制、开放式的优生优培，实施导师制（导师工作标准和待遇均不低于硕导），单列创新创业奖学金。创新创业学院开设 7 门模块化的创业专训课程，纳入教务系统，为修满学分的学员颁发结业证书，并致力于向提供双学位、培养专业硕士方向发展。注重理论教育与实践模拟结合，根据差异性诉求，针对性提供 SYB，IYB 等集训。

4. 实践引导，孕育创新创业"果实"

坚持引导学生将科学知识通过实践转化，培育创业"果实"。高度重视以"互联网＋""挑战杯"和"创青春"为龙头的赛事，形成校、院、班三级参赛机制。每年从校内"星光杯"和"赢在江大"赛事中遴选 30 件作品重点备战国赛，学校在"挑战杯"中 5 次蝉联"优胜杯"、在"创青春"中连续四届喜获双金奖、在"互联网＋"中荣获全国银奖。将实践引导纳入大学生科研管理体系，每年 700 余个科研立项课题中衍生出大批专利、成果转化项目。每年遴选 60 余支产品开发型、专业服务型在校生创业团队入驻学校自建孵化器进行实践孵化，目前孵化成功率超过 10%。学校在教学成果奖、哲社成果奖等项目中颇有斩获，典型经验多次在省级以上会议交流发布，创新创业师生屡获国字头殊荣。

（二）"纵横有道"的创新创业支持体系

"道"乃规律、方法。"纵有道"指遵循学生成长规律、创业过程规律，制定基于不同年级、不同阶段的创新创业发展支持的差异化层级推进路线。"横有道"指遵循各界扶持主体的内生动力机制，建立高校、政府、企业、公益组织等多元协同机制。"纵横有道"指整体上构建横向互补重广度、纵向递进显深度，多元交织讲方法、纵横有道守规律的创新创业工作模式。

1. 纵向全链条创新创业支持载体建设

依据创业发展规律，打造了"实训区—预孵器—孵化器—加速器—产业区"全链条载体群，层级式助推创业实践活动。

依托管理学院，创建创业之星模拟实验室、创业沙盘实训室等，致力于让有志提升创新创业能力的学生均有机会系统体验创业过程。依托基础工程训练中心，开辟专门区域设置创客工场，致力于让工科学生的创新创意能顺利转化为现实产品；依托获评国家级实验教学示范中心的工业中心，大力建设众创空间，致力于学生能组建团队、依托项目、接受专业的指导、参加系统的训练；在江苏省率先建成 1200 平方米的大学生创新创业苗圃，致力于让依托校内及校园周边市场的大学生创业团队能获得全方位的预孵化服务；自建有 4400 平方米的大学生创业孵化基地，致力于让预孵情况良好、市场前景广阔的在校生项目及少数毕业 5 年内的校友项目能获得深度的孵化扶持。

校外的镇江工程技术研究院融入更多"师导生创"元素，成为大学生创业孵化加速器；与地方政府对接，建设了创新成果产业转移园区、轻资产项目产业转移园区，积极推动广大师生的科技成果和创新项目产业化。注重校内外载体之间的无缝对接，注重各层次大学生创业项目的连续扶持，确保更优的项目能入驻更高的平台进行孵化与运营。

2. 横向协同式创新创业资源整合模式

依据协同创新机制，研究学生在"通识能力、专业能力、机会能力"三个层级的知识诉求，挖掘各界在"优势互补性、利益诉求点、协同便利性"三个方面的内生动力，盘活存量资源，挖掘潜在资源，构建优势投入的大资源格局。

学校成立创新创业学院，由校长兼任院长，构建资源整合平台，统筹全校性的创新创业工作。学工、教务、团委等部门密切配合，协力推进教学改革，并全面渗透至新版培养计划，重点强化相关必修课建设和学分认定工作，制定休学创业制度、"招生—教学—就业—创业"联动机制等。科技处协同广大专任教师，搭建教师科研成果和学生创业项目定期对接洽谈平台。依托相关学院建设以国家精品课程和重点教材为统领的课程群，并推广至全校，其中"创业管理""创业人生"课程还在线辐射到全国1000多所高校；协调学工处、教务处、宣传部等部门共建，开设MOOC，开通微信公众号"创客驿站"、创业联盟博客、孵化基地微博、青年手机报等，以及建设集学员管理信息系统、新闻时讯发布系统、项目申报管理系统、"双创"竞赛报名系统等于一体的创新创业学院网站。强化师生协同，借助学生社团组织，开展创业孵化器的日常管理，营造创新创业型校园文化。

协同市、校共建的国家大学科技园、国家级高校学生科技创业实习基地，引导学生项目深度孵化，提供"零距离"和"一站式"服务；联手市创业指导中心、工商局、江大社区等，为参与创业的学生免费办理营业执照、创业初始补贴等，全面保障学生获得各项政策扶持；协同区、校共建的"创新创业示范区"，在政产学研联盟、创业交流平台、创业导师授课机制、创业服务中心网络、创业基金等多方面深化合作；协同40多家企业成立"一带一路"国际创新人才培养产学联盟，拓展中国学生创新创业的国际视野，加强留学生创新人才培养；协同校友企业和风投机构等筹措资金，设置"江苏大学大学生创业种子资金""江苏大学大学生创业天使基金"；协同人社与科技部门、产学研基地等构建实践实训平台，以500家就业基地为依托，遴选出最具创新精神的企业签订创业实习协议，以50家就业工作站为依托，将其拓展为创业就业工作站；与东台、涟水等地方政府合作，在全国率先建立大学生"村官"创业实践基地；协同大报大刊宣传报道江苏大学创新创业工作等。

四、 拓展实践育人活动体系，着力培养青年大学生的实践能力

为引领广大青年学生深入学习贯彻习近平新时代中国特色社会主义思想，

特别是习近平总书记关于青年工作的重要思想，扎根中国大地了解国情民情，通过社会实践坚定理想信念、站稳人民立场、练就过硬本领、投身强国伟业，进一步增强"四个意识"、坚定"四个自信"、做到"两个维护"，校团委坚持实践育人，让全校青年学生在实践中受锻炼、长才干、做贡献。

（一）弘扬志愿服务精神，志愿公益丰富多彩

江苏大学将志愿公益作为实践育人的重要抓手，坚持弘扬"奉献、友爱、互助、进步"的志愿者精神，大力倡导雷锋的大爱精神，努力构建"文化、公益、专业、专项"四维志愿服务体系。

1. 志愿服务稳步推进

以3月学雷锋主题月为"点"，以日常志愿服务为"面"，点面结合，引领全校团员青年深入社区、走入社会，开展丰富多彩的学雷锋志愿服务活动，对外参加城市文明督查、镇江马拉松、社区共建等志愿活动1万余人次。依托"第二课堂成绩单"八大课程体系中的"志愿服务类"模块，记载参与"大学生志愿服务西部计划"及支教助残、社区服务、公益环保、赛会服务等各类志愿公益活动的经历和获得的相关荣誉，将实施"第二课堂成绩单"作为江苏大学"三全育人"工作体系中落实"实践育人"的一个重要抓手。同时将"第二课堂成绩单"（PU）纳入二级学院团委量化考核体系，校、院、团支部三个层面协同推进。积极推进志愿者网上注册工作，志愿者打卡器注册人数超过团员人数的60%。进一步推进志愿服务"西部、苏北计划"工作，15名同学成功入选。2020年上半年疫情期间，按照团中央和团省委的要求，校团委积极动员志愿者在做好自我防护的前提下主动参与家庭所在地的青年突击队，为地方防疫工作做好志愿服务，全校有300余名大学生志愿者深入到江苏、河南、湖南、云南、贵州、浙江、山西、广东、吉林、四川等地的社区和农村基层一线，参与疫情防控志愿服务。社会实践和志愿服务活动受到了《人民日报》、中国青年网等媒体的广泛报道。

2. 急救防艾全面覆盖

以江苏大学红十字会为依托，联合镇江市红十字会、镇江市疾控中心组织青年学生开展红十字志愿服务项目。以首批"江苏省防艾校园行"立项高校和"2019年全国红丝带校园行"入选高校为抓手，承办中国红丝带青春校园行活动，邀请中国红丝带健康大使、中央电视台主持人刚强以及中艾协、省艾协专

家来校宣传防艾知识；在全体新生中开展防艾同伴教育，实现防艾教育全覆盖；组织了8场防艾校园行讲座，培训学生近2000人，在全校营造了人人识艾、防艾的良好氛围，提高了青年学生艾滋病防治和自我保护意识。举办江苏大学第二届应急救护技能竞赛，并在全体新生中开展应急救护普及培训，提升青年学生的急救意识和技能。

3. 研究生支教团多点开花

江苏大学于2014年正式入选"中国青年志愿者扶贫接力计划研究生支教团"招募高校。6年来，学校共招募24名优秀的青年志愿者赴青海省海北藏族自治州门源回族自治县开展支教服务工作。2019年，首次实现研支团人员数量增加新突破，团中央批准学校增加一个支教团成员名额；2020年，研支团人员数量再次突破，增加两个支教团成员名额。认真做好第23届研究生支教团7人的遴选、体检、报名等相关工作，指导第21、22届研究生支教团在青海门源开展支教及志愿服务工作。举办门源中小学生江苏大学素质拓展营2期，共有80名门源中小学生参加。组织指导第21、22届研支团在门源县开展科技支农、知识科普等暑期社会实践活动。联合上海美丽心灵基金会继续向门源县捐赠"精灵书屋"，为30所幼儿园募得绘本共2214本，为3所小学募得各类书籍和阅读笔记本共4427本、书架共47个。为门源县三所小学所有学生捐赠中国扶贫基金会"善行100"爱心包裹共计1134个。2020年上半年疫情期间，为解决"最美逆行者"的后顾之忧，校团委组织研究生支教团和研究生学生骨干第一时间组建江苏大学研究生"2+1"守护计划志愿服务队，为江苏大学附属医院、镇江市第一人民医院、镇江市中医院的10名支援湖北的医务人员未成年子女提供"2+1"守护计划。研究生支教团成员和研究生学生骨干采取"一对一"的形式，通过线上视频的方式，为医务人员子女提供线上课业辅导、科技创新、技能提升、心理辅导等帮扶。截至2020年3月20日，开设的辅导课程有英语阅读、美文赏析、奥数、计算机技术、心理辅导、舞蹈、绘画等，辅导频次每周4~7次，累计辅导时长540小时。江苏大学研究生"2+1"守护计划志愿服务队志愿者的努力和付出得到了家长和孩子的充分肯定。志愿服务队的工作得到了《中国科学报》、中国网、《江苏经济报》、扬子晚报网、"学习强国"等媒体和平台的广泛报道，增强了志愿工作的社会影响力。

4. 志愿公益成果显著

志愿服务活动中，1 个项目荣获 2019 年全省高校红十字会"博爱青春"暑期志愿服务活动优秀项目奖，并作为全省仅有的两支团队代表作典型展示。在省青年志愿服务评选表彰中，1 人获省"青年志愿服务事业贡献奖"、1 人获省"青年志愿服务新闻宣传奖"、2 人获省"优秀青年志愿者"荣誉称号、1 个志愿项目获省"十佳青年志愿服务项目"、1 个协会获省"青年志愿服务行动组织奖"。在 2019 年省"暖冬行动"志愿服务评选中，2 人获"先进个人"，1 个协会获"先进集体"，1 个项目获"优秀项目"。在江苏省第四届志愿服务展示交流会中，1 个项目获"优秀项目"。研究生"2 + 1"守护计划志愿服务队荣获省"向最美逆行者致敬"活动优秀志愿服务组织。

（二）创新创业类学生社团蓬勃发展

高校学生社团作为培养创新精神、提升实践能力的重要载体，在繁荣校园文化和落实"三全育人"方面发挥着重要作用。目前，学校共有创新创业类学生社团 12 个，在 2019 年度江苏大学学生社团星级评比中，创新创业类学生社团获评十佳学生社团 1 个、五星级学生社团 2 个，成为爱好创新创业学生发展个人兴趣和培养实践能力的阵地。各创新创业类学生社团以培养兴趣为初衷，以参加专业竞赛为抓手，学生通过参加校内创业培训、特色讲座等多种方式提高创新创业能力，社团成员在省内外学科竞赛中获得优异成绩。为进一步鼓励学生参与科技创新实践，探索创业方案，每年校团委根据学生社团星级评比及答辩结果，设置专项学生社团扶植资金对优秀学生社团的特色活动进行报销，获评十佳学生社团可报销 1000 元，获评五星级学生社团可报销 500 元，在政策保证机制、经费保障机制等方面加强对创新创业类学生社团的管理和服务，促进创新创业社团的健康发展。

（三）科技创新培养持续发力

江苏大学十分注重大学生科技创新及创业就业方面能力的培养，针对全国"挑战杯"系列赛事，积极组织学生团队参与并广泛开展"星光杯"校内选拔赛，稳步推进"挑战杯"系列赛事工作。以国家级科创赛事为主线，继承创新、精准发力，提高科技教育的覆盖面，优化推进大学生科技教育和科普工作，激发学生创新创业热情，进一步提高大学生科创能力和素养，为创新驱动发展、实现中华民族伟大复兴的中国梦做出应有的贡献。

（1）以"挑战杯"系列赛事为目标导向。学校出台多个政策，激励大学生在"挑战杯"系列赛事中争夺优异成绩。逐步形成以校领导牵头，各学院、单位发力，师生共进的校园科创氛围。

（2）以"星光杯"系列校赛为提升过程。每年一届、跨度10个月之久的"星光杯"系列校赛，为广大同学提供了一个互学互进、不断成长的提升过程，培养了大学生创新创业能力素养。

（3）以大学生科研课题立项为指导模式。学校每年资助近百万的大学生科研课题立项资金，给学生提供师生一对一指导的学术科研模式，有力提升了学生科研创新水平。

（4）以多彩科创类学生活动为兴趣推广。校团委指导大学生科学技术协会多渠道、多形式、有针对性地开展各类科创类精彩活动，吸引广大同学参与其中，激发大学生科创热情。

（5）以校内外师资教育培训为普及平台。学校每年面向全体学生，邀请校内外专家、名师，举办百余场科创讲座以及相关赛事的系列指导会等，为丰富学生的科技知识、创业能力提供精准服务。

（四）围绕实践育人目标，实践成果精彩纷呈

2019年以来，江苏大学以"青春心向党，建功新时代"为实践主题，深入学习党的十九大精神，引领广大青年学生在实践中深化对习近平新时代中国特色社会主义思想的理解，了解国情、感知社情、体察民情，进一步坚定"爱国、励志、求真、力行"的理想信念。

1. 实践项目分层分类

组织暑期社会实践出征仪式，全校22618名学生100%参与社会实践，组建1600余支实践团队，奔赴全国各地开展实践活动，获批团中央社会实践专项"推普脱贫攻坚""乡村稼穑情，振兴中国梦""健康扶贫青春行"等专项团队共计42个（获批数达到2016—2018年获批数量之和）、省级重点团队15个、省级专项社会实践团队3个。除了建立团中央要求的8类"建功新时代"全国实践团队和团省委要求的6类"助力高质量"江苏实践团队以外，根据学校特色，建立了"不忘初心"实践团、海外宣传实践团和廉洁教育实践团，更好地激发了学生关注社会、与时代接轨的迫切要求。实践活动结束后，寒假社会实践通过座谈会的形式总结，暑期社会实践通过"十佳团队""十佳使者"

答辩会、学生工作表彰大会的形式总结。

2. 实践基地有效保障

深入挖掘学校和社会两种资源，建立大学生就业创业见习基地，保持见习基地的良性运行，在见习时间、见习人数上予以保障，为大学生参加实践活动创造良好条件，提升青年学生的动手实践能力。2019 年，新建就业创业见习基地27 个，组织 2000 余名学生前往 89 个已建基地就业见习，收到表扬信、感谢信9 封。

3. 疫情期间专项实践

2020 年上半年疫情期间，按照团中央和团省委的要求，校团委积极组织动员各学院组建大学生疫情防控专项社会实践团队，组织大学生在线上开展防疫政策与知识宣讲、学业帮扶、兴趣辅导、心理援助等实践活动，同时，组织大学生聚焦疫情防控工作的主要事件、重大进展及舆情发展，运用线上问卷、访谈、分析等方法，开展线上国情社情民情调研，观察分析探讨疫情发展、防控成效及其影响，并围绕城乡公共管理、志愿服务体系、基层社会治理、社会动员机制等视角撰写调研报告。

4. 实践成果精彩纷呈

2019 年学校组织的实践活动被团中央、团省委媒体报道 83 次；社会媒体报道 160 余次，其中新华社、《人民日报》、《光明日报》、《中国教育报》、《新华日报》等省级以上媒体报道 110 余次。在全国暑期社会实践评优中获评优秀实践团队 1 个；在全国社会实践"镜头中的三下乡"评选中获"优秀视频"奖1 个，优秀指导教师 1 人；在全国社会实践"千校千项"成果遴选中获评优秀实践者 1 人，优秀团队 1 个；1 篇调研报告获评全国社会实践"百篇优秀调研报告"。在江苏省社会实践评优中，获评先进单位，以及先进工作者 6 人、先进个人 8 人、优秀团队 6 个、优秀基地 1 个、优秀调研报告 2 篇。在 2019 年"力行杯"社会实践项目大赛中获三等奖 1 项，优秀奖 1 项。

第二节　实践育人平台载体的建设

江苏大学实践育人基地主要包括三类平台：实验教学平台、双创孵化支持平台和产学研联合培养平台，学校通过基地平台实施重点工程，开展重点项目。

一、实验教学平台

实验教学平台立足江苏大学人才培养、科学研究、社会服务的资源和优势，面向全体学生，实施基本的创新创业意识建立、能力储备教育。通过将实践育人纳入各专业人才培养体系，在公共基础实验平台、基础工程训练平台中引入创新实验及实训项目模块。项目包括完善建设江苏大学创客工场、江苏大学众创空间，建设大学生创新创业模拟实验室、沙盘实训室及知识产权创新创业体验式训练室，注重培养学生专业创新能力与社会创业能力的有机融合。

（一）江苏大学创客工场

江苏大学创客工场总建筑面积为11070平方米，装备种类齐全，装备总值达1400余万元。工场拥有消失模铸造、硅溶胶铸造、融熔快速成型、激光快速成型、真空铸型、注塑等材料成型设备，激光切割、激光焊接、二氧化碳气体保护焊、氩弧焊、螺柱焊、高频钎焊、等离子切割等焊割设备；高频感应加热多功能离子轰击炉、气体渗碳氮化井式炉、电子显微金相观察分析系统等热处理及检测设备；拥有数控高速雕铣机、全功能数控车、数控磨等先进的切削加工设备；拥有线切割、电火花、超声加工等特种加工设备；拥有数控编程模拟仿真、数控车铣综合实训等培训系统。

（二）江苏大学众创空间

江苏大学众创空间总建筑面积22245平方米，设备总值5712.4万元，仪器设备数量2696台套，其中10万元以上的大型仪器设备102台（套）。目前面向全校49个本科专业，11010余名学生开设了379个实验、实习和训练项目，年教学达97万人时。建设了融实验、实习、工程训练、社会服务为一体，相互交融、递进提升的工程认识、基础工程训练、现代工程训练、综合与创新训练4个训练平台，以及数控技术、逆向工程等11个示范性教学窗口。面向全校学生开设了机电产品创意设计、小型机电一体化装置设计制作、产品数字化设计制作、智能车设计等多门课外创新课程。

（三）管理与创业综合实验中心

管理与创业综合实验中心是在原经济管理系统实验中心基础上，利用中央支持地方高校建设资金对实验中心进行升级改造形成的，2011 年更名，2013 年 8 月被评为江苏省综合训练中心，是唯一以创业为主题的江苏省示范中心。该平台主要包括创业咨询与交流、创业测评、创业体验、创业诊断与指导、创业团队孵化、创业成果展示和创业俱乐部七大板块，形成实验、实训、实践、实习有机结合，教学、科研、培训融为一体的创业创新平台。中心将通过建设模拟演练沙盘、TOPBOSS、创业之星、创业总动员等软件结合校内创业孵化实训基地和镇江市创业园区孵化基地，构建一个能让学生体验从模拟实验实训到真实创业实践全过程的综合实验实训、实践平台。

（四）创业模拟实训室

创业模拟实训室拟建面积 100～120 平方米，该区域主要用于大学生参加创业实训业务实操，完成创业实训工作任务。根据场地面积，设置示范实训室、初创型模拟公司、成长型模拟公司、样板型模拟公司等。创业模拟实训室旨在通过不同岗位的训练，让大学生熟悉企业运作流程岗位设置与要求、基本工作技能，从而提高大学生对创新创业的思考能力、实践能力和解决问题的能力。整个创业模拟实训室项目涵盖创业模拟实训课程体系、创业模拟实训平台、软件支持平台三大部分。

（五）创业沙盘实训室

创业沙盘实训室主要是由参与者借助 ERP 沙盘模拟一个企业的经营和管理，从而使学生强化管理知识、训练管理技能。江苏大学创业沙盘实训室目前是学校为经管各专业的课程而开设的实验室。通过实验模拟各职能中心职责，覆盖了企业运营销的所有关键环节：战略规划、市场营销、生产组织、采购管理、库存管理、财务管理等，是一个制造企业的缩影。创业沙盘实训室旨在使所有具备较高创新潜质和较强创业意识的学生通过模拟实战，增强团队精神，强化专业知识的应用性。

（六）知识产权创新创业体验式训练室

知识产权创新创业体验式训练室以机器人项目为主，以体验式创新创业训练为主要模式，设置了导入培训、实践活动、评价交流三个实训环节，以线上线下相结合的方式，使学生了解知识产权申请保护运用，以及企业在创办经营、发展、壮大等过程中的相关知识，训练学生开展实际的创新创业活动，按照操作指导书对智能机器人进行自由发挥式的拼接，完成创意性的制作过程，并指导学生按照创业流程对创作的机器人产品进行运营推广。市场运营包含专利的转让、许可、作价入股、质押融资等内容，通过亲身体验不同的运营方式，使学生获得不同运营方式的实践经验。

二、 双创孵化支持平台

以双创理论研究和孵化载体为抓手，整合协同资源打造立体式的实践育人服务支持平台，为大学生实践育人基地建设提供强有力的理论支撑和载体平台。

（一）江苏大学创新创业苗圃

2010年12月，学校投资100余万元建设了占地面积达1200平方米的校内大学生创新创业苗圃，设有30间创业工作室，1间可容纳60人的网络创业实验室，以及1个一站式服务中心，主要遴选"产品开发型"和"专业服务型"两类在校大学生创业项目入驻孵化。江苏大学大学生创新创业苗圃以"创业成就梦想、创新引领未来"精神为指引，是专为江苏大学全日制在校大学生提供创业实践服务的公益性载体。

（二）江苏大学创业孵化基地

2016年4月，学校投资建设了占地面积达4400平方米的校外大学生创业孵化基地。设置了不少于60间、单间面积不少于25平方米的创业工作室；设置了1间60平方米左右的一站式服务中心，可容纳5个人办公的营业式柜台；设置了1间30平方米左右的管理员办公室，配备1套办公桌椅、1台电脑、1张沙发1套茶几；设置了1间100平方米左右的公共会议室，配备长方形会议桌及板凳，可容纳40人开会，并配备1台电脑、1台投影仪、1个移动幕布、1个讲台；设置了1间120平方米左右的培训教室，配备活动桌椅，可容纳40人上课。江苏大学创业孵化基地主要吸纳电子信息类、科技创新类、文化创意类、动漫设计类、服务代理类、家装设计类等类型的在校生项目和毕业校友企业入驻孵化。

（三）镇江国家高新区知识产权创新创业服务平台

2015年11月，学校联合镇江市科技局国家高新区等筹建知识产权创新创业服务平台，平台占地2800平方米，包括创新科普区、专利导航区、创新展示区和创业孵化区，平台利用"互联网＋工具"的可视化模式，旨在建立"创意、创新和创业"的桥梁,实现"让创新更有价值"。平台融"知识普及、实物展示、模拟交互、创新体验和创业孵化"为一体,揭示了知识产权与技术创新产业发展的内在逻辑,全面展示知识产权对"双创"的促进作用。平台将学校的双创教育与地方产业发展相结合,实现了"实践中教学,教学中实践"的目的。

(四)镇江国家大学科技园江苏大学基地

镇江国家大学科技园于 2017 年 3 月开始筹建,由镇江市政府、镇江新区管委会两级政府联合江苏大学、江苏科技大学两所驻镇高校四方合资共同创建。2008 年 11 月,大学科技园通过了省级大学科技园认定。2010 年 1 月 20 日,经国家科技部、教育部两部委联合认定为国家级大学科技园。截至 2016 年 2 月,镇江国家大学科技园围绕新一代信息技术、生物技术与健康服务、现代装备与制造及现代服务业等主导产业,已集聚各类创新创业人才团队 200 多个。镇江国家大学科技园江苏大学基地通过协同开展创业培训、共建"一站式服务中心"、实施"项目+资本"对接平台建设等途径,构建了学校与地方政府"校地融合发展、共促大学生创业"的协同发展机制。

(五)江苏大学创新创业导师库

学校邀请和聘任了 100 名左右的教授、风投专家、企业家、律师、会计师等人员担任江苏大学创业导师,创业导师根据自己的特长和优势组织开展系列培训班的授课、讲座,采用线上线下等多种渠道开展一对一的创业项目的指导,协助学校培育优秀的大学生创业者和创业项目。

(六)双创理论政策研究项目

建设成立江苏大学双创教育理论研究室,一方面,以国家、省、地方的双创大数据为研究背景;另一方面,以江苏大学相关学科在经济创新、管理创新大学生创业研究等方面的优势为研究基础,在"双创理论研究""双创人才培养""双创前沿理论"等方面开展深入研究,打破学科限制,开展交叉研究,为江苏大学实践育人基地的建设提供决策咨询。

三、 产学研联合培养平台

通过国家、地方学校的政策支持以及与企业的技术合作,建设产学研平台,形成合力,开放共享,将学校的一大批原创性科技研究成果深度转化成企业产业成果,发展新兴产业和环保产业,为促进学校科技成果顺利转化、服务地方经济提供动力。

（一）江苏大学研究生分院

2020 年 7 月，习近平总书记对学校做出重要批示，为江苏大学创建农机特色一流大学指明了方向，注入了强大动力。学校先后部署了新工科、新农科融合建设和"095"工程行动计划，升级"研究生工作站"建设，打造"政校企所"协同、"学研创用"互促的研究生"科产教融合"协同育人新范式。同地方政府、国内外大型农机龙头企业、国内外高校院所、国内外农机行业组织等"大院名企"全面合作，努力解决一批"卡脖子"技术，放大"研究生工作站"实施效能。同徐工集团签署了全面战略合作协议共建研究生工作站。与中国一拖、江苏省农业科学院、北京农业信息技术研究中心、苏州市相城区人民政府等共建洛阳、南京、北京、苏州研究生院。

（二）江苏省研究生工作站

研究生工作站是由设站单位（企事业单位、党政机关、社会组织等）与江苏省高校联合申请设立、共同建设的，高校选派教师和研究生进驻，合作开展人才培养、科技创新、社会服务和文化传承创新的平台。江苏大学明确以研究生为主体、高校和工作站为抓手的"一体两翼"联合培养工作格局。以"双向投入"为驱动，以项目制为牵引，健全"校企共担"的制度保障，将研究生工作站打造成"科产教融合"联合培养的"智库"资源平台，既疏通了产业项目、行业专家进入学校的通道，又打通了学校科研人才、创新资源反向进入企业的路径，真正实现人才共育、成果共享，合作共赢。十余年来，江苏大学通过以上工作站建设模式培养万余名研究生，就业率保持在 98.7% 以上。近五年来，研究生获得国家级竞赛奖 500 余项，建成省级研究生工作站 534 家、校级研究生实践基地 1049 家，获评省级优秀研究生工作站 29 家，"全国工程专业学位研究生联合培养示范基地" 2 家，均位列全省前列。

（三）江苏大学流体机械工程技术研究中心

江苏大学流体机械工程技术研究中心（以下简称"中心"）创建于 1962 年的吉林工业大学排灌机械研究室，1963 年成建制迁入镇江农业机械学院，1999 年组建江苏省流体机械工程技术研究中心，2011 年组建国家水泵及系统工程技术研究中心，2014 年成为江苏省首批产业技术研究院流体工程装备技术研究所。中心所在二级学科流体机械及工程是国家重点学科（全国仅有两个）。中心是独立的专职科研机构，已形成良好的内部管理体制、多元化的用人机制、良性循环的自我发展机制，是我国流体机械（特别是泵、节水灌溉装备）科学研究、技术开发、人才培养、成果转化、信息辐射的重要基地。

（四）镇江工程技术研究院

江苏大学镇江工程技术研究院于 2009 年 11 月 4 日正式成立，是由江苏大学和镇江新区共同建设的一个产学研合作平台。江苏大学镇江工程技术研究院依托双方资源，围绕汽车零部件、农业装备、新材料、光电子、生物医药等领域，建立产学研机制，引进高新技术产业化项目，协助孵化相关技术和企业，由镇江新区给予资金、办公场所等方面的支持，江苏大学则按照双方确定的研究方向，派出专业技术力量进行科技攻关、项目推荐和人才培训。研究院项目围绕新能源、车辆和轨道交通、新材料和光电子三个方向开展工作。

（五）江苏大学——大全集团电气工程实践教育中心

中心以实施"卓越工程师教育培养计划"为契机，以"大工程教育"思想为指导，以培养创新型人才为宗旨，以提高学生工程实践能力和综合工程素质为主线，以"厚基础、强能力、高平台、重创新"为培养目标，主动适应高等工程教育系统化、科学化、现代化的趋势，构建"强弱电结合、机电结合、软硬件结合、元件与系统结合"的"卓越电气工程师"创新人才培养方案。通过校企联合，共同培养具有工程实践能力和创新能力的卓越人才。

（六）汽车工程研究院

汽车工程研究院以"面向国家汽车产业自主创新需求、面向学校优势学科发展战略，面向高层次创新人才培养"为指导思想，以"提升创新能力，强化学科特色，扩大社会影响"为发展目标，充分发挥车辆工程、动力机械及工程、交通运输工程等博士点学科（均为江苏省重点学科）人才资源、设施条件和科研基础优势，依托江苏省汽车工程重点实验室、江苏省道路载运工具新技术应用重点实验室等科研平台，围绕车辆工程领域的前沿技术和基础理论、整车和核心零部件关键技术、企业急需解决的产品和生产技术问题，开展储备型、攻关型和成果转化型研究，努力打造国内领先的车辆工程领域的科研创新基地和人才培养基地。

（七）新材料研究院

新材料研究院依托江苏省材料摩擦学重点实验室、江苏省光子制造科学与技术重点实验室、机械工业金属基复合与功能材料重点实验室等科研平台，开展储备型、攻关型和成果转化型研究，构筑以"基础研究—应用基础研究—新材料开发—新材料产业化"为一体的产学研创新体系，努力打造国内领先的新材料科研创新基地和人才培养基地。新材料研究院以市场需求为导向进行关键技术的研发与攻克，以企业为对象开展高质量科研服务，实现技术成果产业转化。

（八）现代农业装备与技术协同创新中心

现代农业装备与技术协同创新中心以建设国内知名、省内一流的现代农业装备专业公共服务平台为总目标，一是实现从产品创意、产品设计、结构分析、快速制样到工艺分析、产品制造的全流程集成设计服务技术平台；二是面向镇江市内外农业装备企业提供装备技术研发、人才培养、实验、检测和信息平台等服务；三是在平台内开展专业化小微企业孵化服务，实现资源的有效整合和技术转化，打造为企业和创新创业团队及企业服务的平台。

（九）江苏省农产品生物加工与分离工程技术研究中心

江苏省农产品生物加工与分离工程技术研究中心是由江苏大学和江苏恒顺醋业股份有限公司联合组建的一个省级工程技术研究中心，主要业务是开展农产品的生物改性及农产品活性物质的提取分离新技术方面的科学研究、技术咨询、技术服务、新产品试制、相关产品的生产与销售等。其科研方向包括：① 农产品生物活性物质的高效提取技术研究；② 农产品活性物质的功能特性研究；③ 农产品大分子的生物改性技术研究；④ 农产品功效成分发酵法制备技术研究；⑤ 香醋风味化学研究；⑥ 食醋菌种微生物的研究；⑦ 食醋递延产品的开发研究；⑧ 醋糟的资源化处理技术研究；⑨ 农产品加工装备的研制。

第三节　实践育人体系探索

一、 分层面、 多模块、 强联动的塔式立体化实践育人工作体系

江苏大学实践育人工作体系是在学校多年依托学校学科、专业、科研优势，全方位整合学校实践、创新、创业资源，主动对接地方社会资源和需求的基础上，经过不断建设逐渐完善而形成的。通过顶层设计、全面规划和有序推

进，有效解决了地方综合性大学在实施人才培养过程中面临的一些突出问题和挑战，初步形成了分层面、多模块、强联动的塔式立体化实践育人工作体系。

（一）江苏大学实践育人工作的基础条件

江苏大学是 2001 年 8 月经教育部批准，由原江苏理工大学、镇江医学院、镇江师范专科学校合并组建的重点综合性大学，是江苏省人民政府和农业农村部共建高校、首批江苏省高水平大学建设高校、全国本科教学工作水平优秀高校、首批全国 50 所毕业生就业典型经验高校、全国创新创业典型经验高校、首批全国来华留学质量认证高校、全国"三全育人"综合改革试点高校。

学校具有百年办学历史，文化底蕴深厚。原江苏理工大学的前身镇江农业机械学院，是为贯彻毛泽东同志关于"农业的根本出路在于机械化"的重要指示，1960 年由南京工学院（现东南大学）分设独立建校的，办学历史可追溯到 1902 年刘坤一、张之洞等创办的三江师范学堂。学校作为国内最早设立农机专业、最早系统开展农机教育的高校，坚持立足江苏、服务行业，始终以推动我国农业机械化、现代化为使命，培养了我国第一批农机本科、硕士和第一位农机博士、博士后，为我国农业装备人才培养、科技创新，为推动农民增收、农业发展和农村稳定做出了积极的贡献，形成了"工中有农，以工支农"的鲜明办学特色和独特的文化情怀。

学校办学起点高，综合实力一直位居全国百强之列。早在 1978 年，学校就被国务院确定为全国 88 所重点大学之一，1981 年成为全国首批具有博士、硕士学位授予权的高校。近年来，学校聚焦内涵发展，深入实施"高水平、有特色、国际化"发展战略，国内外办学影响持续提升。QS, THE, ARWU 等国际权威世界大学排名，学校均跻身 Top 1000。《2020 中国大学评价》中，学校综合排名列全国第 40 位。

学校办学规模较大，办学条件优良。学科涵盖工学、农学、理学、医学、管理学、经济学、哲学、法学、文学、教育学、历史学、艺术学等 12 大学科门类。设有 27 个学院，97 个本科专业。专任教师 2700 余人（具有一年以上海外经历的比例达 37%），集聚了一批高层次人才群体。在校生 40000 余人，其中研究生 13000 余人，学历留学生 2300 余人。江苏大学京江学院全日制在校生近 10000 人。校园占地面积 3000 余亩，各类建筑面积 120 万余平方米。教学科研仪器设备总值 12.1 亿元。图书馆建筑面积 5.1 万平方米，藏书 322 万册，订阅各类数据库116个，自建特色数据库11个，建有教育部科技查新站、农业装备文献资源中心和国际赛珍珠文献资源中心。拥有一所集医疗、教育、科研、预防为一体的三级甲等附属医院。设有江苏大学出版社和杂志社，出版图书1500余种，主办国际、国内学术期刊11种，其中《江苏大学学报》（自然版）、《江苏大学学报》（社科版）、《排灌机械工程学报》为全国中文核心期刊，《高校教育管理》为CSSCI来源期刊、全国中文核心期刊、人大复印报刊资料重要转载来源期刊。

学校办学水平高，拥有一批高水平学科。工程学、材料科学、临床医学、化学、农业科学、药理学与毒理学、生物学与生物化学、环境生态学8个学科进入ESI排名全球前1%，ESI综合排名列全国第46位。拥有2个国家重点学科，1个国家重点（培育）学科，10个江苏高校优势学科。拥有14个一级学科博士点，44个一级学科硕士点，20个硕士专业学位类别。设有13个博士后科研流动站。

学校坚持以学为中心、教为主体，不断提升人才培养质量。近年来，学校获国家级教学成果奖8项，形成了以30个国家一流专业和一批国家特色专业、国家级一流本科课程、国家级精品课程、国家精品视频公开课、国家精品资源共享课、国家实验教学示范中心、国家优秀教学团队为代表的优质教学资源；毕业生就业率一直保持在96%以上；学生在全国大学生重大赛事中表现优秀，"挑战杯"全国大学生课外学术科技作品竞赛连续7届喜捧"优胜杯"，全国大学生创业计划大赛连续4届获得双金奖，校大学生男子排球队屡获全国冠军，女子沙滩排球队获世界大学生运动会第7名，女子足球队获世界大学生"五人制"足球锦标赛季军。

学校坚持以贡献求发展，不断提升科技创新与服务社会的能力。"十三五"期间，学校获批国家自然基金项目847项（连续6年居全国高校前50位）。截至目前，学校共获得国家级科技成果奖16项、何梁何利基金科学与技术创新奖2项、国家杰出青年基金项目3项；拥有国家水泵及系统工程技术研究中心、混合动力车辆国家地方联合工程中心、国家级新农村发展研究院等一批国家级科技创新平台；与镇江市共建镇江国家大学科技园；建有国家知识产权培训（江苏）基地。学校牵头成立的现代农业装备与技术协同创新中心被认定为江苏省首批高校协同创新中心。2015、2016年度，学校发明专利授权量分别列全国高校第6位和第8位。2018年获第二十届中国专利奖金奖。

学校坚持国际开放战略，不断提升国际合作与交流水平。先后与美国、英国、德国、奥地利、澳大利亚、日本等53个国家和地区的195所高校及科研机构建立了长期合作关系，与奥地利格拉茨大学共建了孔子学院和汉德语言文化中心。与德国马格德堡大学、美国阿卡迪亚大学等合作举办了一批联合办学项目，建有中外合作办学机构江苏大学克兰菲尔德未来技术研究生院，合作建设了高端装备关键结构健康管理国际联合研究中心、流体工程装备节能技术国际联合研究中心、世界食品保藏研究中心、高端流体机械装备与技术学科创新引智基地等一批国际科研合作平台。

学校坚持以人为本，大力推进和谐校园、民主法治和校园文化建设，党建创新不断加强。学校党委被中央组织部表彰为全国创先争优先进基层党组织，连续两次被评为江苏省"高校先进基层党组织"。学校多次获江苏省文明单位、和谐校园、平安校园等荣誉称号。

新时代，新目标，新征程。江苏大学将以习近平新时代中国特色社会主义思想为指导，深入学习贯彻习近平总书记对学校重要批示精神，紧紧围绕立德树人根本任务，秉承"博学、求是、明德"校训和"自强厚德，实干求真"江大精神，抢抓国家"双一流"以及江苏高水平大学建设的战略机遇，坚定不移地走以提升质量、强化特色为核心的内涵式发展道路，为把学校早日建成"高水平、有特色、国际化研究型大学"而努力奋斗！

（二）江苏大学多模块、分层面、强联动的塔式立体化实践育人工作体系的整体推进

1. 江苏大学实践育人工作的模块化顶层设计

一是形成时代化的本科人才培养方案。按照"培养以拔尖人才为引领，卓越人才为主体，发展基础厚、实践能力强、国际化视野宽的创新创业人才"的本科教学目标定位，以实践育人为主要抓手，主动将社会与用人单位所需求的知识、能力、素质与使之得以实现的知识点、课程、实践项目等具体培养环节相对接，构建知识能力达成矩阵，在全面压缩课内计划总学时，为学生自主学习留足时间的同时，也为大力强化实践育人留足空间。

二是倡导互动型的教学模式。打破理论教学与实践教学、课堂教学与实验室和实践基地教学的界限，大力推进启发式、探究式、讨论式、案例式、参与

式、翻转式及混合式教学，在教学过程中注重引入学科前沿最新研究成果，同时引导学生通过课外实践进一步实现理论到实践、学习到探究的拓展。

三是构建立体化的实践教学体系。按照"实践能力培养贯穿人才培养全过程"的原则，对实验实习实训、课程设计、科研训练、学科及科技竞赛、社会实践、毕业论文（设计）等实践环节进行一体化设置，构建"基础宽广、内涵丰富、横向达边、纵向及顶"的立体化实践教学体系。确保人文社会科学类本科专业实践教学不少于总学分的15%，理工农医类本科专业实践教学不少于总学分的25%，教师教育类专业学生教育实践不少于一个学期。建立能有效面向本科生的"专业—学科—科研"一体化大实验平台，加强高水平实验教学队伍的建设，完善实验室开放运行管理机制和校外实习的保障制度。

四是推进全过程的创新创业教育。认真贯彻国务院办公厅印发的《关于深化高等学校创新创业教育改革的实施意见》，把创新创业教育纳入人才培养教学体系渗透到各类课程教学中，贯穿人才培养全过程。构建先进高效的创新创业教育体系，引导学生将创业活动与专业创新及企业需求形成良性互动。在创新创业实践中进行市场、环境、法规、系统、管理、质量、效益的全方位研究，实现设计、制造控制、管理等学科领域教学内容的综合开发。

2. 江苏大学实践育人工作的三级塔式实践课堂体系

第一级实践课堂实施基本理论教学。理论教学基本上对应于本科前两年，由教务处根据各相关专业培养计划的课程（包括实验课程）负责管理；创新基本技能由大学物理实验中心、基础工程训练中心、电工电子实验中心、工程力学实验中心等公共基础与专业基础实验实训平台负责培养。不同类别、不同层次的实践课程（环节），通过不同的模块和途径进入各专业的人才培养计划体系，实现了实践教育的全覆盖。

第二级实践课堂实施基本技能培训。技能培训基本上对应于本科后两年，以教师指导下的学生课外研学为主，由教务处和团委共同负责管理。依托校工业中心、各专业学院相关实验中心、管理与创业实验中心、江苏大学双创示范基地三类平台（双创实验教学平台、双创孵化支持平台和双创产学研平台），通过参加各级各类大学生科技创新项目、各级各类专业技能竞赛、课程设计、情景模拟实验、企业实习、全国"挑战杯"、"创青春"学术作品竞赛、中国"互联网＋"大学生创新创业大赛、校内"星光杯"学术作品竞赛等多种形式的实践实训项目，大力提升学生的实践能力。

第三级实践课堂实现实战经历体验。实践经历体验基本上对应于毕业前后一段时间，主要由学工处和团委负责，同时积极争取政府、相关行业以及校外创业园区工程技术人员的大力支持。通过在校内建设实训基地和与地方联合建设的实践育人基地形成高水平的实战平台，引导部分优秀学生从专业创新走向专业实践。

3. 江苏大学实践育人工作的联动化机制

一是全面实现了各专业实验室中心化。江苏大学成立后，学校就开始全面推进专业实验室中心化建设，各基础与专业实验中心能够开出更多跨专业的综合性、设计性和创新性的实验项目，还能在教务处统一协调下，为本学院及外学院学生提供课外创新训练和课外科技竞赛平台。

二是大力实施了科研实验室中心化，并向本科生开放。2013 年，学校下发《江苏大学关于推进科研实验室中心化的实施方案》，大力推进各学科科研实验室中心化工作。在第三次本科教学工作会议上，学校又进一步修订了《江苏大学实验室向本科生开放管理办法》，要求各实验中心定期发布对本科生开放的实验项目，包括由科研项目转化的本科生实验项目及利用已有仪器设备开发的实验项目，为一部分学生实施创新创业项目提供支撑。

三是促进专业实践教育团队的结合。为实现实践教育在分层次、分阶段基础上的一体化推进，学校注重在教师资源上同时培育好两类专业教学团队：一支是各专业教学团队，主要职责是培养学生工程实践能力与专业创新能力；另一支是专门从事实务教学和研究的团队，面向不同专业学生指导他们进行基础实践。通过推进这两支教学团队在实际指导工作中的结合，促使学生从专业创新更好、更快地走向社会实践。

四是形成了全链条的创新创业支持载体。依据创业发展规律，打造了"实训区—预孵器—孵化器—加速器—产业区"全链条载体群，层级式助推创新创业实践活动。依托管理学院，建有创业之星模拟实验室、创业沙盘实训室等，致力于让有志提升创新创业能力的学生均有机会系统体验创业过程。依托基础工程训练中心，开辟专门区域设置创客工场，致力于让工科学生的创新创意能顺利转化为现实产品；依托获评国家级实验教学示范中心的工业中心，大力建设众创空间，致力于学生能组建团队、依托项目、接受专业指导、参加系统训练；在全省率先建成 1200 平方米的创新创业苗圃，致力于让依托校内及校园周边市场的在校生团队能获得全方位的预孵化服务；自建有 4400 平方米的创业孵化基地，致力于让预孵情况良好、市场前景广阔的在校生及少数毕业五年内的校友项目能获得深度的孵化扶持。校外的镇江工程技术研究院融入了更多"师导生创"元素，成为大学生创业孵化加速器：与地方政府对接，打造"创新成果产业转移园区""轻资产项目产业转移园区"，积极推动广大师生的科技成果和创新项目进入产业化。注重校内外载体之间的无缝对接，凸显各阶段创业项目的连续扶持，确保更优的项目能入驻更高的平台孵化运营。

二、 探索多路径育人模式， 提升创新和实践能力

实践育人作为"十大"育人体系的重要组成部分，在"三全育人"工作中具有举足轻重的作用。学校以立德树人为根本，以增强学生实践能力、创新能力为目的，积极探索实践育人规律，优化实践育人内容，创新实践教学模式，健全实践教学制度，完善实践育人体系，不断提高大学生服务国家服务人民的社会责任感、勇于探索的创新精神和善于解决问题的实践能力。

（一）多管齐下，聚力实践育人

学校完善实践育人顶层设计，规范实践育人制度，制定了《江苏大学实践育人工作实施方案》，明确职责，加强协同、监督落实。结合培养方案，分类制定实践教学标准，适度增加实践教学比重。大力开展实践教学改革和研究，打造实践教学金课。广泛开展社会调查、生产劳动、社会公益、志愿服务、科技发明、勤工助学等社会实践活动。

整合实践资源，拓展实践平台，依托高新技术开发区、大学科技园、城市社区、农村乡镇、工矿企业、爱国主义教育场所等，建立多种形式的社会实践、实习及创业基地。

加强创新创业教育，开发双创专门课程，健全双创课程体系。深入实施大学生创新创业训练计划项目、科研立项。提升以"互联网＋"大学生创新创业大赛、"挑战杯"为龙头的学科竞赛的组织和成效。扶持 10 个及以上创新创业类精品社团。

结合首批江苏省创新创业实践教育中心建设项目，深入实施"省—校—院"三级创新创业教育中心。打造寒暑假优秀社会实践小分队（团委）、志愿

者及公益活动（团委）、暑期"三下乡"、"支援服务西部计划"等新时代实践育人精品项目等。

（二）增聚合力，打造特色和亮点

1. 实践教学成效显著

自2019年起，毕业设计（论文）首次开展盲审、抽检工作，同时继续坚持查重工作和加强过程管理。2019年江苏省毕业设计（论文）评优获江苏省一等奖5项，2020年获奖总数达21项。

实验教学项目建设位居江苏省属高校前列。2019年申报的5项国家虚拟仿真实验教学项目中，有4项通过江苏省教育厅组织的评审。2020年度虚拟仿真实验教学项目，校内目前12个项目在有序推进中。

2. 学科竞赛成绩取得跨越式提升

2019年修订完善《江苏大学大学生学科竞赛管理办法》，发布了2020年度学科竞赛目录，进一步从制度层面规范指导全校的学科竞赛活动。

2019年，学校取得了全国普通高校学科竞赛排行榜第64位的历史最好成绩，位列江苏省属高校第3位，居"2015—2019全国综合类本科院校学科竞赛排行榜"第18位。2019年，学校获第五届中国"互联网＋"创新创业大赛金奖、铜奖各1项，并且再获"优胜杯"特等奖，这是学校历史上的第8个"优胜杯"。

截至2020年10月15日，获得国家级A类竞赛的奖项有：全国大学生节能减排社会实践与科技竞赛荣获一等奖1项、三等奖2项；全国大学生广告艺术大赛荣获一等奖1项、二等奖1项、三等奖2项；中国大学生计算机设计大赛荣获一等奖3项、二等奖3项、三等奖8项；全国大学生金相技能大赛荣获一等奖1项、三等奖1项；全国高校数字艺术设计大赛荣获一等奖5项、二等奖9项、三等奖10项；"西门子杯"中国智能制造挑战赛荣获二等奖1项、三等奖1项；全国大学生化工设计竞赛荣获二等奖1项、三等奖1项；全国大学生智能汽车竞赛荣获二等奖2项；全国大学生铸造工艺设计大赛荣获三等奖4项；全国大学生机器人大赛RoboMaster荣获三等奖4项。

3. 创新创业教育继续领跑江苏省属高校

学校在荣获首批"全国高校实践育人创新创业基地"、江苏省首批"大学生创业教育示范校"等殊荣的基础上，2019 年又获批江苏省首批创新创业实践教育中心。

创新创业学院每年遴选 100 名学生进行课堂教学、模拟实训、社会实践、项目孵化"四位一体"的优生优培。开设 5 门模块化的专训课程，辅以 40 余场校长讲坛、公开课、训练营、沙龙拓展等实训活动，推进多课堂实践育人改革；组建"师导生创组"，每组各配 1 名校内外双导师和 1 名朋辈导师；专设参评率不低于 30% 的"创新创业奖学金"；颁布《创新创业奖学金评定办法》《创业导师聘任与管理办法》等奖惩细则文件。孵化基地辟出学员创业孵化"加油站"，实施项目制、过程性考核。

打造"实训区—预孵器—孵化器—加速器—产业区"的双创实践平台。建成集实验实习、工程训练、社会服务于一体，包含 4 个训练平台和 11 个示范性教学窗口的工程训练中心；建设双创中心路演大厅；建有创业之星模拟实验室、创客工场、众创空间等层级式实训基地。在全省率先建成 4000 余平方米的校内外大学生创新创业基地，每年滚动遴选 60 余支"产品开发型、专业服务型"团队入驻。与地方政府对接，打造"创新成果产业转移园区""轻资产项目产业转移园区"。

国家级、省级大创项目立项数量创历史新高，2020 年国家级大创项目立项 91 项，省级立项 311 项；连续 6 年都有项目入选全国大创年会。学校共有创新创业类学生社团 12 个，其中获评学校十佳学生社团 1 个，五星级学生社团 3 个。

4. 第二课堂实践育人成绩斐然

（1）实践项目分层分类实施。2019 年，全校 22618 名学生全部参与社会实践，1600 余支实践团队奔赴全国各地开展实践，获批团中央社会实践专项"推普脱贫攻坚""乡村稼穑情，振兴中国梦"等专项团队 42 个、省级重点团队 15 个、省级专项社会实践团队 3 个。建立了"不忘初心"及海外宣传和廉洁教育实践团，激发了学生与时代接轨的迫切需求。

2020 年，学校共组建社会实践团队 1084 支，覆盖人数 20745 人，重点围绕党史国情观察、教育关爱服务、科技支农帮扶、助力疫情防控和复工复产等 8 个专题，深入基层开展实践活动。

（2）实践活动基地有效保障。2019 年，新建就业创业见习基地 27 个，组织 2000 余名学生前往 89 个已建基地就业见习。

2020 年,《人民日报》、央广网、《中国教育报》等国家级媒体报道学校实践活动 133 次,在全国暑期社会实践评优中获评优秀实践团队 1 个。

5. 志愿公益活动丰富多彩

志愿服务稳步推进。以学雷锋主题月为契机,引领全校团员青年开展丰富多彩的学雷锋志愿服务活动,对外参加城市文明督查、镇江马拉松、社区共建等志愿活动 1 万余人次。志愿者网上打卡器注册人数超过团员人数的 60%。14 名同学入选志愿服务"西部、苏北计划",其中 5 人属于研究生支教团。疫情期间,校团委积极动员志愿者在做好自我防护的前提下主动为地方防疫工作做好志愿服务,全校有 300 余名大学生志愿者深入江苏、河南、湖南、云南、贵州、浙江、山西等地的社区和农村基层一线,参与疫情防控志愿服务。

(三)疫情期间,创新实践教学育人举措

先后两次制定疫情防控期间教学工作预案[毕业设计(论文)],指导学院(专业)做好在线毕业设计(论文)指导及选题调整,并且与开发公司联系沟通,确保每个同学在线顺利开展毕业设计(论文)。

调整大创项目管理,保证学生有序开展创新活动:一是 2020 年 3 月通过校级大创平台在线开展年度立项工作;二是增加结题批次。截至 2020 年 10 月 20 日,已通过在线平台圆满完成 2020 年度大创项目申报工作和春季学期在线结题。

较早在国内高校中推出"对全国高校免费开放虚拟仿真实验教学项目",通过学校官微发布了 32 项项目资源,保障了疫情防控期间的实验教学工作的开展。截至 2020 年 8 月 15 日,通过虚拟仿真项目教学及其他在线教学方式完成实验教学 33 万人学时。

及时调整实习实训教学,创新教学方式。制定上半学期的校外实习时间调整预案;在保证毕业设计(论文)质量的前提下制订毕业实习调整计划;妥善安排师范生教育实习与毕业设计(论文)等环节;校内实习由相关负责单位做好疫情防控期实施方案与部分不能及时返校学生的补实习方案。

采用多种形式,创新性做好在线辅导学科竞赛备赛工作,如以学校自主开发的"知识产权创新创业虚拟仿真实验项目"为核心,成功举办了 2020 年江苏大学"知识产权创新创业"在线模拟大赛。

丰富研习形式，强化指导实效。一是指导学生开展阅读思考题设计；二是指导学生围绕某一知识点或教学环节进行演课并且制作演课微视频，让指导教师批阅、点评和反馈。

学校通过构建实践育人体系的探索与实践，使人才培养质量不断提升，毕业生以扎实的专业基础、较强的实践能力和勇于担当、吃苦耐劳的优秀品质受到用人单位的欢迎。

第六章　新时代江苏大学实践育人的实践探索

第一节　江苏大学实践育人长效机制的构建

一、江苏大学实践育人（本科）长效机制构建

（一）本科实践育人目标

构建江苏大学特色的"党委统筹部署、政府扎实推动、社会广泛参与、高校着力实施"的实践育人协同体系。推动专业课实践教学、社会实践活动、创新创业教育、志愿服务、军事训练等载体的有机融合，形成实践育人统筹推进工作格局。

整合校内外双创教育资源，充分发挥学科专业优势、服务地方及行业的特色，构建"纵横有道"的创新创业教育体系。

建立实践育人精品项目支持制度，探索开展师生志愿服务评价认证。夯实校企实践育人平台，深入实施"校企交融"性一体化协同培养。深入开展好大学生暑期"三下乡""志愿服务西部计划"等传统经典项目。组织实施好"牢记时代使命，书写人生华章——学习宣传贯彻习近平新时代中国特色社会主义思想主题社会实践"等新时代实践育人精品项目。

（二）本科生实践育人长效机制构建的原则

1. 落实立德树人，加强构建"实践育人"课程思政教育体系

习近平在全国高校思想政治工作会议上的讲话强调，要坚持把立德树人作为中心环节，把思想政治工作贯穿教育教学全过程，实现全程育人、全方位育人，努力开创我国高等教育事业发展新局面。实践育人上也必需落实、构建"实践育人"课程思政教育体系。加快构建实践思政与思政课程、课程思政、

专业思政育人大体系，促进美育和劳动教育融入实践育人大课堂，推动形成更高层次"三全育人"工作新格局。根据专业人才培养特点和能力素质要求，依据实践育人课程类型、项目形式，深入挖掘育人内涵和元素，有效融入家国情怀、法制意识、社会责任、文化自信、人文精神等，把思想政治教育贯穿实践育人全过程。

2. 坚持"以本为本""四个回归"，实现本科实践育人全员参与、全程落实

本科教育是青年学生成长的关键阶段，是学生思想观念、价值取向、精神风貌的成型期，要充分利用实践育人这个关键途径，引导他们形成正确的人生观、世界观、价值观，铸就理想信念、锤炼高尚品格，扣好人生的第一粒扣子，打牢成长发展的基础。为此，需要回归常识、回归本分、回归初心、回归梦想，实现高等教育为社会主义建设培养建设者和接班人的目标。实践育人，特别是本科实践育人，更是需要全员回归教书育人的本分，回归倾心培养建设者和接班人的初心，回归倾力实现教育报国、教育强国的梦想。

3. 突出"实践创新"特色，强化本科实践育人成效

积极构建"大实践育人"格局，完善校内部门联动、政产教协同实践育人机制。通过实践创新项目、暑期社会实践活动、"红色之旅"、"社会志愿服务"等主题实践行动，将校内外实践基地平台、校企师资等人力资源进行整合，践行全员、全过程实践育人，引导学生积极投身科技创新、教育扶贫、服务社会，提升实践育人成效。

4. 落实育人本质，完善实践育人的培养教学评价与持续改进机制

进一步完善人才培养中实践育人相关目标中合理性评价与修订的工作机制，明确组织机构、责任人、评价周期、工作程序、工作要求等相关要素，确保定期、有序开展实践育人目标的合理性评价工作。进一步准确把握培养目标的核心要义，实践育人目标应主动对接经济社会发展需要，充分考虑学校特色和专业特长，体现为党育人、为国育才的总体要求。对接实践育人项目目标与人才培养毕业要求，采用"自上而下"和"自下而上"双向评价的方法，通过"由外向内""内外结合"的方式，全面评价实践育人项目对本科人才培养毕业要求达成度的支撑性，并形成持续改进机制。

（三）本科生实践育人长效机制构建的举措

1. 完善实践育人顶层设计、规范实践育人制度

制定《江苏大学实践育人工作实施方案》，协调推进各项工作，明确职责、加强协同、监督落实。形成校党委领导，教务处牵头，学生工作处、宣传、团委、保卫、社科处等职能部门联动，学院主体落实的本科实践育人格局。

2. 完善实践育人本科人才培养方案

结合培养方案修订，分类制订实践教学标准，适度增加实践教学比重，原则上哲学社会科学类专业实践教学不少于总学分（学时）的15%，理工农医类专业不少于25%。加大力度深入开展实践教学改革和研究，贯彻"以学生为中心""以产出为导向"，结合信息技术，打造实践教学金课，提升实践教学育人资源的丰富度。

3. 强化"纵横有道"的创新创业教育体系

整合校内外双创教育资源，充分发挥学科专业优势、服务地方及行业的特色，构建"纵横有道"的创新创业教育体系。"纵向有道"即针对不同学段学生，提供支持创新创业教育的层级化推进路线，形成了从创新意识培育到创业产业实践的"课堂—实验室—实训区—预孵器—孵化器—加速器—产业区"全链条教育载体，实现"教师全员参与，学生全体惠及"。"横向有道"即依托各界扶持主体内生动力机制，建立政、产、学、研等多元协同机制，实现"本科全程融入，目标分级达成"。

4. 打造政产教相融合实践育人基地

结合获首批江苏省创新创业实践教育中心建设项目，深入实施"省—校—院"三级创新创业教育中心。校内形成校级基地（众创空间、创客工厂、创业孵化、双创路演等）＋院级中心（双创中心、工作室、实验室等）＋地方政府平台（创新园、产业园、产教融合中心等）＋企业基地（企业研发中心、产教融合基地、产业学院基地等）的实践育人大平台。整合实践资源，拓展实践平台，依托高新技术开发区、大学科技园、城市社区、农村乡镇、工矿企业、爱国主义教育场所等，建立多种形式的社会实践、实习及创业基地。

5. 强化创新实践项目培育，打造实践育人新特色

深入实施大学生创新创业训练计划项目、科研立项。提升互联网＋大学生

创新创业大赛、"挑战杯"为龙头的学科竞赛的组织和成效。扶持 10 个及以上创新创业类精品社团。

6. 进一步丰富课外实践育人活动内容和形式

丰富实践内容，创新实践形式，广泛开展社会调查、生产劳动、社会公益、志愿服务、科技发明、勤工助学等社会实践活动。

7. 建设精品项目，发挥实践育人示范作用

建立实践育人精品项目支持制度，探索开展师生志愿服务评价认证。深入开展好大学生暑期"三下乡""志愿服务西部计划"等传统经典项目。组织实施好"牢记时代使命，书写人生华章——学习宣传贯彻习近平新时代中国特色社会主义思想主题社会实践"等新时代实践育人精品项目。

二、 江苏大学实践育人（研究生）长效机制构建

针对研究生实践育人长效机制存在的问题和原因，从完善"组织—导向"的领导机制、架构"五位一体"的实训机制、形成"校内—校外"联合的协作机制、健全多方位的保障机制、建立多元化的考核评价机制，提升研究生实践育人长效机制效果，提高研究生人才培养质量。

（一）完善"组织—导向"的领导机制

领导机制是实践育人长效机制运行的指向标，但在实际运行过程中存在实践育人长效机制目标设计不到位等问题，严重阻碍实践育人活动的开展，为缓解这一现状，需加强组织和领导，完善"组织—导向"的领导机制。高等学校的组织机关和领导作为研究生思想政治教育工作的组织者和引导者，在研究生实践育人过程中，应发挥好组织和导向的作用，把握研究生实践育人工作的正确方向，引导研究生实践育人工作的有序开展。完善"组织—导向"的领导机制，可以从以下几个方面开展：

1. 将实践育人纳入研究生培养计划

解决实践育人长效机制中目标设计不到位的问题，最关键的就是要引起各方的重视，尤其是要加强高校领导层和广大师生的重视，正视实践育人工作。要做到：改进研究生招生选拔制度，优化初试，强化复试，将实践考核纳入研究生招生选拔标准之中，并加大比重，加强对其实践能力的考察；将实践育人

纳入研究生培养计划，"强化实践教学环节，增加实践教学比重，积极推进实践教学课程设置和过程管理的科学化"。

（1）明确规定研究生参与实践育人活动的时间、次数、间隔和种类；设立专门的研究生实践育人指导中心，以实践育人各阶段需要为参照设置部门岗位，专人负责，明确任务，做好培训、管理、协调、实施、评估等工作；采用讲座、成果报告等形式，宣传实践育人的重要性及方法步骤，使研究生对其有一个清醒的认识，增强研究生参与实践育人活动的积极性；导师角色双重化，导师不仅是各自所带研究生的学术导师，也是他们实践活动和实践项目的导师，要全程参与研究生实践育人计划的制订和活动的开展，加强指导交流，恰当使用公私资源，予以支持。

（2）实行实践育人学分制，将实践育人与某些相关的专业必修和选修理论课程相结合，实践育人考核评估结果与学生课程结课、奖优评先、顺利毕业及导师绩效和职称评定相挂钩。

2. 制定切实可行的实践育人目标

现阶段，部分研究生参与实践活动的积极性不强及实践育人活动自身存在不足，是导致研究生实践育人效果差强人意的根本原因。要想充分调动研究生的积极性，增强研究生实践育人效果，关键就在于制定切实可行的实践育人目标。这就要求学校和学院领导，在制定实践育人目标时，要遵循实事求是的原则，从研究生的现实情况出发，从满足研究生成长成才的需要出发，与研究生共建共构出切实可行的实践育人目标，突出研究生的主体性，切忌脱离现实的主观臆造。研究生阶段的主要任务是增强自身的科研能力和学术水平，这就要求实践育人目标的制定、活动的开展要与学术科研相结合。学校学院除了要根据国家教育方针政策、时政热点，设置实践育人项目，号召研究生参与外，更要积极鼓励研究生根据科研课题的需要，自主设计、申报实践育人项目，以科研课题带动实践活动的开展，以实践活动成绩服务科研课题的完成，让研究生看到实践育人实实在在的效果，从而激发他们参与实践育人工作的积极性、主动性和自觉性。同时，可将同一实践主题的不同专业学生进行团队组合，扩展思维路径，探索实践育人新方向。

此外，研究生实践育人目标的制定，还要遵循适宜化的原则，做到具体问题具体分析，目标既不可过大，也不可过小，要看得到、够得着，要在研究生的能力范围之内，这样才能激发研究生的动力；要遵循梯级化的原则，满足明确化、具体化和科学化的要求，要让人一目了然，同时要根据实践育人工作各阶段的现实情况，将其细致化，制定分目标，由小达到、由近及远、由浅入深，以分目标的完成逐渐激励和增强研究生的自信心。

3. 运用各种传播媒介，做好宣传工作

运用各传播媒介对实践育人活动进行宣传报道，一方面，可以对已参与其中的人员起到督促监督的作用，给予其一定的压力，参与者的行为曝光于大众面前，在一定程度上会演变成激励他们奋发向上的动力；另一方面，可以引起社会各界的广泛关注和重视，吸引更多的研究生参与到实践育人活动中来，也可以获得资金和实践基地方面的支持，缓解实践育人工作在人力、物力、财力方面的不足。为此，要以马克思主义的实践观为指导，坚持正确的价值导向，牢牢把握话语权，充分发挥电视、广播、报刊等传统媒介和微博、微信、QQ等新兴媒介，在宣传引导研究生实践育人活动方面的积极作用，实时报道和宣传实践育人活动的进程和成绩，邀请高校实践育人分管领导、教师和研究生进行活动讲解和经验总结，在潜移默化中向大众灌输实践育人理念，并帮助他们形成正确的实践价值观，自觉抵制各种错误思想，最终在全社会范围内营造浓厚的实践育人氛围。

（二）架构"五位一体"的实训机制

所谓"五位一体"的实训机制，是指以思想政治教育为背景和脉络，课堂教学与研究生（硕、博）中宣团服务队、研究生顶岗挂职锻炼、研究生假期社会实践、研究生专业见习实习和研究生科技活动月等五种实践育人途径方式相结合，以促进研究生理论素养和实践能力提升的实践育人机制。"五位一体"实训机制的建立，目的在于缓解现阶段因实践育人形式陈旧、研究领域广度和新意受限、研究层次和深度混乱、重校外实践轻校内实践等问题。实质是"将'第一课堂'的专业优势与'第二课堂'的组织优势结合起来①"。其中，研究生（硕、博）中宣团服务队和研究生科技活动月属于校内实践，其余三者属于校外实践。课堂教学与这五种实践育人途径方式的结合，就是要以不同途径方式的内容为依据，根据不同学科特点、研究生年级大小、理论课程安排要求等

---

① 柴葳. 实践中"触摸"泥土的芬芳［N］. 中国教育报，2014－12－02.

具体情况，灵活搭配，以理论掌握程度和活动方式实践程度为准绳，循序渐进，着重加强研究生（硕、博）中宣团服务队、研究生假期社会实践、研究生科技活动月三项工作，使其成为主次鲜明、时间明确、协调有序的研究生实践育人实训机制。

1. 研究生"三江讲坛"宣讲团

以"立足校园，服务社会"为宗旨，以"学习理论、宣讲理论、实践理论"为理念，以党和国家的方针、政策和制度为指导，紧跟党和国家发展的步伐，把握时代最新脉络。较其他实践育人途径而言，研究生"三江讲坛"宣讲团的理论化程度最高，需要一定的理论积累和理论深度，相应地，对研究生的要求也越高，应在基本学完理论课程的研究生三年级进行。宣讲团面向的对象多为非马列专业的学生，这就要求其宣讲的内容要通俗易懂、深入浅出，切忌生搬硬套，否则会事与愿违，引起服务对象的反感和抵触。

2. 研究生顶岗挂职锻炼

研究生顶岗挂职锻炼实质是将理论付诸实践，目的在于促进研究生理论水平和实践能力的进一步提升，前提是有了一定的理论知识和实践经验的积累。研究生顶岗挂职锻炼要与所学专业相结合，要更加深入到锻炼机会较多、条件更为艰苦的基层当中去，力求在锻炼提升自身能力的同时，解决挂职单位存在的一些技术问题，实现双赢。由于挂职锻炼有顶岗的性质，处于全工作状态，锻炼时间应安排在理论课程较少且有一定社会实践活动经验积累的研究生二年级下学期和暑假，这样才能保证其作用得到充分的发挥与展现。

3. 研究生假期社会实践

以"服务社会、奉献社会"为主题，广泛开展各项服务型公益活动，要更多地深入到农村、社区、养老院等基层单位中去，尤其是要加强对孤寡老人和留守儿童的帮扶工作，办实事、办急事。在解决人民困难的同时，拉近自身与社会的距离，培养研究生吃苦耐劳的精神品质，进而提升研究生人生的新境界。可采取学院学校组织领队和研究生自行组队的方式，活动形式和内容要力求多样化、全面化、灵活化，使研究生在活动中不断增强自身的社会责任感和使命感。假期社会实践主要集中在寒暑假进行，因此活动对时间、理论水平和实践经验要求限制少，可在研一至研三阶段不间断持续开展。

4. 研究生长效见习实习

研究生长效见习实习对象侧重于面临就业的研究生，目的在于提升其专业知识运用能力和为研究生进入社会做铺垫。要尽可能多地拓展研究生见习实习基地的种类、数量和质量，实现各学院、学校间基地共享，基地的选择要与研究生专业对口。见习定于研究生一年级下学期，实习定于研究生二年级下学期开展，中间间隔两个学期，便于研究生弥补其在见习中发现的不足和欠缺之处，以保证实习质量得以达标、效果得以获得、意义得以实现。

5. 研究生科技活动月

研究生科技活动月是一个实践成果转化为理论成果的实践探索过程，多以优秀论文比赛、学术沙龙、学术论坛等形式开展，论文的灵感和主题大多来源于顶岗挂职锻炼、假期社会实践和见习实习过程中遇到的困惑、难题和感悟，与研究生顶岗挂职锻炼、研究生假期社会实践和研究生长效见习实习这三项活动具有密不可分的联系，开展时间应与这三项活动相并列或延后，可在研究生二年级下学期和研究生三年级整学年来开展。

马克思主义哲学强调，"联系具有普遍性，事事有联系"，研究生实践育人五大途径方式也不例外。虽说这五个途径方式各有特点、各有侧重，但并不意味着这五大途径是完全割裂或对立的，而是有一定的共通之处，可交叉进行，取长补短、互相促进、互相补充。此外，实践育人各途径方式规定的开展时间和研究生年级限制也不是一成不变的，在研究生实践育人工作实际开展过程中，可根据各个高校、基地、研究生自身需要和能力等现实情况，进行自主选择和调整，使这五个途径方式的效用得到最大程度的发挥。

（三）形成"校内—校外"联合的协作机制

协作机制是研究生实践育人长效机制构建路径的关键。研究生实践育人工作要想高效开展，完成既定目标，取得预设效果，就必须协调好校内外之间的关系，使其成为一个协同为研究生实践育人工作服务的共同体。实现这一目的，需要从建立"校内—校外"协作、明确校内外的任务和分工、加强校内外的联合运行这三个方面着手。

1. 建立"校内—校外"协作

明确协调双方即协调者和协调对象是建立协作机制的前提。研究生实践育人活动，包含校外实践和校内实践，由学校派遣研究生和指导教师进入社会，或是聘请校外专业人士进入校内，综合运用各种资源力量，提升研究生素质的过程。由此可见，研究生实践育人协调的对象是校内与校外，协调者是校院与校外基地领导层。协调者在进行协调时，要坚持以大局为重的原则，切不可出现毛泽东批评不以大局为重的人说的"他们按问题仅从一局部出发，没有能力通观全局，不愿把今天的利益和明天的利益相关联，把部分利益和全体利益相联结，捉住一局部一时间的东西死不放"这种情况。由于协调者包含校院领导层和校外基地领导层两者，在进行协调的过程中，难免会各有所偏重，存在一定的分歧，这就要求在协调过程中，要将校院领导层置于协调者的顶端，校外基地领导层要服从并服务于校院领导层。

2. 明确校内外的任务和分工

协作双方明确各自任务和分工是实现校内外高效协作的基础。校内方面，主要负责实践育人设立目标与计划、提供校内活动平台与指派教师等工作，是研究生实践育人的实际统筹者。校外方面，主要为研究生实践育人提供实践基地以及校外专业指导，在研究生实践育人中通常担任配合者的角色。针对实践基地缺乏的现状，单靠政府的政策性倾斜和企事业单位的自觉，很难满足现实需要，加上现有的实践基地质量参差不齐，研究生很难学到实质性的东西，这就需要高校和企事业单位共建实践基地，这样既可以让高校研究生得到锻炼，又可以弥补企事业单位高素质技术人员不足的问题，实现双方的共赢。

3. 加强校内外的联合运行

校内外间的高效协作，是以双方内部有序协同并做好自己职责范围内的工作为前提的。校内方面，除了要做好一系列的前期准备工作，还要指派教师实时跟踪指导研究生的活动，考虑到指导教师远远少于研究生的现实，应建立高低年级实践经验交流平台，畅通信息交流渠道，发挥传帮接带的作用。此外，各高校要充分利用校内各优势资源，将教学与科研活动相结合，努力开拓校内实践育人平台，为研究生提供更多的实践机会。校外方面，结合各地方和企业的不同优势，建立多样化的社会实践基地，按照就近原则，选派了解研究生实践岗位的专业人士，实行一对一、一对二的指导，使实践育人具体化、细致化、完善化。同时，研究生全都进入社会实践也是不现实的，这就要求校外专业人士也要走进校园，"全方位参与人才培养，充分发挥行业和专业组织在培养标准制定、教学改革等方面的指导作用，建立培养单位与行业企业相结合的专业化教师团队"。校内外双方在做好本职工作并明确自己在各项活动中所扮演角色的基础上，协调者根据协调对象在活动及每一环节中角色的重要性和作用发挥比重，进行协调，做到有主有次、有先有后，这样才能确保研究生实践育人工作有序地开展，达到预设效果。此外，在协调校内外工作时，要特别注意做好信息沟通交流工作，这也是研究生实践育人协作机制得以顺利开展的决定性因素之一。要设立专门的直接而便捷的信息沟通渠道，设置专门信息沟通部门与人员，按层次、阶段进行信息交流，以保证研究生实践育人信息时时畅通、事事畅通，这样协调者才能准确掌握协作双方的意愿，统一双方为实现研究生实践育人目标而采取的行动。

（四）健全多方位的保障机制

健全多方位的保障机制，是研究生实践育人长效机制构建路径的重要内容。研究生实践育人保障机制要遵循多样化、全面化、科学化的原则，力求全方位保障研究生实践育人工作的顺利开展，主要包括经费保障、制度保障、基地保障、激励保障和实践育人教师队伍保障。

1. 经费保障

经济基础决定上层建筑，充足的经费是一切活动开展的前提和基础。首先，要设置专门的研究生实践育人经费。从国家下发的研究生培养经费中专门划拨出一部分作为开展实践育人活动的经费，专款专用，其他教育活动不可侵占、挪用此项经费。其次，要拓展研究生实践育人经费的来源渠道。除了依靠国家从财政中下拨的研究生教育经费和科研经费这两大主力外，还要动员全社会力量参与其中，如设立研究生实践育人基金，发动各企事业单位、科研机构和校友名人进行资助、捐款，给予适当的资金支持，鼓励研究生自行承担一定的实践费用，号召见习实习、顶岗锻炼等活动承办单位免费提供基地与指导，并承担一定的活动经费①。最后，研究生实践育人经费使用要细分化。经费管理部门要根据活动开展的需要，按比例细分资金，落实到实践育人交流咨询、差旅、劳务、资料、管理、奖励等具体项目，要将经费用在"刀刃"上。

---

① 乔辉，乔彩燕. 构建长效机制加强社会实践 [J]. 中国高教研究，2006 (05): 77 - 78.

2. 制度保障

党和国家从宏观的角度制定一些与研究生实践育人相配套的制度，总体把握实践育人工作，明确学校及社会各界的责任与义务，指明研究生实践育人的方向和政策性要求。学校学院领导应根据国家制定的大制度，结合实践育人过程要求，建立小制度，如制定职责制度，明确规定校院领导、职能部门、指导教师、研究生的任务工作，各司其职，相互配合，避免因职责不明确出现互相推诿、"踢皮球"的现象；制定考评制度，明确规定考核人员、考核标准、考核内容等要素，严格按照制度规定开展考评工作，杜绝任何形式的不公正；制定协调制度，规定实践育人部门各岗位、活动参与人员要定期进行交流，保持信息畅通；制定保障政策，切实维护实践育人活动参与者的切身利益，为其解除后顾之忧，使他们可以全身心地参与到研究生实践育人工作中来，增强实践育人工作的实效性。

3. 基地保障

基地是研究生实践育人活动开展的场所，分为校内基地和校外基地两种。校内基地方面，各高校要结合各自的特点和优势，充分挖掘校内实践基地资源，提高已有基地的利用效率。校外基地方面，充分发挥国家、家庭、社会等各方力量，采取自愿与强制相结合的原则，开发一批数量多、质量高、种类多的研究生实践育人基地，以更好地承载实践育人活动，确保实践育人工作得以正常高效开展。

4. 激励保障

研究生实践育人激励措施的制定，要从满足活动参与者的需要出发，使其真正感受到劳有所获、学有所用、才有所展，以此激发参与者的积极性、主动性和创造性，以求在最短的时间内、耗费最少资源的情况下，取得最好的实践育人效果。首先，激励内容的制定，要根据研究生的需求理论，坚持多、广、全的原则，力求激励载体多样化，既要有物质方面的激励措施，又要有社会方面和心理方面的激励措施。其次，对于取得同样成就的参与者，不管是教师还是研究生，一视同仁，给予同样的奖励，时刻体现公平性，否则不但发挥不了激励的作用，还可能挫伤参与者的积极性，产生负面作用，影响实践育人的效果。最后，要事先了解参与者的实际需要，在坚持公平的基础上，根据参与者不同需要，实施不同的激励措施，真正做到具体问题具体分析。此外，激励措施要与一定的惩罚措施相结合，给予犯错误的活动参与者以鞭策和警示，这也是变相的激励，在一定程度上可以督促后进者不断努力。

5. 实践育人教师队伍保障

研究生实践育人教师队伍，是研究生实践育人工作的组织者、实施者和指导者，是研究生实践育人长效机制建设的重要力量。为了能更好地承担实践育人的使命，履行相应的职责任务，一方面，要切实做好研究生实践育人教师队伍的选拔、管理、使用、培训等工作，充分利用各种校内外资源提升其综合素质。同时，除从外界施压影响外，研究生实践育人教师队伍自身也要认真学习、勇于实践、勤于思考、善于总结，以适应不断变化着的外界环境和研究生需要，打造一支素质高、业务精的队伍，成为研究生实践育人长效机制建设的强大后盾。另一方面，要合理布局研究生实践育人教师队伍结构力量比重，根据现实情况和实际工作需要，严格选拔或定向培养一大批具有相关专业技能的教师，专门负责研究生实践育人相关工作的指导与部署，合理安排教师工作量，既要保证质量又要保证数量，以确保研究生素质的提升，实践育人工作朝着既定轨道前进。

三、 江苏大学实践育人（本科）工作建设方案

（一）指导思想

以立德树人为根本，以增强学生实践能力、创新精神、创业意识为目标，坚持高校"四个服务"要求，积极探索实践育人规律，完善实践育人体系，优化实践育人内容，创新实践教学模式，健全双创教育机制，培养德智体美劳全面发展的新时代社会主义建设者和接班人。

（二）工作思路

1. 通过协同互补完善实践育人体系

主动对接主管部门、地方政府和行业企业，借助政府影响和社会资源，协同完善"党委统筹部署、政府扎实推动、社会广泛参与、高校着力实施"的实践育人协同体系。推动专业课实践教学、社会实践活动、创新创业教育、志愿服务、军事训练等载体的有机融合，形成实践育人统筹一体化实施的新格局。

2. 依据系统思维推进实践教育改革

做好实践教育改革顶层设计，深入推进实践教育改革。结合 2020 版本科培养计划的全面制订，分层架构实践教学平台，分类制定实践教学标准，适度增加实践教学比重，全面修订实践教学大纲，大力提升实践教育内涵，创建线上线下对接、校内校外融合的实践教学新模式。

3. 着力交叉融合拓展双创实践平台

进一步健全创新创业教育课程体系，着力开发一批体现新工科、新农科、新医科、新文科最新发展态势及跨学科融合发展要求的创新创业实践类课程。依托高新技术开发区、大学科技园、城市社区、农村乡镇、工矿企业、爱国主义教育场所等，整合实践资源，拓展实践平台，建立多种形式的社会实践、创业实习基地。

（三）工作目标

1. 形成实践育人长效机制

构建有江苏大学特色的"学校党委统一部署、职能部门分工协作、行业社会广泛参与、院系责任分层落实"的实践育人长效推进和持续优化机制，形成实践育人统筹推进工作格局。

2. 完善创新创业教育体系

整合校内外双创教育资源，充分发挥学科专业优势、服务地方及行业的特色，构建"纵横有道"的创新创业教育体系。

3. 打造实践育人精品项目

进一步深入开展大学生创新创业训练计划项目、科研立项等大学生创新训练活动，推进以"互联网＋"大学生创新创业大赛、"挑战杯"为龙头的学科竞赛的组织实施，创建"省—校—院"三级创新创业实践教育中心，浓郁校园创新创业文化氛围。打造一批寒暑假优秀社会实践小分队、志愿者及公益活动、暑期"三下乡"、"支援服务西部计划"、支教团队等特色团队。创建一大批创新创业类精品社团和品牌实践活动。

（四）工作举措

（1）优化"党委统筹部署、政府扎实推动、社会广泛参与、高校着力实施"的实践育人新格局。

进一步完善实践育人顶层设计、规范实践育人制度；制定《江苏大学实践育人工作实施方案》，协调推进各项工作，明确职责、加强协同、监督落实。

结合培养方案修订，分类制订实践教学标准，适度增加实践教学比重；加大力度、深入开展实践教学改革和研究，贯彻"以学生为中心""以产出为导向"，结合信息技术，打造实践教学金课，提升实践育人管理水平。

整合实践资源，拓展实践平台，依托高新技术开发区、大学科技园、城市社区、农村乡镇、工矿企业、爱国主义教育场所等，建立多种形式的社会实践、创业实习育人基地。

加强创新创业教育师资、课程资源建设。多形式、多渠道引进和培养双创教育师资；健全双创课程体系、开发双创课程、增加创新创业通识教育类课程，并对全校学生开放选课。

（2）完善以"大学生创新创业训练计划""学科竞赛"为支撑的大学生创新创业实践教育体系。以"大学生创新创业训练计划"（大创项目）和"学科竞赛"为两翼，以各级各类专业创新实践项目为补充，实现覆盖全体本科生的实践创新教育体系。实施如下几项重点工程。

优化完善"国家—省—校—院"四级大创项目管理体系，充分利用教育部、教育厅、学校等大创项目管理信息平台，做好项目的申报、评审、中期、结题、成果评选等过程性管理和数据分析；"做大基础、做优质量"，稳步提高大创项目参与的本科生覆盖面，培育优秀大创项目成果，形成江大特色。

增强大学生学科竞赛的育人载体功能。制度层面，完善《江苏大学大学生学科竞赛管理办法》，明确竞赛的分级分类、组织机制、经费支持、成果激励等原则办法；每年定期修订和发布《江苏大学学科竞赛目录》，作为全校本科生竞赛活动的权威指南。实施层面，组织好以中国国际"互联网＋"大学生创新创业大赛为龙头的各项"国家—省—校"级大学生学科竞赛，从学生动员、选拔、培训、备赛、参赛等各个环节，实现职能部门牵头、全体学院及教师积极参与的竞赛育人新格局。

（3）建设以"产业学院""江苏省创新创业实践教育中心"等为核心的双创实践教育平台。

一方面以获批江苏省创新创业实践教育中心为契机，校级层面持续完善众创空间、创客工场、双创孵化、双创路演中心等基础建设；学院层面强化双创中心（实验室）的内涵建设，打造具有专业学科特色的双创实践空间。

另一方面以国家深化产教融合人才培养战略为契机，构建"国家—省—校—院"四级产业学院（产教融合育人基地）体系，引入优质产业师资、课程、实训等实践育人资源，大力拓宽人才培养实践平台的广度和深度；积极创建国家级、省级产业学院，做强做大优质育人基地。

（4）打造以"暑期'三下乡'社会实践""西部、苏北计划"等为载体的实践育人项目。

每年暑期组织二万余名大学生、组建一千余支实践小分队，奔赴全国各地，在祖国大地开展各类社会实践项目，在深入了解国情中实现育人。

积极广泛开展新时代文明实践志愿服务，动员组织参与志愿服务"西部、苏北计划"，在积极建设国家中实现育人。完善"第二课堂成绩单"制度，全面推行志愿服务记录制度，建立动态数据库资源，推行志愿者注册认证和服务项目申报制度，规范管理志愿者及志愿服务活动。健全志愿服务学分体系，科学调整课程理论分数与实践分数比例及记录方式。开展教师志愿服务评价认证，建立健全学雷锋志愿服务制度，广泛开展社会公益活动。

在全国"暑期'三下乡'社会实践活动"优秀团队评选、中国青年志愿服务项目大赛、团中央"我的返家乡实践故事"最佳传播作品等活动中树典型、立精品，进一步打造精品实践育人项目。

四、 江苏大学实践育人（研究生）工作建设方案

为学习贯彻习近平总书记在全国教育大会、全国高校思想政治工作会议以及学校思想政治理论课教师座谈会上的重要讲话精神，根据《江苏大学"三全育人"综合改革建设方案》的通知（江大委发〔2019〕37号）及《教育部等部门关于进一步加强高校实践育人工作的若干意见》（教思政〔2012〕1号）文件精神，结合江苏大学研究生特点，为进一步强化江苏大学研究生实践育人工作成效，制定了江苏大学研究生实践育人实施方案。

（一）指导思想

高举中国特色社会主义伟大旗帜，深入学习贯彻习近平总书记系列重要讲话精神和治国理政新理念新思想新战略，认真贯彻落实全国高校思想政治工作会议精神，以立德树人为根本，以理想信念教育为核心，以社会主义核心价值

观为引领，坚持高校"四个服务"要求，积极探索实践育人规律，优化内容，创新方法，提升成效，不断推进研究生实践育人工作向前发展。

（二）工作目标

坚持理论教育与实践养成相结合，始终坚持"全面覆盖、强化实践、分层培养、协同推进"的工作理念，构建全方位实践育人协同体系。通过实践育人，使研究生具有较强的解决实际问题的能力，初步具备良好的综合素质、职业素养和基本技能，推进研究生培养与用人单位实际需求的紧密联系，探索人才培养的供需互动机制，促进人才培养与经济社会发展实际需求的紧密联系。

（三）工作思路

积极构建立体化实践育人体系，按照不同类型的实践育人形式，制订科学合理的工作规划，强化实践育人工作的引导、指导和督导，深入推动实践育人工作，促进研究生了解国情、民情、社情，不断提高研究生的社会责任感，培养具有家国情怀、江大精神、国际视野、创新意识和实践能力的高层次复合型精英人才和时代新人，服务于建设社会主义现代化强国。积极推进、开展研究生创新赛事，提高研究生分析问题、解决问题的能力。

（四）工作举措

1. 加强基地建设

依学我校各类研究生实践基地，尤其是江苏省企业研究生工作站，充分发挥实践基地的载体作用，全方位多角度推动研究生社会实践活动向前发展。要强化校外实践基地建设，推动校地、校企实践育人共同受益机制建立，推进实践育人活动常态化开展。同时鼓励各院（系）结合自身特点，建立具有行业背景与学科特色的院（系）社会实践活动基地。

2. 加强师资队伍实践指导能力建设

加强实践指导教师的遴选，确保每个实践基地都能够配备一定数量、业务能力较高的校外实践指导教师，充分发挥各类校外实践指导教师，尤其是江苏省产业教授在研究生实践育人中的领路人的作用。对优秀典型的校外实践指导教师予以表彰奖励，充分调动校外实践指导教师的积极性。

3. 继续加强赛事支持力度

进一步加大赛事的宣传力度，进一步扩大指导教师、学生的参与度，加强对各项创新实践赛事活动的管理，加强政策倾斜和基金资助，优化联动机制，调动广大师生参赛的积极性，孕育研创团队，强化导师团队指导，做好跨学院、跨学科赛事的统筹协调。做好赛事的校内培训和初赛选拔，以赛促教、以赛促学、以赛促建，进一步提高研究生的创新实践能力，力争研究生国家级、省级科研实践创新赛事成绩的再次突破。

4. 加强实践考核管理

制订科学合理的实践育人成效考核评价办法，建立实践育人评优评先机制，从院（系）、指导教师、研究生等三个层面进行考核。对院（系）的考核重点是工作机制是否健全，实践育人工作是否落实，以及院（系）实践育人成效是否突出等。对指导教师的考核重点是其参与、指导实践育人工作的完成情况和学生对他们工作状况的评价等。对学生的考核重点是活动表现及成效，要把指导教师的评价、实践基地的评价和学校的评价有机结合起来，充分调动研究生参与实践育人活动的积极性。及时表彰实践育人先进集体和个人，同时将院（系）实践育人工作纳入院（系）研究生工作考评体系中，切实提升实践育人工作的成效和水平。

5. 加强校内生产实践课程建设

校内生产实践课程的教学目标、教学方法、考核环节等进一步优化完善，加强过程考核和实践考核，重点关注学生职业胜任能力方面的提升，帮助专业学位研究生提前完成从学校到企业的无缝对接，在教学过程中提高研究生的职业胜任力和社会责任担当，更好地提升专业学位学生的创新实践能力。

6. 促进实践成果转化

定期召开实践育人经验交流会、座谈会、研讨会等，及时促进项目对接与孵化，总结推广实践育人成果，不断探索实践育人规律，推进实践育人理论研究，为加强实践育人工作提供理论支持和决策依据。

（五）进度安排

第一阶段：组织相关人员赴国内若干高校开展调研工作，研究出台实践育人工作相关制度方案，明确工作任务及分工。

第二阶段：组织相关人员走访调研研究生的专业实践基地，了解企业在实践育人工作中的需求及困难，推进研究生工作站申报、考核及产业教授的申报工作。

第三阶段：加强各类实践赛事的宣传，组织各参赛单位做好赛事的准备工作，为参赛选手备赛做好各类服务工作。

第四阶段：加强专业学位研究生实践的考核管理，做好本年度专业学位研究生的专业实践计划安排工作及上年度专业学位研究生专业实践总结工作。

第五阶段：对现有江苏省研究生工作站及江苏省产业教授加强内涵建设，重视研究生工作站及产业教授在研究生培养过程中的参与度，对于只挂牌不运行的研究生工作站及产业教授坚决予以撤牌、解聘。

（六）工作要求

1. 加强组织领导

实践育人是一项系统工程，研究生院、党委研究生工作部将实践育人工作纳入学校研究生教育工作的重要议事日程和年度工作计划，统筹安排，完善机制、科学管理、抓好落实。同时，各院（系）应明确由院（系）分管研究生工作的领导及分管思政工作的负责人共同负责研究生实践育人工作。

2. 加大宣传力度

各学院应充分发挥网站、微信平台等新闻媒体的作用，广泛开展宣传活动，大力报道加强实践育人工作的重要性和必要性，广泛宣传实践育人工作取得的成效，打造一批实践育人品牌活动，积极推广加强实践育人工作的新思路、新做法、新经验，在全校形成实践育人的良好氛围。

3. 加强安全教育

各学院应制定实践学生人身安全预案，大力加强对学生的安全教育和安全管理，确保实践育人工作安全有序推进。

第二节　江苏大学本科生优秀实践育人案例

一、"三全育人"在农业装备生产实习中的实践与探索

在江苏大学以立德树人为根本，以强农兴农为己任，创建农机特色一流大学的背景下，农业机械化及其自动化专业按照学校"三全育人"的总体要求，

积极进行课程思政与专业思政改革，探索把劳动教育纳入人才培养过程的新途径。作为教学环节重要组成部分的实践教学，农业装备生产专业实习既是开展专业教学活动，又是发扬学校"工中有农，以工支农"办学理念及特色的体现，还是对学生开展"三全育人"最理想的载体。

（一）以专业实习为载体的"三全育人"的指导思想

习近平总书记提出把思想政治工作贯穿教育教学全过程，实现"全程育人、全员育人、全方位育人"是高校人才培养的创新模式。因此，以实践为载体的"三全育人"模式必须以习近平新时代中国特色社会主义思想为指导，全面贯彻党的教育方针，落实全国教育大会精神，坚持立德树人，培育和践行社会主义核心价值观，促进学生形成正确的世界观、人生观、价值观。

农业装备生产实习是农业机械化及其自动化专业一个重要的实践教学环节。传统的农业装备生产实习主要是通过在农业生产现场的实习，达到以下教学目标：

（1）使学生建立农业生产全过程机械化的概念，而观察与了解各种农业机械关键典型零部件的组成、结构与传动原理，掌握各种农业机械的功能与用途，为专业课程的学习奠定了基础。

（2）学习了解农业生产过程中耕、耙、播、收及田间管理等所使用的各类农机具、农业生产装备的基本使用、操作和维护方法。

（3）培养学生解决生产实践中相关问题的能力，提高他们的专业水平，培养他们的创新能力，为用好农业机械、改进农业机械打下基础。

（4）通过实习使学生了解我国农业机械化的现状及我国农业机械化未来的发展方向。

因此，在田间地头进行的农业装备生产实习，是学生走出课堂、走进社会，与农业工程技术人员、农民近距离接触的第一途径，也是进行知农、爱农、为农教育的理想场所与机会，促进了学生对所学专业的认同感、使命感与责任感。

（二）以专业实习为载体的"三全育人"的教学设计

为适应新时代人才培养要求，构建"三全育人"新模式，修订了实习教学大纲，将思政要素有效融入。修订后的实习大纲要求教师在带领学生实习过程中，因时、因地、因景开展专业实习与思政的融合，其主要内容有：

（1）结合实习所在单位的历史变革，了解该企业的创业和发展历史，学习前辈的艰苦创业精神。

（2）结合实习过程中所接触到的传统或现代化的农业装备，了解中国农业生产及农机事业走过的光辉历程，理解毛泽东提出的"农业的根本出路在于机械化"及习近平总书记关于"大力推进农业机械化、智能化，给农业现代化插上科技的翅膀"重要论述的内涵，明确所学专业的历史使命。

（3）引导学生近距离观察与思考我国农业、农村、农民问题，感受社会主义新农村建设所取得的伟大成就，思考我国农村及农业领域有待解决的问题。

（4）通过亲身动手实践，感受从事农业生产的艰辛，从而培养本专业学生"知农、爱农、亲农、兴农"的精神境界，增强学生牢记专业初心、坚守专业特色的内在动力。

（三）以专业实习为载体的"三全育人"的教学过程

在将思政要素融入专业实践教学内容以后，为保证良好的教学效果，应重点抓好以下几个重要环节。

1. 提升教师思政水平

要将思政元素有效融入实践教学，拥有高水平的思政素质与水平的教师是前提与保障。因此，不断提升教师的政治理论素养与觉悟是开展课程思政与专业思政的首要任务，通过教研活动与党组织的思政教育活动，使教师学习领会党的方针政策，走进社会了解国情。做到业务素质与政治素质双提升，有利于"三全育人"活动在专业实习教学中的开展。

2. 优选实习基地

实习基地是完成优质实践教学的前提与保证，从实践效果来看，选择以国有大中型农场为主，并辅助以不同体制下、不同特点的农业生产企业，对完成正常生产实习的同时开展思政教育，效果良好。因此，利用与学校结成战略联盟关系的江苏农垦集团旗下的企业及镇江本地江苏润果农业科技发展有限公司进行实践教学，成为最佳选择。

江苏农垦集团诞生于1952年，是由中国人民解放军步兵102师整建制转为农建4师创建的一批国有农场。1996年11月，经江苏省政府批准，改制为江苏省农垦集团有限公司，经过60多年的改革发展，江苏农垦集团已成为以现代农业为核心，以医药健康、房地产及相关投资为支撑，一、二、三产融合发展的省属大型国有企业，经济效益近几年连续位居全国农垦系统和省属国有企业前列，而旗下的黄海农场是中国政府与德国政府合作的"中德作物生产与农业技术示范园"项目的中方合作伙伴，也是该项目的实施基地。

3. 精选思政内容

基于突出了思政元素的实践教学大纲，因地制宜、实时开展思政教育尤为重要。

在江苏农垦黄海农场，重点讲述江苏农垦集团经过 60 多年的发展，成为江苏省规模最大、现代化水平最高的商品粮生产基地和优质农产品供应基地的奋斗历程。进入新时代后，江苏农垦在乡村振兴战略实施中开启了高质量发展新征程，在推动农业供给侧结构性改革和高质量发展上发挥了更大作用，在推进产业扶贫、履行国企担当中展现新作为，奋力建设一流的现代农业企业集团。

在黄海农场"中德作物生产与农业技术示范园"，重点学习国外先进的农业机械，改进耕作方法，提高农业耕作效率，以及促进农业可持续性发展的途径与方法，学习如何利用现代化的生产和管理方法发挥农作物种植与生产的潜力，建立农业可持续发展的理念，为将来从事农业工程事业打好基础。

江苏润果农业科技发展有限公司位于镇江新区现代农业产业园区内。这家公司 2008 年成立，逐步发展成为一家从事农业开发的科技型企业。该公司以科技的手段推行现代农业的生产理念，长期致力于稻麦轮作、稻渔共作、种养结合等循环农业模式的打造，基本实现了大田种植的全程机械化，在农田面源污染综合治理及大田数字农业建设领域取得显著成效，而公司所在的镇江新区的万顷良田工程成为全国新农村建设的一种新模式。

4. 丰富教学形式

合理的实习规划与安排，精心的教学内容设计，要取得良好的效果，教学过程的实施是关键。对于农业装备生产实习来说，做到专业知识学习与思政教学结合，教学过程组织和实施尤为重要，教学形式成为核心要素。

（1）报告讲座

一般情况下，生产实习均以讲座报告的形式开始，主要内容是安全教育及本次实习内容的安排、要求等。在此过程中，思政主题可以围绕本次实习的企业，重点是回顾企业发展史及农垦人的奋斗精神，展望新时代企业的愿景；宣传社会主义新农村建设所取得的伟大成就。在适当情况下安排参加企业的专题技术报告会，拓宽学生的知识面。

在江苏农垦黄海农场实习

参加企业专题研讨会

（2）现场讲解

现场讲解是实习教学的最主要形式，将课堂设在田间地头，让学生在课堂所学的理论知识落地，既是对课堂教学内容的补充，更是对学生接近农业生产过程及提高解决实际问题能力的有效训练。在此过程中，教师一方面要讲授专业知识；另一方面要突出专业知识对解决实际问题的重要性，引导学生树立良好的专业观，培养学生对专业的热爱。

指导教师开展现场教学

外籍专家讲解国外农机具

（3）学生操作

对于农业装备的学习，亲手操作是一个重要环节。学生通过亲手操作农机具，一方面培养了动手操作能力；另一方面，尤其是对大型农业装备的操作，使得实习过程变得有趣，增加了学生对专业的兴趣。这一过程中的思政要素在于，指出了我国农业装备技术在现阶段与国际先进水平的差距，以及我们的努力目标和方向。

学生学习拖拉机驾驶

学生驾驶拖拉机进行田间作业

（4）劳动教育

农业机械化及其自动化专业作为涉农专业，知农、爱农是学生未来从事专业工作并做出贡献的前提。实习过程融入劳动教育是新时代教育的要求。让学生体验传统农作劳动，有助于培养学生热爱劳动的品质，加深学生对实现农业机械化的认识。随着技术的发展，农业机械未来要走向智能化，要使学生了解农机行业的发展趋势和他们这一代农机人所肩负的历史使命，从而承担起亲农、为农的担当。

在生产现场开展劳动教育

学生参加水稻收割劳动

（四）以专业实习为载体的"三全育人"的教学评价

通过实习，使教学知识点与思政内容有效结合，赋予专业实习以时代气息。农机专业是江苏大学的传统专业，在漫长的办学历程中，农机事业在学校一辈又一辈的农机人手中接力、传承和发扬。结合专业，讲好身边的人、身边的事，使学生易于接受，对学生人生观、价值观的塑造及农机情怀的培养具有不可替代的作用。

"三全育人"与专业实习的有机融合，使农机专业学生在学习专业课程的同时对我国的国情和"三农"问题有了更深刻的理解，对我国农业机械装备与世界先进水平的差距有了更清晰的认识，从而明确了未来学习和努力的方向。

在课程理论教学的基础上，结合农业装备生产实习的现场讲解，使学生对我国农业装备技术未来的发展趋势理解得更加深刻，从而使学习智能农装、实践智能农装、创新智能农装的内在动力得以增强，具体表现在实习报告中的心得与体会更加充实，参加大学生智能农装竞赛及大学生科研创新项目的积极性得到提高。近年来，学生毕业后进一步在农机专业深造的意愿提高，考研录取率屡创新高，并且在农机行业就业的人数不断增加，对专业满意度评价始终位于全校前列。因此，以专业实习为载体开展"三全育人"的探索和实践具有十分重要的意义。

二、 艺术学院 "以赛促育" 实践育人机制探索

近年来，艺术学院根据《高校思想政治工作质量提升工程实施纲要》的文件精神和学校"三全育人"综合改革试点高校的建设要求，全面深化"三全育人"体制和人才培养机制改革的工作部署，以学科竞赛为抓手，不断强化育人意识、凝聚育人合力、统合育人体系、营造育人氛围、提升育人质量。构建了具有竞赛思政、五级联动、多维培育、作品说话、创新驱动等特色的学科竞赛和实践育人机制。

（一）强化育人意识，落实竞赛思政

学院将学科竞赛作为实践育人的重要抓手，坚持育人导向，突出价值引领，针对学院学科和专业特色，以国家级 A 类赛事为引领，优选创作主题，抓好评价导向，推动知识传授、能力培养与理想信念、价值理念、道德观念教育的有机结合，通过竞赛思政，不断强化育人意识。

在学科竞赛中站稳主赛道，抓好国家级 A 类赛事。学科竞赛包括企业竞赛、行业竞赛、学科竞赛、国际竞赛等类型。艺术学院专业较多，赛事也较多。近年来学院通过对各类竞赛的比较分析，确定好主赛道，突出对国家级和省级学科竞赛的组织和指导，重点抓好如全国大学生广告艺术大赛、全国大学生计算机设计大赛等国家 A 类学科竞赛。

在学科竞赛中抓好创作主题。根据"三全育人"的根本任务和学校"工中有农，以工支农"的办学特色，重点抓好红色主题、优秀文化、现实问题、涉农特色四类选题的创作。通过竞赛思政，强化学生的理想信念、核心价值、家国情怀、知农爱农等多维度的立德树人教育。

（二）凝聚育人合力，建立五级联动

艺术学院建立了"学校—学院—系部—指导教师团队—参赛学生"五级联动的学科竞赛管理体系。

学校教务处制定学科竞赛相关文件精神和工作要求，对相关工作进行指导并提供支持。

学院统筹下属系部各类学科竞赛。首先，重点抓好国家级 A 类赛事（如大学生广告艺术大赛等）和跨学科专业 A 类赛事（如大学生计算机设计大赛等）的组织工作，做到专人专赛，赛赛落实，做好计划、落实、总结和改进工作；其次，做好竞赛指导教师的培训和交流活动，邀请校内外专家通过讲座和座谈等形式不断提升教师竞赛指导能力和水平；第三，做好参赛作品学院评审、参展和宣传的相关工作；第四，做好获奖作品审核、评价和激励工作；第五，做好各赛事的协调和提供人力、物力、场地、设备等条件保障。

系部组织好下属专业相关学科竞赛。首先，重点抓好国家级 A 类赛事中赛区比赛和省级赛事（如江苏省"紫金奖"文化创意设计大赛等）的组织工作；其次，做好系部相关学科竞赛参赛作品的系部审核；第三，做好获奖作品的审核、汇总和上报工作。

指导教师组织好相关竞赛指导工作。首先，组建好指导教师团队，并参与相关竞赛培训和交流活动；其次，做好负责的参赛学生团队的竞赛指导工作。近年来涌现出如视觉传达系朱喆副教授（2020 年指导学生获国家 A 类竞赛一等奖 4 项）等一批学科竞赛优秀指导教师团队和指导教师。

学生在指导教师指导下，组成参赛团队完成参赛的各环节任务。近年来，艺术学院学生学科竞赛参与率不断提升，竞赛成绩显著提高。2020 年获国家 A 类竞赛一等奖 9 项（全校 17 项），国家 A 类竞赛等级奖 38 项，省级竞赛等级奖 140 项。

（三）统合育人体系，抓好多维培育

将实践育人与课程育人、科研育人、文化育人等有效整合，打造学科"竞赛＋"课程、实践环节、企业工作坊等教学、科研多环节统合的育人体系。坚持理论教育与实践养成相结合，整合各类实践资源，强化学科竞赛项目管理，丰富学科竞赛内容，创新学科竞赛形式，拓展学科竞赛平台，完善支持机制，教育引导师生在亲身参与中增强实践能力、树立家国情怀。

"竞赛+课程"是在中、高年级的专业课中将学科竞赛与课程训练相结合，在教学模式和教学评价方式改革的基础上，通过学科竞赛实现专业课程知识结构和综合素质、能力结构的整合，并检验教学效果。

"竞赛+实践"是将学科竞赛与艺术考察、毕业设计、社会实践、艺术展演等实践环节相结合，引导学生强化家国情怀，了解社会发展，重视现实问题；同时提升学生发现现实问题、系统分析问题以及有效解决问题的综合能力。

"竞赛+工作坊"是将学科竞赛与各类型教学、科研工作坊相结合。以具有较高挑战度的专项问题为导向，促使学生运用专业知识和能力进行深度探究。激发大学生的兴趣与潜能，培养大学生的创新意识、创意思维、创业能力以及团队协同实战精神。同时加强产学研联系，推动创新教育和实践教学改革。

（四）优化育人氛围，坚持作品说话

"以作品说话"是艺术学院教学工作的特色之一，优秀作品创作是艺术学院教学工作的重要环节。教学过程中，始终坚持将"有正能量、有感染力，能够温润心灵、启迪心智，为人民群众所喜爱"作为优秀作品的选拔标准，引导学生强化为人民创作、为人民设计的意识和情怀。

利用学院展厅和公共空间，各专业每年举办课程作业展20余次，每年举办学院7个专业的联合毕业设计展。通过展示宣传优秀作品，优化综合环境，强化示范引领，改革教学评价，切实推动学风建设和教学改革，着力优化育人氛围，提升教学质量。

主动组织竞赛获奖作品参加各类校际和行业协会、学会邀请展，组织学生参加竞赛和创新创业路演活动，加强对外交流，提升学生争先、创新、创业意识和综合能力。这种做法也展现了学院学子风采和教学成果，扩大了专业、学科、学院和学校的影响力，提升了社会声誉。

（五）强化创新驱动，提升育人质量

大学生学科竞赛是面向大学生的带有明显专业性质的学术科技活动，是培养学生创新意识、创新精神和创业实践能力的有效载体，是激发学生潜能和创造力的有效手段，对培养和提高学生的创新思维、创新能力、团队合作精神、解决实际问题和实践动手能力具有非常重要的作用。随着教育部把"加强学科竞赛工作纳入实践教学与人才培养模式改革创新"这一重要建设内容中，各高校均高度重视学科竞赛。

结合学科竞赛，江苏大学艺术学院构建了契合学院人才培养特色的五类创新实践平台，包括与农业工程、机械工程、计算机科学等学科共同发展、互通互融，搭建学科交叉交流平台，如工业中心、创新教学实践平台等省级以上实践平台；与美国爱达荷大学、英国普利茅斯大学、日本京都情报大学院大学等建立稳定的合作办学关系，与浙江大学、南京艺术学院等多所高校成为由中国工业设计协会发起的"设计开放大学"首批进驻高校，搭建校际交流平台；与深圳创新研究院等十余家企业共建校企合作平台，主办格力空调、华帝厨具、乔丹体育用品等设计竞赛或工作坊；与中国工业设计协会、江苏省工业设计学会等保持良好的合作关系，参与各地政府组织的专题工作坊，搭建校地互动平台；本科生百分百参与科研项目，围绕农业装备、新农村生活、文创设计等项目展开设计研究，搭建科教融合平台。

近年来，艺术学院结合专业特色与优势，按照新时代育人新要求，以立德树人为根本任务，把思想政治教育放在人才培养的首位，"边实践、边探索、边总结、边创新"，不断强化全院教职员工的育人意识，与相关职能部门和兄弟学院共同凝聚育人合力，营造了优良的育人氛围，形成了切实可行的"以赛促育"实践育人新机制，并取得了良好的育人效果。

第三节　江苏大学研究生优秀实践育人案例

一、江苏大学研究生支教团

江苏大学于 2014 年正式入选"中国青年志愿者扶贫接力计划研究生支教团"招募高校。截至 2019 年，学校共招募 19 名优秀青年志愿者赴青海省海北藏族自治州门源回族自治县开展支教服务工作。支教团成员凭借坚实的理论基础、务实的作风、谦虚的态度，在支教岗位上兢兢业业，积极进取，支教志愿服务项目多点开花，赢得各方的一致好评。

江苏大学也以研究生支教团工作为桥梁，与青海省门源县开展了系列校地共建活动，得到了学校领导以及相关职能部门和学院的大力支持与帮助，取得了显著成效。

第 21 届研究生支教团出征

（一）快速融入，用知识浇灌西部花朵

教学工作是研究生支教团（以下简称"研支团"）的立身之本，研支团成员分别从备课、上课、课后反思、课后辅导和检测等方面努力提升教学质量。在教学过程中，研支团成员不仅抓好课堂、深入教材、注重基础，还非常注重知识多样性的讲解。成员结合多媒体技术、演示实验等，用心教学，将自己的所见所感，课本之外的见闻都讲给学生听，每当这个时候，孩子们的眼中都充满了对远方的渴望。

研支团成员为门源一中的学生上物理课

研支团成员带领门源二中的学生写生

研支团成员在语音室为门源三中的学生授课

研支团成员在"四点钟课堂"辅导学生

研支团成员为学生培训篆刻艺术

　　研支团成员知道，就算自己终将离开这里，但关于未来的种子已经在孩子幼小的心灵中播撒，总有一天会长成枝繁叶茂的参天大树，荫佑孩子的一生。每节课后，研支团成员采用"问、听、想、看"的方式进行教学反思，耐心细心地问一问学生哪里没有听懂，上课速度快不快，听一听学生或听课老师对课堂教学的建议，想一想哪里可以做得更好。久而久之，研支团成员和孩子们之间不仅是师生，更是朋友，是真正可以倾心交流的心灵伙伴。

（二）拓宽视野，用爱心点亮西部愿望

在实际教学过程中，研支团成员发现，支教地绝大部分初中学生由于家庭、社会环境限制，视野和见识相对狭窄，部分同学甚至连省会城市都没去过。这些学生虽然拥有强烈的求知欲和积极的学习态度，却没有开阔的眼界，缺少现代的思维方式。他们匮乏的不仅是物质设施还有精神食粮。

经过 2 个多月的努力，研支团成员通过多种途径筹集社会资源，成功组织 10 名门源中小学生到几千公里以外的远方——首都北京游学一周。

研支团成员带领孩子们开展"童梦同行"北京游学活动

"这个世界如此丰富多彩，老师一定想办法带你出去看看。"研支团的队员们暗下决心，一定要再为孩子们争取走出去看看的机会。在得到学校的大力支持后，"门源县中小学生江苏大学素质拓展营"启动。活动中，孩子们不仅与江苏大学附属学校、镇江市第一中学、镇江市崇实女中、镇江市中山路小学、镇江市丁卯中心小学等学校的同龄人进行交流、沟通，而且以"同上一节课"的形式激情互动，共同探索和分享学习经验方法。孩子们还参观了位于句容的新四军纪念馆、位于南京的侵华日军南京大屠杀遇难同胞纪念馆等爱国主义教育基地，了解苏南地区的革命斗争历史，体悟了如今幸福安逸的生活来之不易。此外，孩子们在参观了镇江的西津古渡、醋文化博物馆等人文历史景观后，体验了江南的文化与民俗，开阔了视野。

门源学生在江苏大学附属学校参加团队活动

门源学生在拓展营结营仪式上表演才艺

（三）携手前行，用书香启迪人生

研支团经过大量调研后发现，门源的学校学习氛围浓厚，学生普遍热爱学习，再加上很多孩子都是留守儿童，他们很渴望心灵的慰藉和知识的陪伴，读书就是他们感受世界、了解世界最基本的途径。然而当地教育资源有限，特别是图书资源相对匮乏，因此，研支团发起图书捐赠活动，帮助孩子们拓宽眼界，提升见识，树立正确的价值观和积极向上的理想信念。

研支团的成员从2017年11月开始筹划，多次与上海美丽心灵社区公益基金会联系协商，与门源县教育局沟通协调，6个月之后，各方达成一致，决定举办"精灵书屋"图书捐赠活动。所捐书籍都是由心理专家、教育学家筛选推荐的优秀读物，内容特别贴合并有益于儿童心理成长，以名著、传记、通史、绘本等为主。然而研支团成员们也意识到，一次性的捐书活动很难从根本上解决孩子们的读书问题，要让孩子们养成爱读书的好习惯，改善学校教学资源相对匮乏的现状，持续不断的书籍捐赠至关重要。在多方努力下，门源县第二小学的孩子们此后每年都会拿到一本新书，这是给他们最好的六一儿童节礼物。

"这本书是我从小就盼望着能拥有的，一直很想读，当看见封面上熟悉的黄灿灿的奶酪时，我就迫不及待地想翻开它。"门源县第二小学五年级 3 班李婷同学笑着说，手里紧紧握着一本《谁动了我的奶酪》。

门源县第二小学校长王玉先表示，感谢发起此次捐书活动的江苏大学研支团的老师们，学校和老师将不忘初心，继续打造书香校园，让缕缕书香传遍校园每个角落。

截至 2019 年 7 月，学校研支团已为门源县 6 所小学的孩子们捐赠图书和笔记本 13345 册、书架 131 个，为门源县 3 所幼儿园募得绘本 2214 本，总价值约 40 万元。

（四）牵线搭桥，校地共建打造多领域扶贫

经过广泛调研，研支团将门源中小学的现状反馈给了学校。学校党政领导高度重视，要求充分利用各部门、各学院的力量和资源，助力门源科技教育事业发展和扶贫攻坚。校党委书记袁寿其、校长颜晓红、校党委副书记李洪波、校纪委书记高庆国等先后率队前往门源县推进落实合作协议。门源县副县长康秀莲、郑剑萍等也先后带队到江苏大学推进共建。校领导的高度重视和积极推进激发了各部门的推进动力，校团委、教师教育学院、附属医院与门源县政府就教育、卫生等领域签订了共建合作框架协议。

从 2016 年开始，教师教育学院和附属学校每年都选派教育学专家在暑期赴门源县开展中小学教师培训，四年来共培训近 1000 名中小学教师，提升了当地教师的教学水平。教师教育学院每年还选派三四名教育学硕士研究生到门源县开展为期半年的顶岗实习，充实当地教学力量。2017 年，30 名门源县中小学教师来到江苏大学接受了 10 天的专业培训，大大提升了教学水平。学校附属医院从 2016 年开始，每年选派医学专家在暑期赴门源县开展医务人员培训和义诊，四年来共培训医务人员近 1000 人次，义诊接待患者 500 余人次。

二、 全国示范性工程专业学位研究生联合培养基地

江苏银环精密钢管股份有限公司位于江苏省宜兴市，于 2014 年更名为江苏银环精密钢管有限公司（以下简称"银环"），是国家重点高新技术企业、国家重大装备用关键管材国产化基地，专业研制电站锅炉、石油石化、航空航天、高速列车等重大装备领域所需的高技术、高性能特种管材。

江苏大学综合实力一直位居全国高校百强之列，其材料科学与工程学科为一级学科博士学位授权点、博士后流动站、江苏高校优势学科、江苏省"十五""十一五"重点学科，材料科学进入 ESI 全球前 1%，是江苏省高性能合金产业技术创新战略联盟副理事长、秘书长单位。高端金属结构材料及其成形技术是该学科的特色优势方向，建有江苏省高端结构材料重点实验室和江苏省高端金属结构材料及重大装备关键部件成形技术协同创新中心。

自 2005 年起，银环与江苏大学瞄准国家重大战略需求，充分整合双方优势，以高性能新钢种设计与制备、先进成形技术等为载体，通过工程型研究生的联合培养，将人才培养、团队培育、平台构建、技术突破有机结合，实现了研究生培养质量的有效提高，企业技术创新能力显著提升，其产品填补了国内空白，满足了国家重大工程需求，取得了一系列原创性的高水平成果，建立了有效的产学研合作机制。

自合作以来，先后成立市、省级工程技术研究中心和国家技术研究中心分中心；获批江苏省研究生企业工作站和省、国家博士后科研工作站，并荣获江苏省产学研联合培养研究生优秀基地称号；先后联合承担国家 863 项目 2 项，江苏省重大成果转化项目 2 项、江苏省产学研联合创新项目 1 项、江苏省博士后聚集计划和江苏省博士后基金；结合研究生培养，共同研发取得的创新性成果获省部级一、二、三等奖各 1 项，并获中国产学研促进奖和产学研成果奖；联合基地共培养博士后 3 人、博士生 5 人、硕士生 30 余人，目前在站博士后 2 人、博士生 2 人、硕士生 6 人。

（一）联合培养措施

在十年产学研合作过程中，联合培养基地不断积累优化，建立了有效的工程型研究生的联合培养模式（见图 6-1），联合培养基地将江苏省高性能特种精密钢管工程技术研究中心（以下简称"中心"）同时作为工程型研究生培养平

台，江苏大学研究生导师同时是中心的研发人员，中心的研发人员同时为工程型研究生的企业导师。

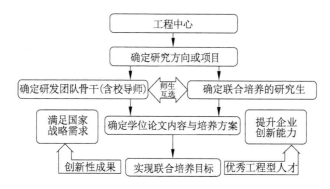

图6-1　研究生培养模式

1. 双师队伍建设

银环和江苏大学围绕工程型研究生的培养目标，组建了一支具有坚实基础理论、专业知识和丰富工程实践经验的导师队伍，并明确了双方导师在研究生培养过程中的职责和任务。这支队伍既具有突出的工程技术创新能力，又能从事高质量的研究生培养工作。在研究生课程学习阶段，学校导师负责专业知识讲授，企业导师开设工程技术讲座和进行实习指导；在学位论文工作阶段，研究生在双方导师的共同指导下参与企业创新性研发工作，研发项目组其他成员为研究生导师助理，将项目的部分或阶段性目标作为学位论文的工作目标。当前基地有学校导师12人，企业导师7人，其中年轻教师4人。

2. 工程实践项目

自2005年来，银环和江苏大学联合承担多项国家、省部级项目，部分项目如表6-1所示。

表6-1　国家省部级部分项目列表

序号	项目来源	项目名称	承担单位	完成情况
1	"十二五"国家863重大项目	先进超超临界火电机组关键锅炉管开发	共同承担	在研
2	"十二五"国家重大专项	大型先进压水堆及高温气冷堆核电站螺旋盘管	银环	在研
3	中央预算内资金项目	核电蒸汽发生器国产化二期	银环	在研

续表

序号	项目来源	项目名称	承担单位	完成情况
4	江苏省产业化项目	超（超）临界火电机组关键管材开发及产业化	共同承担	结题
5	江苏省产业化项目	核电装备关键管材制造研发及产业化	共同承担	结题
6	江苏省产学研联合创新资金	核电装备关键部件用新型高性能不锈钢的研究开发	共同承担	结题

　　基地联合培养的研究生学位论文的选题，根据培养的时间和表中项目实施的时间选取项目研究中相对完整的部分内容作为研究生学位论文内容，将从事该研发项目的研究团队作为研究生指导团队，将从事该项目的团队负责人作为研究生的导师。表 6-2 为部分研究生和实践项目。

表 6-2　部分研究实践项目列表

学生姓名	导师姓名		工程实践项目	实践项目来源	
	校内	企业		项目级别	项目名称
黄燕	戴起勋	庄建新	核电传热管用 800H 合金焊接性能研究	"十二五"重大专项	大型先进压水堆及高温气冷堆核电站螺旋盘管
王荣荣	程晓农	王顺良	传热管新型 Fe-Ni 合金高温氧化及高温蠕变性能研究	省重大成果转化专项资金项目	超（超）临界火电机组关键管材开发及产业化
王植栋	程晓农	庄建新	核电关键管材用铁铬镍基合金力学性能研究	中央预算内资金项目	核电蒸汽发生器国产化二期
邱宇	程晓农	庄建新	核电传热管用 Fe-Cr-Ni 基合金焊接性能研究	省重大成果转化专项资金项目	核电装备关键管材制造研发及产业化
高仕渊	程晓农	韩敏	传热管用新型 Fe-Cr-Ni 合金高温蠕变行为研究	省重大成果转化专项资金项目	核电装备关键管材制造研发及产业化
姜杨	程晓农	韩敏	Fe-Cr-Ni 基合金高温氧化行为研究	省重大成果转化专项资金项目	核电装备关键管材制造研发及产业化
刘靖	刘强	华杨康	材料高温氧化行为研究	省重大成果转化专项资金项目	核电装备关键管材制造研发及产业化
罗雅	雷玉成	庄建新	超级双相钢表面质量与性能控制	省重大成果转化专项资金项目	超（超）临界火电机组关键管材开发及产业化

学生姓名	导师姓名		工程实践项目	实践项目来源	
	校内	企业		项目级别	项目名称
胡东坡	王雷刚	王顺良	低加管成形尺寸与进度控制	省重大成果转化专项资金项目	超（超）临界火电机组关键管材开发及产业化
严羽	徐桂芳	华杨康	核电管成分优化与性能控制	省产学研联合创新资金项目	核电装备关键部件用新型高性能不锈钢的研究开发
张子尧	王雷刚	纪建国	小口径薄壁管成型工艺控制	"十二五"国家863重大项目	先进超超临界火电机组关键锅炉管开发

3. 科研条件

合作双方拥有了高性能特种钢管从原材料设计到最终产品的研发创新链所需的硬件条件。其中包括新材料设计软件；材料制备设备：25 公斤真空熔炼炉 1 套、50 公斤真空熔炼炉 1 套、50 公斤熔炼炉 2 套；组织和结构表征设备：蔡司金相显微镜 2 台、奥林巴斯高温显微镜 1 台、奥林巴斯共聚焦显微镜 1 台、扫描电镜 3 台、透射电镜 1 台、综合热分析仪 1 台、X 射线衍射仪 1 台；性能表征设备：高低温万能试验机 5 台、低温冲击试验机 2 台、蠕变试验机 4 台、疲劳试验机 3 台、冷热疲劳试验机 1 台、应力腐蚀试验机 1 台、热力模拟试验机 1 套；产品检测设备：涡流探伤 2 套、超声探伤 2 套；晶间腐蚀、抗氧化、扩口等试验设备。联合培养基地为学校导师和研究生提供了完备的研究和生活条件。

（二）基地管理模式与制度建设

依托银环建设的江苏省高性能特种精密钢管工程技术研究中心作为工程型研究生的联合培养平台，在双方主管部门指导下开展工作，日常管理为中心主任负责制。江苏大学针对工程型研究生培养制定了《江苏大学研究生实践基地管理暂行办法》，双方在此基础上又制定了《导师聘任与管理细则》和《研究生培养实施细则》等管理规定。

进入基地的研究生在第一学年暑假进入企业实习，以提高对产品生产过程的感性认识，为选择实践项目和开题的技术内容做好前期准备；回校后查阅文献，拟定研究计划和方案，为第二学年进入企业实施项目做好前期工作。同时，建立起学生和企业导师的联系制度，导师为学生选择具体实践项目，并作为毕业论文的研究内容。

江苏大学的导师每年必须有三个月以上的时间在培养基地实施项目研发和培养工作。企业导师必须在现场指导每届研究生一周的认识实习时间，每年做一次工程技术讲座，双方导师需按培养方案所确定的内容承担相应的培养工作，导师为学生选择具体实践项目，并作为毕业论文的研究内容。

研究生在课程学习期间，需安排一周在联合培养基地的认识实习时间，完成一份与联合基地创新研发工作相关的文献综述；学位论文的选题和开题必须有双方导师的共同参与，培养目标中需有明确的工程技术内涵；除对工程型研究生研究论文有明确要求外，还需考核其仪器设备的操作、工艺文件的制定等实践技能。

中心下设综合管理办公室，负责研发的日常管理和研究生的日常管理；还设工程研发部，负责项目的原材料和管材制造的研发；再设分析测试中心，负责新材料、产品的组织性能检测分析，包括力学性能、组织分析、成分分析、扩口压扁分析等；研发部和分析测试中心同时展开工程型研究生的培养。

（三）基地建设形成的特色及示范性经验

通过多年产学研紧密合作，聚焦国家战略需求，建成了可持续发展的高性能精密钢管研发平台，将研究生培养和科技创新有机结合，既有效培养了研究生的工程研发能力，又提升了企业的创新能力和技术水平，形成的特色与经验如下：

（1）通过研究生联合培养实现人才综合素质的全面提升。

在联合培养过程中，将论文研究工作与国家重大项目相结合，使学生对国家重大战略及其在国际竞争中的重要地位有充分的认识，培养他们在从事技术研发的同时，形成技术、产品、企业、国家战略为一体的战略思维；在具体研发工作中，形成研发重点、研发内容、研发方案、研发目标为一体的完整思路，同时考虑与上下游相关联的创新要素。以超超临界火电机组传热管为例，它是直接连接电力装备"心脏"的"血管"，是关键部件中的核心，决定了装备的高参数和高可靠性，这是江苏大学所承担的863重大项目的主要研发内容。该项目的实施，既突破了该产品的关键技术瓶颈，实现了我国在高端装备用管材料、制造技术和设备等方面的自主创新，打破了国外的技术和产品封锁，也有效地培养了研究生的工程技术能力、专业水平和综合素质。

（2）构建了研究生工程认识、专业知识、实践技能、创新能力的全素质链培养模式。

企业导师定期举办技术讲座，讲授行业背景和行业发展前景、当前产品主要应用领域、产品生产设备和工艺，并通过进企业认识实习，使研究生了解产品"原材料—热加工—冷加工—热处理—产品检验"的制造过程，熟悉产品制造的具体生产设备，完成对本领域工程的全面认识。研究生通过学校导师和企业导师的课堂讲授，结合基地最新研究成果，联系基地的具体实践，将理论知识运用到工程实践中，形成自己的专业知识。根据研究生的选题和研究内容，进一步理解产品生产过程，掌握生产工艺参数，熟练操作相关试验设备和生产设备，提升实践技能。研究生参与到国家、省部级项目中，结合自己的研究内容，制订试验实施计划，提出研究的关键问题，拟定解决关键问题的方式方法，培养发现问题、解决问题的能力，形成完整的研发思路，最终提高研究生的创新能力。在此过程中，根据社会对人才的需求，建设双师队伍，组建研究团队，依托钢管研发平台，针对国家战略需求，突破关键技术壁垒，最终培养出具有工程认识、专业知识、实践技能、创新能力的复合型人才，同时增强了企业的竞争力。

（3）构建并优化了实现共同发展的产学研合作机制。

针对国家重大战略需求和企业目标，每年双方举行定期或不定期的联席会议，年初会议对照国家战略导向和企业的工作计划，确定本年度的研发重点、研发项目和研发经费投入，同时确定联合培养研究生的人员及培养方案；年终会议总结全年工作，包括合作项目的进展、新产品的研发、研究生的培养等；年度中期将研究生培养计划的制订、开题与中期工作研讨、项目阶段性研究进展相结合，举行研讨会，讨论项目研发中的技术关键、研究生选题的合理性及论文进展中存在的问题。通过项目的开展与研究生培养方案的有效实施，形成适合双方发展的产学研合作机制（见图6-2）。

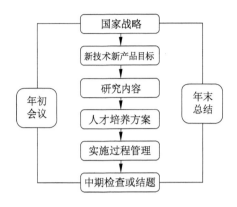

图 6-2　校企合作机制示意图

（4）自主创新能力与自主创新成果并重。

围绕国家重大战略需求，通过承担国家省部级重大项目，经过查新，确定在项目实施和人才培养过程中的主要创新环节和创新点，对项目研发内容的先进性和创新性进行前期的科学认证，确保研究成果和研究生学位论文的自主创新性。10 年来，研发团队进行查新超过 40 次，开发了世界首款奥氏体不锈钢设计软件，通过这种软件研发出具有自主知识产权的新钢种及其制造工艺；针对高性能高精度特殊钢管的生产，如高温气冷堆用螺旋盘管，研发了具有自主知识产权的螺旋盘管成形机和相应的螺旋盘管生产工艺。相关成果申请并授权专利超过 20 件，制定国家标准 5 项，制定行业标准 1 项，并获得省部级成果奖 3 项。

（5）研究生培养与企业创新研发团队培育并重。

通过研发团队的组建和研究生培养的导师合作制，构建了一支产学研合作的研发和导师团队，双方人员在合作中实现了优势互补、共同提高，在提升研究生知识水平和创新能力的同时，强化了研究生的团队意识和合作精神，为他们进入企业后成为创新研发的骨干奠定了坚实的基础。以联合培养基地为例，基地中培养的研究生已有 5 名毕业后加盟该企业。其中，高佩任银环技术质量部副部长兼技术中心副主任，刘瑜任技术质量部副部长，均为银环研发团队的核心骨干。还有部分研究生毕业后进入长城汽车股份有限公司、博世汽车部件（苏州）有限公司、江苏武进不锈钢管厂集团有限公司、中航工业北京赛福斯特技术有限公司等企业，为相关企业的技术创新提供了人力资源。

（四）通过研究生联合培养促进高水平平台建设

在研究生培养过程中，通过以国家重大项目为选题，在制定具体研究技术方案时指导学生科学设计实验方案，准确提出所需实验条件，包括仪器设备，从而为平台建设提供依据。在平台建设过程中，充分了解各类仪器设备的结构功能特点，为拓展其功能或自制仪器设备奠定基础。结合所从事的研发工作，认真掌握各类先进仪器设备的使用技能，进一步提升仪器设备使用功能的二次开发能力，并不断优化平台结构，完善平台功能，提升平台对创新研发的支撑能力。以 2008 年共同组建的"江苏省高性能特种精密钢管工程技术研究中心"为例，组建初期，该平台仅具有力学性能检测条件，随着研发工作的不断深入和平台上研发人员能力的不断提升，该平台现已具备了从材料设计到产品检测的大部分研究条件。依托该平台，已完成 3 项国家项目和 3 项省级项目，培养了 20 余名工程型研究生。由于建设成效显著，该平台被认定为先进钢铁材料技术国家工程中心的分中心。近年来，该平台已进一步提升为博士生和博士后的培养平台，并为进一步承担国家重大计划项目提供了实施条件，也为高端人才的集聚提供了保障。

三、 全国工程硕士实习实践优秀成果获得者

（一）胡晓峰实践事迹

1. 实践者简介

胡晓峰，2015 年 9 月至 2018 年 7 月就读于江苏大学材料科学与工程学院材料工程，现就职于上汽集团商用车技术中心。

2016 年 7 月至 2017 年 9 月，胡晓峰在昆山惠众机电有限公司实习实践。将现代 CAE 技术带入企业，协助企业开发了多种复杂锻件的锻造工艺和模具设计，改进了模具制造技术，延长了模具寿命，同时参与申报了多项专利、科技平台、资质认证等工作。由于工作突出，获得了企业 2017 年优秀实习生称号。

2. 实习实践成效

通过一年的企业实习实践，胡晓峰能独立完成复杂锻件的锻造工艺与模具设计开发工作。其中最典型的是减速器输出盘锻件和斜盘锻件，由于形状复杂、精度要求高，其成形工艺一直困扰着企业。胡晓峰同学理论联系实际，运

用 CAE 技术和实际锻造工艺相结合，开发出了精度高、使用寿命长的锻件。另外，针对生产中出现的锻造模具寿命低等问题，胡晓峰从原材料、锻造工艺、热处理工艺、表面处理工艺等方面提出改进措施，提升了模具寿命。

在解决实际问题的过程中，校内导师王雷刚教授扎实的锻造工艺理论、有限元理论、稳健设计理论和正交试验的设计思想对优化锻造工艺、减少锻件缺陷等方面起到了重要的指导作用。校外导师刘守生高工在实际锻造生产、模具热处理和表面处理工艺的制定等方面给予了关键性的指导，改善了模具的制造方法。

基于这两个关键零部件的成功开发，企业已经具备批量生产能力，给企业带来了新的经济增长点，提升了企业的新产品开发能力；而胡晓峰提出的新的模具制造过程，不仅让企业的生产成本降低，也将形成产业化，进一步提升企业的核心竞争力。

在项目申报与管理和企业资质认证等方面，胡晓峰也表现突出，仅仅 3 个月时间就主持完成了美国 GE 的紧固件项目和 Cummins 的铝合金泵体项目的认证和评审；协助申请发明专利 2 件，实用新型专利 5 件；协助企业通过了 ISO9001 和 IATF16949 的质量管理体系认证；协助申报了"江苏省企业研究生工作站""江苏省民营科技企业""苏州市工程技术研究中心""苏州市企业技术中心"等平台。

经过一年的企业实习实践，胡晓峰顺利完成了工程硕士毕业论文的实验工作，全面提升了专业技术能力和解决实际问题的能力，同时积累了项目开发经验，增进团队协作能力，另外也培养了他良好的商务交际和沟通能力，为以后的职业发展和人生规划奠定了良好的基础。

（二）吴珩实践事迹

1. 实践者简介

吴珩，2014 年 9 月至 2017 年 6 月就读于江苏大学材料科学与工程学院材料工程，现就职于上海纳铁福传动系统有限公司。

2015 年 7 月至 2016 年 7 月，吴珩在昆山惠众机电有限公司实习实践。吴珩将先进的锻造 CAE 技术及所学材料知识应用于企业生产中，协助企业开发了复杂锻造产品和长寿命锻造模具，培训提高了企业的 CAE 应用水平，并且帮助企业申报了多项专利、企业研究生工作站以及高新技术企业等资质和平台，提升了企业的技术层次及在同行业中的竞争力。

2. 实习实践成效

2015 年 7 月，吴珩到昆山惠众机电有限公司工程技术部实习，通过一年的实践学习，他提升了自身专业领域知识，拓展了知识面，并将自己所学所想应用于改进企业实际问题中。其代表性工作是，参与 H13 锻造模具寿命提升项目和高碳马氏体不锈钢锻件开发工作。吴珩同学在具有丰富现场经验的企业导师刘守生高工指导下，将自己所学到的锻造、热处理及材料知识运用到 H13 模具钢的实际生产中，并通过不断试制改进，稳定工艺，使锻造模具寿命提升 30%以上，达到了显著的降本增效目的。

针对公司高碳马氏体不锈钢锻件难成形，模具易开裂的问题，吴珩攻坚克难，在导师王雷刚教授深厚锻造理论的指导下，运用热压缩模拟试验研究高碳马氏体不锈钢的流变特性，推导出变形本构方程及热加工失稳图，优化了锻造工艺，提高了企业锻造该种材料产品的质量及模具寿命，降低了生产成本和能耗，增强了企业的核心竞争力。

为提升企业的技术水平和核心竞争力，吴珩将 CAE 理念与技术带到公司的实际生产中，采用 CAE 技术完成新产品的前期开发模拟，缩短了开发周期，节省了开发费用，降低了开发风险。他在工作之余还为公司工程技术人员培训 CAE 软件的知识及使用方法，使他们能够独立使用 CAE 解决自己工作中的问题。

在项目申报与管理和企业资质认证等工作方面，吴珩也表现突出，主导申请了发明专利 2 件，实用新型专利 10 件；协助企业申报了"江苏省企业研究生工作站""江苏省高新技术企业""苏州市工程技术研究中心"等平台。

经过一年的企业实习实践，吴珩顺利完成了工程硕士毕业论文的实验工作，并且在技术开发、项目申报与管理、沟通协调等方面都得到了较大的提升，为以后的工作奠定了基础、积累了经验。现如今，吴珩已经在世界著名的外资企业岗位上工作了一年，其技术水平和专业素养高于同期入职人员，这进一步证明了"产学研"方针的正确性，理论与实践相结合能够让学生得到全面的锻炼提升。

（三）庄孟瑶实践事迹

1. 实践者简介

庄孟瑶，2015 年 9 月至 2018 年 6 月就读于江苏大学药学院制药工程专业，现供职于无锡药明康德生物技术股份有限公司。就读期间已经发表第一作者 SCI 3 篇，申请中国专利 1 项。获江苏大学校优秀毕业生，校优秀毕业论文，全国大学生"挑战杯"江苏赛区选拔赛一等奖。2016 年 3 月至 2017年 3 月，在山东天久实业集团实习实践，实践项目为"多肽生产及开发工艺流程实践"。

2. 实习实践成效

山东天久实业集团公司下辖山东天美生物技术有限公司、山东天骄生物技术有限公司、山东天久生物技术有限公司等九家实业企业，是一家专业致力于肽原料供应，以及肽功能性营养及保健食品的研发、生产、销售的大型高新技术生产企业，是中国最大的肽原料供应加工商。集团公司的实体生产企业建立了完善的质量管理控制体系，全部通过了 ISO20002 和 ISO22000 认证、HACCP认证和国际宗教洁食组织的 HALAL 认证，保健食品生产通过了 GMP 认证，获得了质量信用 AAA 出口备案证书。集团公司总资产 3.87 亿元，员工 980 人，2016 年集团公司实现销售收入 8.5 亿元。

多肽类药物由于其生物活性高，已成为近年来世界新药研究开发的热点。在实习期间，庄孟瑶发现公司多肽生产过程中酶的稳定性较差，受微生物细胞污染后检测分析较为困难，针对这些问题，庄孟瑶与校外导师李海岭进行了分析研究。从生物学角度看，多肽和蛋白质的区别只是前者结构小一些，后者结构大一些。在人的生命活动中，蛋白质不断分解变化，蛋白质分解后形成多肽，多肽聚合又形成蛋白质。在研究生一年级实验室学习过程中，庄孟瑶所在实验室主要研究的是如何提高酶蛋白的稳定性与活性，即在不影响酶蛋白活性的前提下，提高蛋白的刚性从而提高其稳定性。根据实验室学习到的知识，在导师张业旺教授的指导下，庄孟瑶制备生物功能材料用来结合生产多肽的酶，从而提高了其稳定性。由于在生产过程中能够有效除去一些脂肪类的杂质，对产品的质量和稳定性均有提高。

一年的实习过程，在校内导师张业旺教授与校外李海岭老师的帮助下，庄孟瑶认识到书本所学知识是一切实践的基础，虽然实践时所面对的问题在书本上并不能找到，但是这些理论知识可以从另外一个角度给予新的思路，从而解决问题。

第四节　江苏大学优秀志愿服务实践育人案例

一、江苏大学财经学院青年志愿者协会

江苏大学财经学院青年志愿者协会（以下简称"青志协"）成立于 2008 年，现有志愿者 120 人。自成立以来，财经学院青志协秉持着"奉献、友爱、互助、进步"的志愿者精神，积极服务社会，团队走进社区宣传金融防诈骗知识和理财知识；弘扬中华美德，连续 7 年进养老院关爱孤寡老人；关爱"星星的孩子"，连续 6 年走进南徐陪智园关爱自闭症儿童；关爱残疾人士，连续 8 年对接社区帮扶残疾人士。其中，金融防诈骗宣传、防艾同伴教育和造血干细胞捐献宣传已成为财经学院青志协的品牌活动。

（一）建好一支队伍，筑牢团队基础

江苏大学财经学院青志协拥有一支专业的志愿者团队，按工作内容分为活动组、宣传组、财务组和文秘组，团队核心成员志愿服务时长均超过 200 小时，定期接受活动组织、新闻撰写、专业知识宣传等培训，保证了团队的稳定性。团队注重考核和奖励，对表现优异的志愿者进行鼓励和表彰。此外，每年 9 月面向全校招募新成员，保证团队有新鲜血液注入。团队重视"志愿者打卡器"的推广，每次志愿服务均在打卡器上记录，目前所有志愿者均在打卡器注册。

（二）注重宣传报道，活动影响广泛

财经学院青志协团队拥有一支专业的宣传队伍，重视新媒体平台（微信、微博、QQ）的搭建。其中微信公众号粉丝超 4000，单篇文章阅读量最高曾达 30000，评比中多次位列全校第一。团队官方 QQ 公众号开通不到一年，访客即超 15000 人次，活动中通过 QQ 空间对捐献现场的网络直播浏览量超过 4100 次。学院微博粉丝超过 2500。此外，86 个团支部都有专属微博，每天更新并转发学院微博。在注重搭建新媒体宣传平台的同时，团队与传统媒体保持密切联系，在活动后，第一时间向传统媒体投稿，在社会上影响广泛，2018 年团队志愿服务受到了《人民日报》《新华日报》等多家媒体的报道累计 50 余篇，其中省级及以上报道 37 篇。

（三）立足专业特色，发挥财经优势

财经学院青志协注重发挥专业特色和优势，每年3月、8月、11月，组织志愿者进社区，普及理财常识，宣传金融防诈骗知识。志愿者们走进社区，教居民真假币识别技巧。编辑理财知识"三字经"，向社区居民普及理财常识。通过情景剧表演、展板宣传等方式，介绍金融防诈骗知识。系列活动受众达1000余人，受到社区居民的肯定和欢迎。在2个社区建立了青年就业创业实习基地，志愿者们定期到社区服务站进行服务。每年暑假，志愿者组织保险责任行团队，开展保险知识宣讲，深入社区、农村宣传民众关心的保险惠民政策和保险扶贫服务。以消费者满意度、企业财产保险为主题开展调研，了解消费者对保险服务的满意程度、保险产品对实际需求的覆盖度等。

（四）打造品牌活动，服务成效突出

防艾同伴教育和造血干细胞捐献宣传已成为财经学院青志协的品牌活动。2015年以防艾同伴教育为主题，成功申请江苏省"博爱青春"暑期志愿服务项目，并获评省优秀项目奖。团队志愿者们走进社区，向居民宣传防艾相关常识；走进高校，以开展讲座、条幅宣传等方式向在校大学生们宣传艾滋病的相关知识；来到景区、火车站，发放艾滋病知识宣传册2000余份，普及防艾知识。2017年以来，团队在江苏大学校内组织防艾同伴教育，累计培养主持人180余名，向新生开展防艾教育，宣传人数超过2000余人。2018年，在校内组织防艾教育校园行活动，通过电影欣赏、防艾宣传讲座、校园跑等方式，开展了系列防艾宣传。

2016年以来，团队在校内外组织开展造血干细胞捐献宣传。志愿者们通过发放宣传册、知识讲座、全城签名、调查问卷等方式，宣传造血干细胞相关知识。团队采访了20余名造血干细胞捐献者，通过新媒体平台进行宣传，报道文献累计超过100余篇。探望白血病患者，送上祝福和关爱，传递爱与希望。走进血站血车，动员更多爱心人士加入造血干细胞捐献的队列。走进高校和消防大队，先后动员了150余名志愿者加入中华骨髓库。

团队品牌活动取得一定成绩，连续6年成功申请江苏省"博爱青春"暑期志愿服务项目，以防艾同伴教育和造血干细胞捐献为主题的活动项目，多次获得省、市优秀项目奖。2015年以来，团队2次获得全省高校红十字会"博爱青春"暑期志愿服务活动优秀项目奖，4次获得镇江市"博爱青春"优秀项目奖，4 人获评省"博爱青春"优秀志愿者，4 人次获评省"博爱青春"优秀指导老师。在江苏大学志愿者嘉年华活动中，均获得全校前三的好成绩，在江苏大学举办的两届青年公益项目大赛中，获一等奖 1 项、三等奖 2 项，连续 4 年获评江苏大学暑期社会实践先进单位。团队获得江苏省青年公益大赛一等奖，1 人获评江苏省暑期社会实践"十佳使者"，1 人获省社会实践先进个人。团队获评团中央暑期社会实践优秀组织奖，1 人获评团中央暑期社会实践优秀志愿者，1 个项目获评"镜头下的三下乡"优秀摄影奖，1 个项目获评"千校千项""最具影响好项目"，1 人获评"强国一代新青年"，1 支团队获评团中央"中国大学生保险责任行"银奖，1 个项目获得阿克苏诺贝尔中国大学生社会公益奖铜奖。

二、 江苏大学汽车与交通工程学院青年志愿者协会

江苏大学汽车与交通工程学院青志协成立于 2010 年 9 月，由江苏大学汽车与交通工程学院在校大学生和部分往届毕业生组成。目前在江苏大学团委的指导下，依据"奉献、友爱、互助、进步"的准则，志愿从事社会及校园内公益事业，坚持做好大学生思想素质引领，提高大学生整体素质，展现新时代大学生风采。协会近年来一直坚持高质量、有内涵的志愿服务活动，分别从文化引领、社会感恩、传承美德、素质提升四个方面逐步引导。其中，"以早餐传递温暖，用行动呼吁爱老"的"早安镇江"公益活动先后受到《新华日报》、江苏教育频道、《扬子晚报》、《现代快报》等媒体的报道，同时荣获"2016 年度江苏省十佳青年志愿者服务项目""2017 年度江苏省青年创益项目银奖"。

（一）弘扬文化，让文化扎根社会

中华文化博大精深，源远流长。江苏大学汽车与交通工程学院青志协一直把弘扬优秀中华文化作为志愿服务活动的重要目的之一。为缅怀先烈和了解历史名人，在清明节组织大学生祭扫烈士陵园和柳永墓，并在日常空余时间定期去镇江名人故居提供志愿服务。为传播优秀的中国历史文化，促进中外交流，每年带领新生和外国留学生一起参观镇江市博物馆和西津渡古街，领略中国文化的独特魅力。为更好地了解镇江文化，在寒暑假期间带领志愿者举办"寻觅镇江历史，感受中国文化"社会实践，通过走访大街小巷，了解镇江历史遗迹和非物质文化遗产，并在回校后进行文化宣传。

（二）心怀感恩，用行动回报社会

"如果你存在，那么就不可让自己可有可无地存在着"，怀着对自我价值实现的追求和感恩回馈社会的真诚，江苏大学汽车与交通工程学院青志协组织了多项特色志愿服务活动：组织大学生前去为老人免费提供素食的公益组织"雨花斋"进行义务劳动，在简陋的小屋里，拖地、洗碗、择菜……学着去承担所有力所能及的劳动，真诚善意地接待每一个前来就餐的老人，努力学习儒家文化和中华礼仪，力争在举手投足之间展示当代大学生的儒雅和文明；组织社区老人加强体育锻炼宣传、举办阳光体育活动，将大学生的青春活力带进社区，身体力行地呼吁中老年人，走出室内，走向户外，加强锻炼，注重健康，提高国民身体素质水平。协会偶尔也会出现在校园的角角落落，在学习生活的方方面面发挥雷锋精神，传递当代青年正能量：主动清洁校园，自觉维护校院环境的优美与整洁；顶着烈日募捐善款，回收军训服，向远方山区的孩子送去遥远的祝愿和关爱。

（三）传承美德，让爱心温暖社会

江苏大学汽车与交通工程学院青志协志承感恩，将感恩教育融入日常服务活动。为了更好地践行这一宗旨，青志协的志愿者们联合贫困生团体成立了"早安镇江"公益团队。团队成立于2012年，最初是由学生自主发起的一项为镇江孤寡或贫困老人赠送早餐的公益实践，后为保证实践的持续进行和跟进，学生以此项活动为基础正式成立社团。5年来，志愿者们通过为学校后勤集团义务劳动换取免费的早餐，并在每周四、六的早上风雨无阻地为老人送去温热的早餐，累计送出早餐4000余份，义务劳动400余小时，团队成员希望以点滴努力奉献社会，唤起社会大众对孤寡贫困老人的关注。团队始终秉持"以早餐传递温暖，用行动呼吁爱老"的活动宗旨，形成了以早餐、早读、早练为主的早安活动，以及"年年重九胜春光，久久佳节敬老情"等常规特色活动。

（四）思想引领，促进大学生素质提升

大学生思想引领是高校教育的首要任务，新时期大学生的精神风貌和素质水平决定了未来社会发展的态势。江苏大学汽车与交通工程学院青志协为提高团队志愿者的整体素质，做好大学生思想引领工作，开展了志愿服务培训和志愿精神宣传工作。近年来，协会组织志愿者学习中华礼仪文化，提高在志愿服务过程中的服务质量；组织志愿者学习文字采编、摄影等技能，以更好地记录志愿服务并为后期宣传做准备；组织志愿者在校内举办"孝亲承诺语""漂流书架服务角""志愿者嘉年华""心心相依"等活动，推动大学校园内志愿活动的开展。除此之外，协会还为"镇江国际马拉松""江苏省内燃机会议""中外研究生论坛""节能减排大赛"等活动输送志愿者，受到主办方的一致好评。

青年志愿者不是天使，每一位志愿者都只是在承担着一名大学生所应当承担的社会责任。江苏大学汽车与交通工程学院青年志愿者协会将继续坚持一贯的优良传统，做好志愿服务工作，同时呼吁更多的大学生加入志愿服务行列。目前协会在志愿者打卡器上注册的志愿者有 622 人，公益时间长达 848 小时。本着"奉献、友爱、互助、进步"的志愿者精神，以"立足校园，服务社会"为服务宗旨，他们用自己的坚持与努力去帮助他人，以积极向上的精神面貌去影响他人。不在乎能力大小，不在乎服务范围，不好高骛远，协会志愿者始终坚持在这个最美的年纪去做力所能及的志愿服务。

三、 江苏大学食品与生物工程学院 "舌安卫士" 志愿服务团

江苏大学食品与生物工程学院"舌安卫士"志愿服务团成立于 2015 年，由食品与生物工程学院教师、院青年志愿者协会志愿者及食品专业研究生组成。团队主要以食品营养、食品安全与卫生、中国传统饮食文化为主题，开展食品营养搭配、食品安全卫生知识、传统饮食文化等内容的宣传和讲解，为培养食品专业人才、建设食品安全城贡献力量。

（一）崭露头角，掷地有声

2015 年，伴随着食品安全宣传周的来临，"舌安卫士"正式成立。在第一年里，"舌安卫士"与镇江市食药监局建立了长期合作关系，迈开了在食品领域宣传的第一步。为了让"舌安卫士"快速成长，团队以至少每月一次的频率，在镇江 10 多个社区街道进行简单的食品安全常识宣传教育活动。经过不懈努力，为期一学期的"食品四进社区活动"荣获全国"希望工程激励行动"优秀项目称号，为江苏大学唯一获得者。这样出彩的开头让团队成员更加坚定地在食品宣传的道路上继续前进。

（二）深度拓展，凝聚人心

2016 年，"舌安卫士"由起初仅有的安全知识宣传向食品营养搭配、安全

卫生、传统饮食文化方向拓展。每逢中秋、端午等传统节日，团队成员不仅宣传粽子、月饼等传统饮食文化，而且在各大街道、社区开展食品相关的讲座及问卷调查，以游戏的形式引领大众了解食物的营养搭配，以食品制作的展示彰显传统文化。

（三）联合推进，一鸣惊人

2017 年，是"舌安卫士"突飞猛进的一年。在江苏大学首届青年公益项目大赛中，"舌安卫士"荣获志愿类二等奖，这一年成为"舌安卫士"迅速发展的开端。

由于 2016 年食品安全宣传周活动的成功举办，2017 年，镇江市食品监督管理局依旧选择与他们合作，共同承办 2017 年镇江市食品安全宣传周活动。

为进一步寻求多方联动，团队与镇江市京口区象山街道达成共建协议。2017 年 7 月，象山街道与食品与生物工程学院签订合作协议，挂牌共青团"青年就业创业见习基地"，主要依靠"舌安卫士"团队定期开展相关志愿服务活动，使得项目开展更为规范化、深入化、常态化。

（四）全面深化，砥砺前行

为了能在 2017 年镇江市"博爱青春"暑期志愿服务活动和 2017 年江苏大学大学生暑期"三下乡"社会实践活动中脱颖而出，团队从 5 月开始筹备，6 月开始实施，一直坚持到 7 月中旬，完成了为期两个月、活动次数多达十余次的系列活动，受到金山网、《京江晚报》、《镇江日报》、江苏共青团等多家媒体报道，并收到来自东风社区、丹企社区等单位的感谢信和高度赞许。暑期结束后，团队获评镇江市红十字会"博爱青春"资助团队、江苏省暑期社会实践重点项目、江苏大学暑期社会实践优秀团队。

结束了暑期的漫长征程，团队又马不停蹄地投入到江苏省第二届志愿服务展示交流会（下文简称"志交会"）的筹备工作中，于 2017 年 9 月去往无锡市参加志交会省直区项目展示，与来自江苏省一百多支优异的志愿服务团队展开深度交流，最终获评优秀项目称号，为江苏大学唯一荣获此奖项的团队。

（五）精彩亮相，不同凡响

江苏大学食品与生物工程学院"舌安卫士"的故事渐渐被越来越多的媒体和志愿服务领域的朋友们所熟知，接受江苏大学校电视台的采访，并拍摄专题报道片；被记录进镇江电视台拍摄的镇江市食药监局宣传片；参加江苏大学知行公开课，给全校师生分享志愿服务经验，得到社会各界高度赞许和一致好评。

（六）总结回顾，步步为营

"舌安卫士"从无到有，从曾经的默默无闻到如今的硕果累累，这一切都源于团队永不衰竭的志愿服务热情和持续总结更新的特色做法。

1. 主题专业化，形式多样化

江苏大学"舌安卫士"团队活动主题较为统一，均有效结合了食品与生物工程学院专业特色与优势，利用专业知识开展各类食品相关的宣讲与展示，具有强烈说服力。

同时，为增强受众接受度，团队注重活动形式的拓展和延伸，除了进行各类讲解，还结合简单有趣的食品实验，帮助百姓鉴别染色海带、染色辣椒粉；也将有趣的小游戏加入到宣讲中，比如端午节带领小学生开展包粽子比赛、带领社区居民通过实验了解食品专业知识等，形式丰富，内涵深刻。

2. 内容分层分类，载体多种多样

对于不同的人群，"舌安卫士"志愿服务团队会选用不同的活动内容与载体。针对小学生，他们开展了"生活中的垃圾食品"辨别等活动。如2017年7月，团队在学府路小学举办垃圾食品宣讲会，考虑到不同年龄儿童接受程度的差异，志愿者们决定制定不一样的活动方案，把活动办得更加有趣并易于为儿童接受，他们认真寻找关于垃圾食品危害讲解的动画片，播放给孩子们观看，并在视频结束后采取有奖问答的形式，让孩子们记得更加牢固。

针对老年人，他们选择讲解养生知识。如2017年重阳节，他们在江苏大学退管处举办"温暖重阳，舌安卫士在行动"活动。志愿者与老人们畅聊中国茶文化，举办品茶小比赛，让参与者们品茶，讲解自己的喝茶经历以及家乡的美食文化。

针对社区的大众居民，他们宣讲了食品安全相关知识。如2017年11月，在镇江市丹企社区开展"食品储存方法"宣传，此次活动主要讲解生活中不能吃或者要少吃的食品，如不能吃发芽的马铃薯，要少吃烟熏腌制食品等。与此同时，还讲解了菌类保存不当所引起的拉肚子、呕吐等食物中毒现象，帮助居民提高自我防护意识。

（七）不忘初心，继续前进

一分耕耘，一分收获。在挥洒汗水的这些日子里，"舌安卫士"获得院级、校级、市级、省级、国家级等各级若干奖项。如2015年获全国希望工程激励行动优秀项目；2016年获江苏省暑期"三下乡"社会实践十佳风尚奖，2016年镇江市"博爱青春"暑期志愿服务优秀项目；2017年获江苏省志愿者服务发展交流会优秀项目奖，镇江市博爱青春暑期志愿服务资助团队，江苏大学首届青年公益项目大赛志愿类二等奖、公益类三等奖，江苏大学先锋队，江苏大学附属医院2016—2017年度优秀志愿者团队等奖项。志愿者的风采也得到了《新华日报》、江苏共青团、《京江晚报》、《镇江日报》、镇江民生频道、江苏大学电视台等媒体的采访报道，并收到了来自各大社区的感谢信。也正是因为团队志愿者的认真负责，镇江市食品药品监督管理局、镇江市象山街道、江苏大学附属小学、镇江市春晖志愿机构均与他们签订了长期合作协议。这些对团队志愿者来说，都是十分来之不易和令人欢欣鼓舞的动力源泉。

虽然每个人都是平凡而普通的，但在平凡的日子里记载着许多不平凡的事迹，在每个普通的生命里谱写了许多不普通的乐章。这些一如既往默默奉献的志愿者，没有慷慨激昂的豪言壮语，没有惊天动地的英雄壮举，却无时无刻不在用他们的行动证明着自身的价值。尽管他们取得了一系列辉煌的成绩，但"舌安卫士"不会因此而骄傲，更不会停滞不前，他们将继续发扬志愿精神，发挥食品人的责任与使命，号召更多人加入到维护舌尖安全的行列中，带领更多人为食品安全建设默默耕耘、不断前进！

第五节　江苏大学优秀创新创业实践育人案例

一、 江苏大学教师实践育人创新模式的探索与示范——孙宏祥

物理与电子工程学院教师孙宏祥一直致力于开展本科生实践育人创新模式的探索。从教十余年来，他全身心投入实践育人第一线，坚持以人为本，践行立德树人，不断创新实践育人模式，用心做本科生成长成才的引路人。通过短短几年的探索与实践，他几乎赢得创新育人的"大满贯"，并将其所建立的物理声学团队发展成以本科生为中坚力量的实践创新群体。

（一）创新实践引领，耕耘三尺讲台

"相比于公式、定理、习题主导的课堂教学，孙老师的每堂课都像一场精彩的学术讲座，由知识点引出的前沿科技热点让我们的视野与思维得到极大的开拓"，孙宏祥教过的学生均有此感受。为了能在有限的课堂时间引入更多的前沿科技元素，孙宏祥往往需要用 6 个小时来准备一个半小时的课。"同学们，生活中你们有见过这样的现象吗？隔着一堵墙，你能听见对方的声音，而对方无法听见你的声音！"孙宏祥在课堂上的这个提问勾起了学生黄玉磊的兴趣，声波单向传输也成了他创新实践的起点，在孙老师的指导下，黄玉磊开始了多机理多频带声单向传输效应的研究，相应的研究成果发表在应用物理顶级期刊 *Applied Physics Letters*，让他成功获得了清华大学的入场券。

"创新实践就像走迷宫，要有足够的耐心和驱动力，才能找到最终的出口！"在孙宏祥创立的物理声学创新团队，现有的 10 名本科生都是历经近半年的严格考察才最终留组。孙宏祥将起始的考核称为"短跑爆发力训练"，即提供 3 篇 SCI 英文文献给学生，要求一周后汇报，根据学生表现进行初次选拔。随后，进入"长跑耐力测试"，通过一个暑假的持续训练，帮助学生了解自己是否适合做科研创新实践。"孙老师，我现在不想做创新实践工作，更想尝试做一个中学物理的培训机构。"面对刚进组不到两个月的学生提出的请求，孙宏祥并没有责备学生，而是彼此之间做了一个"约定"，如果创业失败就回来踏实做创新实践工作。结果不到一个月，残酷的现实让学生彻底收心，开始潜心于科研创新实践。

（二）因人施教，挖掘学生潜能

在孙宏祥的记忆里，他和所指导的学生都单独交流了不下于 20 次，对于每位学生的特长都有很清晰的了解。刚开始进入课题组的学生都是"小白"，必须要有直接有力的引导才能快速成长。为了让学生熟悉和掌握各种创新实践技能与思路，他从项目选题、工作开展、论文写作等各个环节都坚持做到系统细致的指导。即使在新加坡南洋理工大学访学期间，也坚持每周六和课题组学生视频，详细听取学生的工作进展，并安排落实好下阶段的研究工作。"参加全国大学生'挑战杯'期间，孙老师对我的指导不下 200 次。"回想起参赛的经历，夏建平充满了感激，他将孙老师比作自己的"定海神针"，从 PPT 制作、陈述框架到评委问答，再到现场展示，孙老师的严格把关给予了他极大的信心，在反复的探讨中，思路越发清晰，陈词越发精炼，最终获得全国二等奖的好成绩。

将学生领进门，却不局限于门。当基础技能打牢之后，孙宏祥便给学生进一步增加创新实践砝码，"课题组所有的资料都是英文，不懂就逐个单词查，针对论文图片，先'看图想话'，再对照原文理解"。这种看似缓慢的方式，却给了课题组学生王垠巨大的发展空间，如今他可以自如浏览各种顶级期刊，大量的文献阅读也让他产生了灵感的火花，针对声学逻辑门频带窄的限制，他从两元相控单元获得启发，设计出新型被动声学逻辑门，拓宽了工作频带范围，这一研究成果被 SCI 源刊顺利录用，并申请了发明专利。相比于论文级别由国内到国外的常规培养模式，孙宏祥给了学生更高的跳板，要求每位学生的第一篇论文就按照 SCI 源刊标准开展，这看似"揠苗"的举动却让学生突破了自身的极限，在他的带领下，夏建平在本硕阶段共发表 SCI 论文 14 篇（第 1/共 1 作者，其中包含 3 篇一区顶级期刊）；钱姣在本硕期间发表 SCI 论文 7 篇，两人先后获得美国杜克大学全额博士奖学金；孙晔旸进组不到两年时间，就在一区顶级期刊 *Advanced Science* 发表论文 1 篇，获得江苏省物理实验创新大赛一等奖，免试推荐到浙江大学攻读硕士和博士学位。

（三）言传身教，助力学生成长

孙宏祥一直信奉"打铁还需自身硬！"为了掌握国内外同行的最新研究成果，他对最新的科研动态进行紧密追踪，查阅相关的研究热点。每周的研讨会同样是他保持创新实践敏锐度的制胜法宝。他始终相信自己的思维会在潜移默化中影响学生。为了做出更好的学术成果，他毅然从熟悉的"声学超材料"领域转入鲜有人涉足的"智能化声拓扑绝缘体"方向，"就是想跟自己较一把劲，不试怎么知道水有多深呢？"当夏建平的《可编程声拓扑绝缘体》发表在一区顶级期刊 *Advanced Materials*（影响因子达到 25.81）后，孙宏祥随即建议他开展三维声拓扑绝缘体的研究。在孙宏祥的启发下，夏建平系统开展了三维声拓扑绝缘体节面的研究，并与新加坡南洋理工大学联合开展了相关的理论探索，在广阔的学术平台支撑下，成就了夏建平又一篇一区顶级期刊 *Nature Communication* 论文。

新闻报道截图

多按"重启",少按"删除",这是孙宏祥在实践育人中摸索出的定理。"老师,我们设计的声学器件只能实现或逻辑,与逻辑功能始终没办法突破!"团队学生左承毅一个月来反复调试依然解决不了技术问题,她一度怀疑自己的方向出了错。孙宏祥提示她多次检查运算流程,不要急于推翻以前的研究思路。跟着学生走了一遍运算流程之后,他发现金属圆柱中存在复杂的共振现象,影响声波的相干叠加,于是建议用实心圆柱代替空心圆柱。这个经验给了学生很大启发,通过建立波导结构引导相干波实现了全部的声逻辑功能,这篇名为《基于多端口圆形波导的宽频带逻辑门》的研究论文已在 *Applied Physics Letters* 上发表。

"培养学生让我实现了人生价值,作为一名高校教师,不仅在于自身取得了多少学术成果,还要让更多的学生掌握创新方法,突破自我!"孙宏祥说,他还会以滚雪球的模式不断吸纳培养更多的学生进入团队。正如他最热衷的爬山运动一样，他相信只要方法得当加上坚持，一定能够带领学生翻越一座座的高山。

附表：

表 6-3　指导本科生各类实践创新项目

项目类型	项目数
国家级大学生创新创业项目	7
江苏省大学生创新创业项目	10
江苏大学科研立项/大创项目/工业中心大创项目	72

表 6-4　指导本科生各类竞赛获奖

年度	获奖类型
2019	"挑战杯"全国大学生课外学术科技作品竞赛二等奖
2017	"挑战杯"全国大学生课外学术科技作品竞赛二等奖
2018	入选第十一届全国大创年会论文交流
2017	江苏省大创年会优秀论文
2016	入选第九届全国大创年会论文交流
2015	入选第八届全国大创年会论文交流，获全国大创年会优秀学术论文，江苏省大创年会优秀论文
2015—2019	江苏省高校物理与试验创新竞赛一等奖 10 项/二等奖 1 项
2017—2019	江苏省高校本科生优秀毕业论文一等奖 2 项/二等奖 1 项
2015	中国大学生自强之星/江苏省大学生年度人物提名

二、　大学生就业创业年度人物典型事迹——付翰文

（一）人物简介

付翰文，男，江苏大学硕士研究生在读。南京绿萝智能科技有限公司联合创始人，南京绿叶青萝教育科技有限公司创始人，江苏省企业家协会会员，国内首批虚拟现实和增强现实领域创业者。付翰文 2018 年获中国"互联网＋"大学生创新创业大赛省赛三等奖，2018 年获"创青春"全国大学生创业大赛国赛银奖、省赛金奖，2019 年被评为全国大学生创业英雄百强。个人拥有 12 项国家专利，23 项软件著作权。创业 7 年来，所带领企业高速发展，先后获得

了"国家高新技术企业"认证、"江苏省双软企业"认证、"南京市瞪羚企业培育库"。

（二）创业事迹材料

脚踏实地，方能仰望星空

付翰文，1993 年 7 月出生于辽宁省丹东市，本科毕业于河海大学农业水利工程专业，现于江苏大学流体机械工程技术研究中心攻读硕士学位。南京绿萝智能科技有限公司 CEO、南京绿叶青萝教育科技有限公司创始人、南京空山新雨环保科技有限公司副总裁、中国增强现实产业联盟委员、中国虚拟现实产业协会会员，主要从事 VR、AR 以及数字媒体技术领域的智能硬件研发、内容开发、游戏制作、人才培养和整体解决方案。作为国内首批虚拟现实和增强现实领域的创业者之一，个人拥有 12 项发明、实用新型专利，在校期间先后在"互联网＋""赢在南京""创青春"等数十项创新创业大赛中斩获佳绩。曾受邀前往美国硅谷参加世界增强现实博览会，所展出产品荣获大会"最佳 VR 设备奖"。曾受邀代表南京市政府、南京市委宣传部参加 2017 世界知名城市"南京周"——纽约站活动。曾受邀作为高新科技企业代表在阿里云栖小镇接待泰国科技部部长及代表团，展示企业核心技术及产品。

多年来，他所带领的企业高速发展，先后融资数百万元，年销售额突破千万，荣获"国家高新技术技术企业"认证、"江苏省科技型中小企业"认证、"双软企业"认证，挂牌于"南京联合产权（科技）交易所 O 板"，已然成为行业中的佼佼者。

初尝创业　历经磨难

2014 年 5 月，大二学生付翰文和他所负责的创业项目在大学生"挑战杯"国赛的选拔中落选，团队也就此解散，然而付翰文却就此开启了他的创业之旅。付翰文带着对该项目作品的自信，在接下来的半年时间里，先后参加了"赢在南京""互联网＋"等数十次的创业大赛、创业沙龙和现场路演，一次次地听取和接受评委们的批评意见，又一次次地完善项目计划书，修改路演PPT。这段经历也终于在 2014 年年底有了收获，在获得了第一笔数十万元的风投之后，他找回曾经的团队成员，共同创立了南京空山新雨环保科技有限公司，从事具有空气净化功能的智能健身单车的研发和生产。公司注重对产品技术和人才的投入，先后取得了 12 项发明、实用新型国家专利，获得了"江苏省科技型中小企业"认证，并在南京联合产权（科技）交易所 O 板成功挂牌，也获得了政府及领导的大力扶持和帮助。

尽管团队在该项目的技术领域拥有较大的技术优势，但由于创业公司成员整体较为年轻，缺乏丰富的运营管理和销售经验，公司在运营了一年半之后因营收额没有达到预期，资金上出现了很大的压力，导致团队成员再次纷纷出走，公司运营近乎瘫痪。这是他创业期间最黑暗的一段时期，每天精神上都承受着巨大的压力。两个月的时间里，付翰文一个人拖着几十公斤重的产品在全国各地见了数十位投资人，把产品介绍和商业模式也重复讲了数十遍。可这次他没有那么幸运，直到申请的大学生创业贷款也马上花完了，依旧没有找到后续资金来为公司"续命"。付翰文一度想过放弃，却无法面对自己曾经的梦想，也无法面对一直陪伴和支持他的人。在仔细研究了当下的社会情况，并结合之前和投资人的谈话后，付翰文冷静地思考了公司未来的发展方向，决心将产品全面转型。

凤凰涅槃　浴火重生

2016 年年初，在不抛弃现有产品硬件技术优势的前提下，付翰文产生了将健身单车和 VR 相结合的想法。当时，国内对于虚拟现实技术的概念还很模糊，甚至没有多少人知道究竟什么是 VR，更没有太多企业涉足这一领域，但是国外已经开始将 VR 从之前军事领域的应用引入到更多的平民化商业应用中。付翰文的这一想法在当时国内是十分前卫的，但随之而来的问题是虚拟现实技术的不成熟。这一次，付翰文没有了之前的贸然前进，他知道这一领域的技术需要更优秀的人才来协助攻克。于是他联系到 4399 小游戏的项目经理陈晨和润和软件的技术经理孙明志，并说服他们加入自己的公司。接下来的 4 个月里，付翰文带着两个比他大十几岁的男人，每天工作十几个小时，常常吃住都在公司解决，终于攻克了 VR 与健身单车结合的技术难题，也有了被命名为"Elvluo Go"的初代产品。

凭借这一具有领域突破性的高新科技产品，付翰文又一次回到了聚光灯下。产品先后在世界物联网大会、阿里云栖大会、南京软博会等各大展会中亮相登场，在美国硅谷举办的 2016 世界增强现实博览会上，该产品与世界各地的 VR 设备同台竞技，以最高得分一举斩获大会"最佳 VR 设备奖"。一时间，国内外的媒体争相对这个 1993 年的创业者和他年轻的公司进行报道，引起了行业内的巨大反响，也吸引了众多投资者的目光。借此机会，付翰文创立了南京绿萝智能科技有限公司，主要从事 VR/AR 智能硬件的研发、VR/AR 内容制作、游戏开发等业务。有了之前创业失败的经验教训，这一次公司的运营和发展都更为成熟稳健，在较短的时间内，公司得到了快速成长，逐步成为行业领域内的标杆型企业。

紧随时代　科技创新

伴随着社会各界对于工业互联网、数字化转型的迫切需求，以及国家政策的大力支持，企业投入大量的研发成本针对电力、工业、制造业进行了数据可视化运维管理系统的产品研发，并联合中国联通、中国科学技术大学先进技术研究院等单位，对产品进行进一步的升级和完善，并于 2019 年初正式上线运营。产品上线后先后应用于国家电网、南极科考站、新天光电、常宝钢铁等，为中国工业 4.0 进程提供了有力的支持。

在工业领域，企业还开发了 Magic Data 数据开发者生态平台，立足于让更多的开发者参与到数据可视化的进程中来，共同为中国的工业及制造业服务，加速数字化转型，挖掘数据价值，提供以数据为基础的智能化决策解决方案。该产品已获得数千万元风险投资，并计划在 3 年内服务超过 10 万家工业型企业。

踏实进取　砥砺前行

在近 7 年的创业生活中，付翰文一直坚持着自己的梦想和信念，坚守一个企业负责人应有的操守，无论是光明还是黑暗，他都用最平和的心态去对待。永不放弃也是他一路走来的动力源泉，保持谦卑、不断学习、恪尽职守的工作态度是烙刻在他身上的印记。如今的付翰文还在路上，向着更远的远方奋力前行。

三、 大学生就业创业年度人物典型事迹——王婷

（一）人物简介

王婷，女，江苏大学硕士研究生在读，第十三届"镇江市十大杰出青年"。2018 年获"创青春"全国大学生创业大赛国赛银奖、省赛金奖，2019 年获"中国电信奖学金·飞 Young 奖"暨"践行社会主义核心价值观先进个人"，

2019 年获中国"互联网＋"大学生创新创业大赛国赛金奖、省赛一等奖。她勤于创新，怀梦创业，赴北京参加联合国开发计划署举办的"青年创客训练营"。作为核心成员，她创办的"窝边优选"已入驻华东地区近百所高校，完成两轮千万级融资。她专研学术，绩点排名专业第一，作为优秀代表受邀国际学术会议。疫情期间，她献策献力，当上"云指导"。

（二）创业事迹材料

人须事上磨，方能立得住

王婷，1996 年 9 月生于江苏省连云港市，江苏大学管理学院 2018 级管理科学与工程专业硕士研究生，现任管理学院研究生会主席，曾获 2019 年"中国电信奖学金·飞 Young 奖"暨"践行社会主义核心价值观先进个人"（全国仅 1700 余名）和第十三届"镇江市十大杰出青年"等荣誉称号。作为创业团队的主要成员，其创立的"窝边优选"线上商城已入驻华东地区的近百所高校，目前已获得伯藜创投、起点资本、域哲投资、唯品会 CFO 杨东皓等机构与个人投资共计 3500 万元。

勤于创新　怀梦创业

"'南京大学——PASA－AutoML'项目最终得分 88.09 分、'西安交通大学——金镶钻'项目最终得分 86.75 分、'复旦大学——复东生物'项目最终得分 86.72 分……"在第五届中国"互联网＋"大学生创新创业大赛的赛场上，工作人员每念出一个分数，都引起一阵小轰动。此时，一直期盼着比赛结果的王婷和队员们、带队老师们的心都提到了嗓子眼，"'江苏大学——窝边优选'项目最终得分 87.28 分"，在听到这个分数后，大家都激动地喊着"成了！成了！"这一分数意味着团队锁定了金奖，这不仅代表王婷获得了赛场上投资人的认可，更表明她代表学校取得了历史性突破！

在此之前，王婷已经有了 3 年的创业经历。2017 年 3 月，作为一名本科大三的学生，王婷抱着锻炼自己的初衷加入了镇江光润机电科技有限公司，开始了她的创业生涯，结合她本人的专业方向，在公司负责市场相关工作。2017 年 7 月，团队参加了第三届中国"互联网＋"大学生创新创业大赛，一路披荆斩棘，最终斩获江苏省金奖、全国银奖（获奖比例为 0.03%），她代表团队在学校的年度表彰大会上分享了自身的创业经验。2017 年 9 月，获评"2017 年江苏省大学生优秀创业项目"。2018 年 5 月，王婷带领团队参加 2018 年"创青春"浙大双创杯全国大学生创业大赛，最终获得了国赛银奖、省赛金奖。此外，王婷还带着项目走上了央视《创业英雄会》连云港站的舞台，与来自上海、无锡和台湾等地的资深创业者同场竞技，同样取得了较好的成绩。

2019 年初，已经成为一名研究生的王婷加入了"窝边优选"创业团队，经过多次创业的锻炼与成长，团队目光转向校园市场，瞄准了校园用户和零售赛道。窝边商城提供快消、日化、美妆、生活服务等多品类商品，致力于打造"校园版 Costco"。目前，"窝边优选"已入驻华东地区的近百所高校，获得 20000＋的付费会员用户，日均订单约 1.2 万单，月 GMV 突破 900 万元。公司荣获中国社区团购平台 TOP20、哈佛商学院亚太商业创新大赛校园专场银奖等多项荣誉。2019 年 8 月，王婷还参加了联合国开发计划署组织的青年创客训练营，这不仅是对她商业逻辑与思维的一次提升，更是结识了一群志同道合、充满正能量与爱心的青年创客。这些经历，一方面让王婷更加坚定了她的创新创业之路，另一方面也让她积累了更丰富的经验。

专研学术　致力科研

王婷在积极参与创业的同时，对专业知识的学习也毫不放松。在本科期间，她的绩点综合排名班级第一，以系里第一个预备生的身份被推荐免试攻读管理科学与工程专业硕士研究生，并被授予"江苏大学优秀毕业生"的称号。在校期间，她多次获评"江苏大学三好学生""江苏大学优秀团员"等荣誉。王婷在学习生活之余对科研有较为浓厚的兴趣，参与了两项校级科研立项项目并顺利结题，本科毕业论文被评为"管理学院优秀毕业论文"。在读研期间，研究生一年级绩点综合排名专业第一，她将创业中遇到的实际问题融入自己的研究中，用科学扎实的思路方法探讨社交媒体如何影响消费者购买意愿以及如何提升平台的传播影响力，从而更好地获取流量。同时，王婷还作为主要参与人参与了导师的江苏高校哲学社会科学研究重大项目等多项省市级课题研究，并获得校一等奖学金、校优秀研究生干部、校"十佳创新创业之星"、院优秀团员等荣誉称号。此外，王婷还注重自己综合素质的提升，曾获"武进人才杯"江苏省第十四届大学生职业规划大赛省赛二等奖。2019 年 7 月，王婷作为学校研究生代表之一赴香港参加国际学术会议，并在会上汇报英文论文一篇。

热心公益　助力战"疫"

王婷还热心公益，在镇江市妇女联合会工作小组的带领下，深入最基层，去到镇江市陵口镇、句容市边城镇等地。在走访过程中，看着一户低保家庭中，由于父母因残丧失了部分劳动能力，大学生儿子一边照料父母的日常生活，一边打零工贴补家用，王婷的心里很不是滋味，回去的路上就与团队探讨，对"窝边优选"赋能贫困大学生的做法进行了迭代延伸。目前，"窝边优选"进入高校前都会优先找学校勤工助学部门合作，不仅为家境较贫困的大学生提供岗位机会，帮助他们赚取生活费，更为他们提供了包括选品、包装、销售在内的营销课程，实现长效的培养模式。

2000年，新冠肺炎疫情发生以来，王婷化身学校助教，开设线上课堂，以切身经历"云指导"学弟妹们的职业规划和就业准备，其事迹受到交汇点等新闻媒体报道。

凡为过往，皆为序章，继往开来，重整行装再出发。谈及创业路上经历的挫折，王婷微微一笑："创业其实更像是一个发现自己的过程，情绪只是暂时的，规划好自己要做的事比较重要。想要立得住，真的要在事情上磨才行。"潮起两岸阔，扬帆正当时。在创新创业这条大道上，王婷发挥着她的勤奋与努力在不断地前行，也希望未来她的挑战之路不止，拼搏之心永在！

第七章　新时代高校实践育人展望

第一节　用五大发展理念引领高校实践育人质量提升

推进高校实践育人机制创新，提升大学生思想政治教育质量，是高校思想政治教育国内外形势发展变化的迫切需要，也是适应高等教育内涵式发展的必然要求，更是办好人民满意的教育和履行好"立德树人"这一根本任务的重要举措。理念是行动的先导。当前，"创新、协调、绿色、开放、共享"的五大发展理念，集中体现了我国事关全局、根本和长远的发展思路、发展方向、发展着力点，是对马克思主义科学方法论的创造性运用，是对中国特色社会主义发展规律认识的深化和升华。充分体现了发展的整体性、协调性、平衡性、包容性、可持续性，既对传统发展理念进行革新升级，又对现代发展内涵进行全面提升、对现代发展外延予以全方位拓展。针对高校实践育人机制运行中存在的现实短板与问题，"创新、协调、绿色、开放、共享"的五大发展理念正是补齐短板、提升实践育人质量的钥匙和指引。因此，推进高校实践育人机制的创新发展，有效提升大学生思想政治教育质量，需要以五大发展理念为引领，积极开展实践探索。

一、　以创新发展为动力

创新发展是确保高校实践育人生命力的有效手段。高校实践育人就是以促进青年学生健康成长成才为价值追求，以实践活动为载体的教育活动，其最终目的是促进青年学生的全面可持续发展，其根本任务是培养能担当民族复兴大任的中国特色社会主义可靠接班人和合格建设者。这就要求高校思想政治教育工作者与时俱进，要善于在深刻总结经验教训的基础上，根据"因时而进、因势而新"的发展要求，创新实践育人的内容、载体、方式方法，不断健全和完善实践育人机制，形成科学、系统、完整的实践育人体系；通过理念转变、理论创新、制度创新、方法创新和体制机制创新等引领高校实践育人工作的创新发展，有效促进大学生思想政治教育质量的提升。其中，需要把握三个原则：一是创新的方向和灵魂不能变，即坚持中国特色社会主义的道路、制度和理论体系不能变。高校实践育人的创新要牢牢把握"立德树人"这一根本任务，出实招、求实效，将提升育人质量作为实践育人创新发展的出发点和落脚点。创新不是对已然的否定或推倒重来，而是对实然的审视和对应然的执着，是在继承中创新，不能走邪路念歪经。二是创新的目的是促进高校实践育人工作的超越和深化。高校实践育人的创新发展在于如何有效激发实践主体的积极性，既要促进高校思想政治教育者对教育实践经验进行深刻解读和理念提升，又要促进高校思想政治教育者根据时代、教育对象和教育环境的变化，不断更新实践育人理念、丰富实践教育内容、改进实践教育方式、创新实践教育手段和载体，突破现有的瓶颈，实现实践教育的深化与超越。三是创新的动力源来自群众。创新发展依靠的不是某个个体，也不仅仅是高校辅导员或学生精英，而是来自群众，来自广大高校思想政治教育者和青年学生，要充分调动教育者和受教育者的主体性和能动性，让一切有利于大学生成长的智慧充分涌动。

二、 以协调发展为指引

高校实践育人是一项协同育人工程，协调发展是高校实践育人运行过程中的机制要求。协调发展要求整合各方资源，注重发展的整体效能，避免发展中的"木桶效应"。这就要求高校实践育人工作注重工作的全面性、系统性、协调性。因此，高校实践育人工作需要以"协调"发展理念为引领，积极构建和完善协同育人机制。一是高校实践育人的各项工作应该目标同向、部署同步、整体谋划、系统推进。要遵循协同育人的原则，加强学校内外实践育人力量、实践主体之间的协同；既有校内各部门、各育人平台之间的协同，也有学校与学校之间，学校与政府、企事业、科研院所等部门单位之间的协同；既有实践实施单位之间的协同，也有实践主体之间的协同。二是统筹整合各方资源和力量，在工作队伍、工作平台、工作载体、工作渠道等多方面协同合作，形成多部门、多渠道育人合力。统筹协调育人格局中各要素，将各要素与实践载体有机结合起来，充分调动各个要素的积极性、主动性和创造性，形成育人长效机制。三是补齐实践育人的短板，瞄准薄弱环节，精准发力，实现突破。协调发展并不是强调齐头并进、同步同速，而是要把握高校实践育人的发展规律和学生成长的实际情况，掌握发展节奏，宜快则快、宜慢则慢，关键是要有序、联动、协同，实现整体效能最大化。

三、 以绿色发展为方向

绿色发展是高校实践育人持续健康发展的必要条件。如果说创新是聚焦发展的动力，协调是聚焦发展的平衡性，那么绿色聚焦的就是发展的可持续性。用绿色发展理念引领高校实践育人质量提升，从本质上说包含三个层面的意义：一是要将高校实践育人的内生动力与外生动力作为质量提升的根本要素。高校实践育人的内生动力主要是指实践主体的发展需要，在于实践主体的世界观、人生观和价值观是否正确，是否能以社会主义核心价值观引领自己的成长成才；外生动力主要是指影响高校实践育人的外部环境，如大学生思想政治教育的方向性要求、国家与社会对高校人才培养质量的供给侧结构性要求等。在当前的现实环境中，如何营造一个生态、良性的教育环境，促进内生动力与外生动力的协调推进，使大学生在了解认识世情国情社情民情和追求自身成长成才的过程中，坚定道路自信、理论自信、制度自信和文化自信。二是要把促进人的全面发展作为质量提升的目标。高校实践育人的可持续发展不能背离教育的本性或初衷。实践教育从内在本质上看，还是一种教育方式，就是要以人的方式，即以人为尺度、以人为目的、以人为主体开展思想政治教育实践活动；不仅需要讲究合真理性、合规律性，更要讲究合目的性、合价值性和合意愿性，要将大学生的全面发展放在第一位，努力构建青年学生可持续发展的良好实践教育生态。三是要把实践活动过程和结果的"绿色化""生态化"作为质量提升的主要途径。提升高校实践育人质量，必须树立效益意识，而不是一味追求投入，要通过科学研究来分析实践主体的特征，把握实践规律、优化实践方式、提高实践效益。当然，这里强调的并不是机械地计算投入产出比、付出与收获，而是强调准确把握实践主体的需求，使用科学的工作方法，提供高质量、高水平的实践教育服务，达到"四两拨千斤"的育人工作成效。

四、 以开放发展为重点

开放发展是高等教育的发展趋势，也是大学生思想政治教育发展的必然要求。开放发展注重的是解决大学生思想政治教育发展内外联动问题。当今时代，国际化已成为世界发展的现实趋势和客观的历史进程，经济全球化、教育国际化发展迅速，社会开放程度越来越高。这既给大学生思想政治教育带来更加开放的发展环境，同时也给思想政治教育提出了更为严峻的挑战。高校要以开放包容的姿态，形成实践育人开放机制。因此，用开放理念提升高校实践育人质量应认真思考三个要求：一是要有开放的视野。无论是实践育人组织主体还是实践主体都应具备国际视野和世界眼光，关注国际经济社会形势和思想动态发展，比较借鉴国外先进的成功经验。二是要有开放的学科视域。不能拘泥于单一的思想政治教育学科，要以问题为导向，吸收和借鉴多学科理论和研究成果，积极探索跨学科或学科交叉的研究范式，不断引领高校实践育人质量提升。三是要具备开放的心态。高校实践育人不是一个闭合系统，而是一个以人才培养为核心的开放系统。它不是学校内部之间的资源循环，而是外向开放的教育体系。无论是教学实习、科研实验、社会实践还是创新创业，都需要实践育人组织主体加强与外部环境的联系，甚至加强国际合作培养。因此，要借助政府、企事业单位、学校、家庭、社会等多方力量，平等参与、充分协商，共同推动高校实践育人的机制构建和平台建设。同时，在实践过程中要有宽容失败、允许试错的心态，不断调动实践主体的积极性、主动性和创新性，让实践主体的个性得到养成和彰显，这也是马克思主义关于人的发展的终极关怀所在。需要注意的是，开放中必须有坚守，具备国际视野但要牢记育人使命，具备跨学科视野但要明确学科边界，具备开放心态但要理清职责分工。只有这样，才能真正建立起具有世界眼光、中国情怀、时代特征的高校实践育人工作体系。

五、 以共享发展为目的

共享发展是高校实践育人的本质要求。用共享发展理念引领高校实践育人质量提升，重在解决好"由谁共享""共享什么""怎么共享"三个基本问题。"由谁共享"指的是高校实践育人的发展成果应由哪些人来共享，即共享的主体是什么。从我国现有的教育体制看，共享高校实践育人发展成果至少应包括政府、企事业、学校、教育者、学生、家庭和社会七个主体。高等教育的根本目的是向社会输送高质量的人才资源，满足社会发展的人才需要，推动社会的进步与发展。高校实践育人有助于解决"培养什么样的人、如何培养人以及为谁培养人"这个根本问题，这是每一个高等学校教育者的神圣职责和应尽义务。因此，高校实践育人既是高校全员育人、全过程育人和全方位育人的责任，更是高校思想政治教育者的价值体现或教育成就。高等教育质量的提升，事关千家万户，事关每一个就学家庭；更重要的是直接关系到社会发展需要的人才质量。因此，提升高校实践育人质量，从共享理念看，正是政府、社会、企事业、学校、家庭、教育者和青年学生的共同期待。"共享什么"？很显然，共享的是实践育人的优质资源，共享的是我国高等教育的优质人才培养质量，即通过推进高校实践育人的创新发展，让实践主体共享优质资源，通过加强大学生思想政治教育，进一步提高大学生的思想政治素质，促进大学生的全面发展，把青年学生培养成能担当民族复兴大任的中国特色社会主义可靠接班人和合格建设者，确保我国在激烈的国际竞争中始终立于不败之地，早日实现全面建成小康社会和中华民族伟大复兴的发展目标。"怎么共享"？就是既要搭建共享平台，确保高校实践育人的公平公正，既要积极促进高校实践育人均衡发展，缩小区域差异和校际差距；又要确保实践育人覆盖到每一位学生，政策制度、平台条件等保障机制和发展成果惠及每一位学生；还要构建实践育人共享机制。高校在实践育人过程中，应秉承"协同推进、成果共享、持续多赢"的原则，协同发挥政、企、学各方优势，整合多方资源，实现实践单位与实践主体在人才、平台、成果上的多方协同共享，进而激活各方的内生动力、迸发教育活力，共同推进人才培养质量的进一步提升。

总而言之，五大发展理念是对新时期高校实践育人规律的新认识，是对新时期高校实践育人发展认识的新高度和新自觉。高校实践育人只有以五大发展理念做先导，才能破解发展难题、补齐发展短板、增强发展动力、厚植发展优势，确保实践育人取得实效，确保大学生思想政治教育质量的有效提升。

第二节　高校实践育人机制的发展探索

实践无止境，理论研究也无止境。新时代开启了青年学生社会实践的新征程，新时代也对高校实践育人提出了新使命和新要求。当前，我们站在新的历史发展方位上，既要积极解决高校实践育人机制中存在的现实短板和问题，也要主动融入未来社会为我们带来的日新月异的变化与发展，更要勇于践行新时代中国特色社会主义思想。新的历史发展时期将为我们提供广阔的实践舞台，这既是机遇，也是挑战；既是青年学生的使命，也是思想政治教育者的责任。因此，我们不仅要继续探索高校实践育人的发展规律，更要深入研究高校实践育人机制的优化与完善，要用科学的理论指导实践，用多维度的创新推动实践。

一、 研究体系： 多学科视角和国际化视野

高校实践育人工作将随经济社会的快速发展、人才培养的新要求和实践主体时代性的特点与时俱进，实践育人工作的推进和创新首先需要理论上的支撑和指导，这就对理论研究的创新发展提出了要求。要从多学科视野研究实践育人机制，改变一直以来的从思想政治工作视角研究实践育人。实践育人机制研究的创新既可以从学科交叉、学科融合的维度深入推进，可以将心理学、管理学、经济学、统计学等多种学科与思想政治教育学科融合，用不同的学科视角研究实践育人机制，进而提升机制的科学性；也可以从纵向和横向的维度研究实践育人机制成效。比如，从纵向维度，通过我国高校实践教育的历史发展来研究实践育人成效的变化，探索高校实践育人机制流变的规律；从横向维度，比较我国与其他国家的实践育人机制运行情况，从国外高校实践教育的成功经验和理论体系中学习借鉴，比较我国高校之间实践育人机制的共性与个性、优势与不足等。既可以有不同类型高校之间的比较研究，也可以有同一类型不同高校之间的比较研究，或者根据区域分布、专业类型等不同维度进行横向比较研究。理论研究的创新发展，将为高校实践育人构建一个具有自身特点的学科话语体系和理论支撑。它既可以属于思想政治教育学科的范畴，也可以属于高等教育学学科的范畴，还可以属于心理学或社会学等相关学科的范畴。因此，需要从不同学科的研究范式中形成一种具有中国特色又有国际借鉴的高校实践教育研究体系。

二、 动力机制： 用积极体验激发主体动力

具身认知（Embodied cognition）理论和积极心理学认为，人的生理体验与

心理状态之间有着强烈的联系，生理体验"激活"心理感觉。这就意味着，人在实践过程中其生理体验会强化主体的态度，左右主体情绪。人在实践活动中，如果自身已有的技能水平（或能力）与外在活动的挑战性（活动目标要求水平）相符合（呈平衡状态），则将引发 Flow 体验（Flow 是一种积极情绪，表现有愉快、幸福、满意等主观体验，是意识内容与自我结构相协调的状态）。研究发现，体验到 Flow 的学生往往会对参与的活动抱以积极的态度，可以激发其参与活动的内在动机，并深化对活动的认识。心理学有关实践方面的理论对实践育人及其机制研究提供了非常有意义的借鉴价值。因此，在今后的高校实践育人动力机制构建过程中，可以引入积极教育的理念，就是通过培养和提高学生的乐商（主要包括外显和潜在的积极力量），增强学生在实践活动中的积极体验，最终达成培养学生个体层面和集体层面的积极人格。这种积极体验可以让实践主体对实践活动表现出深厚的兴趣并能推动实践主体完全投入其中。实践证明，人只有在活动中感觉快乐，才会更加主动地投入实践，才会将外生动力转化为内在要求，才能更加充分地激活自身的内生动力。积极教育是应用积极心理学原理而开展的教育活动，旨在提升学生在实践活动中的积极体验或快乐感，从而让学生产生强烈的受教激情，进入从被动接受教育到主动参与活动、自主设计活动和快乐体验活动的一种良性转变过程。当前，已经有越来越多的学校引入积极教育，尤其是在中小学校已经开始打造幸福学校或快乐学校，其核心理念就是基于积极心理学的积极教育。理论研究的创新发展，必然会带来育人理念的更新或变革。在新的理论成果指导下，新的理念必将应运而生，高校又将在新的实践育人理念的引领下，不断推动实践育人工作向更高水平发展。高校实践育人机制的创新发展在某种程度上取决于实践育人理念的更新。高校思想政治教育不仅要激励学生成为当代社会所需要的人，或对当代社会有价值的人，更要引领他们成为未来社会所期盼的人，对未来有贡献的人。中国今后的发展目标是实现国家和社会的现代化，而社会现代化的前提条件是人的现代化，需要由现代人的人格来支撑。现代人，除了通过现代意识教育而具有现代思维方式、现代思想理念、价值观念、行为方式之外，更重要的是如何拥有积极的心理，具有独立性的自由个性的人格——自由而全面地发展、幸福而快乐地工作。因此，高校实践育人理念的更新必须始终围绕着"人"这个根本，即人的发展——人的现代化。要实现人的现代化，从本源上看，应通过积极教育，着力激活实践主体的积极因素，激发实践主体的内生动力。目前，在高校实践育人的动力机制运用中，高校更多的是发挥外生动力的作用，内生动力作用的发挥显然远远不够。因此，在实践育人机制创新发展中，高校必将运用更加科学有效的原理，在尊重和满足实践主体内在需要的基础上，将积极教育引入实践育人的动力机制，刺激、调动和发挥实践主体的主体性，减少对实践主体的外部功利性驱动，注重内外动力的有机结合，引导学生潜能开发和个性的良好养成，让动力机制效能发挥到最佳状况。

三、 运行机制： 人本化、 专业化和法制化

高校实践育人的运行机制应准确把握未来社会的发展变化才能实现有效的创新。未来社会将更加注重以人为中心的发展思想，更加注重人的自我教育机制；同时未来社会也将更多地通过科技创新，实现更大的交互平台。运行机制的创新发展主要将呈现出如下特点：

第一，凸显以人为本的柔性化运行趋向。我们的时代是人本时代——是人的主体性凸显的时代，是知识化、信息化时代，我们必须考虑：高校实践育人机制的运行主体是谁？各要素之间的结构方式怎样才合理？运行机理如何才科学？高校实践育人机制是具有属人性的，核心因素是人，机制的构成是人，机制的运行是人。因此，高校实践育人机制无论怎么发展，都需要始终坚持它的人本性，必须构建适应时代特点的因人、因地、因时、因事制宜的柔性化实践育人运行机制。运行机制的创新应该具有活性、动态性，而不应该满足于规范性、稳定性、程序性和机械性，那会退化为僵化的机制；最富活力的运行机制应该是实践主体热情参与的机制，只有以实践主体的积极参与为原动力的机制才是富有活力、最有教育穿透力的机制。从教育角度思考，"真正的教育就是自我教育"，没有教育者的教育是最好的教育。比如，既可以让学生自主设计实践活动方案，也可以由学校提供更多的方案选择，同时也可以让两者结合起来，使实践活动的参与过程更加富有人性化的特点；另外，对实践活动的评价可以更加注重学生的个性发展，让学生的兴趣、特长和潜能有更多的展现。因此，从某种意义上说，高校实践育人运行机制发展的最终目标应该是营建自教育机制，这既是高校实践育人内生动力机制的要求，也是现代思想政治教育机制的基本内涵。

第二，共享机制和共享平台更加专业。高校实践育人实施运行过程中，建有资源共享机制，主要包括人才共享、平台共享和成果共享。这三个方面的共享还停留在以某所高校为主导的实践教育参与方的共享层面，其共享的效用和辐射面非常有限。随着互联网的快速发展和大数据时代的到来，高校实践育人机制建设将在平台建设上不断创新发展。一是共享平台将突破现有的实践主体限制，将在空间和服务对象上得到更大范围的拓展。理论上，共享平台应该可以在允许的范围内都能得到实践教育资源，从而避免重复建设，将有限的实践教育经费发挥到更大的效用。比如，研究型大学的优质实践资源可以让其他类型的大学共享，其结果将有助于全面提升我国高校实践育人的质量和水平。二是进一步发挥互联网平台，建立全国性的实践育人工作网络，推动思想政治工作传统优势同信息技术高度融合，实行实践主体网络注册，实践内容和运行程序网络公开，真正实现实践教育供需双方的即时对接，切实解决实践教育供给侧结构性矛盾。通过平台的创新发展将进一步提高实践育人动力机制和运行机制的互适性，实践主体可以通过网络平台对接以满足符合自身发展需要的实践方式、实践内容和实践时间，从而有助于激发实践主体内生动力和潜能；高校可以通过网络上的数据分析社会需求和学生发展需求，以数据的形式呈现高校实践育人的内外动力要求，有助于有针对性地调整人才培养方案；同时通过网络平台将实践育人的运行环节、运行要求、运行项目、考核标准、保障条件等公开透明，进一步增强实践主体的选择性和自主性。三是通过网络平台和网络大数据，既有助于高校分析社会对人才的具体要求，也有助于高校利用网络调查问卷、网络行为数据等技术手段，及时对学生政治观点、思想动态、心理健康、学习状况、关注热点、生活需求等方面数据进行系统采集、动态观测与综合分析。根据大数据分析的结果，既可以帮助高校在专业培养上及时调整专业设置和课程内容，也有助于引领学生的理想信念和价值追求，有效提升大学生思想政治教育的针对性和实效性，有助于提高人才培养质量。

第三，要加快打造实践育人的专业化队伍。高校实践育人要实现理想的育人成效，就需要提升实践育人的专业化、科学化水平。既需要有一支研究队伍在理论上做出贡献，也需要利用高校的多学科优势，在思想政治教育者队伍和其他专业教师中遴选优秀人才，建设一支实践育人工作的设计师队伍，用专业知识研究、设计实践育人方式和运行模式，不断提高高校实践育人的专业化水平，以确保实践育人的科学性和实效性。

第四，要加快实践育人相关立法，实现保障机制的新突破。要从国家法律层面上对实践育人工作予以保障。比如，要在法律层面通过立法对企业、家庭等参与方给予刚性的规定，对企业要以法律条文强制性规定其应承担实践育人的责任，改变因市场经济带来的逐利性消极影响困局，要通过法律明确要求企业为大学生提供实践基地、提供实习实践的机会；但同时又要通过法律明确接受大学生专业实习的相关优惠条件，如可以减免税收等。当然，法律保障的问题需要从国家层面或政府层面上来解决，高校可以从中发挥推动作用。

四、 评价机制： 建立综合立体多元的评价体系

科学的实践育人评价机制是检验实践育人效果的总阀门。评价机制的创新发展是确保高校实践育人因时而进工作成效的关键。一是在评价方法上，鉴于实践活动的特殊性，应坚持定性研究与定量研究相结合的方法，通过纵向与横向两个维度进行比较分析。纵向维度主要指高校自身在实践育人过程中人才培养质量上的前后比较，反映育人成效；横向维度是指同类院校之间实践育人成效的比较。在定性分析上可以明确一些可以固定的指标要求，包括实践育人组织机构、育人平台、实践教育课程、人才培养模式特色、学生思想道德素养等；定量研究的指标体系则可以通过具体数据进行监测，主要包括实践育人的学生基本数据、学生科研能力、综合素质发展、实践成果、条件保障等主要指标，指标要易于量化，主要评价学生培养质量的变化。量化指标体系可以通过建立数据库进行客观分析。二是要探索建立"标准＋特色"实践育人标准化构建模式。标准的基本要素主要应依据如何调动动力机制和运行机制的几大要素，同时可以根据各自高校的实际情况，设定特色性指标。三是评价必须由第三方社会专业机构进行。以避免实践育人关联方因体现自身工作业绩而出现弄虚作假现象，要确保评价的科学性、真实性和客观性，以及评价结果反馈的及时性，确保高校实践育人工作及时完善、不断提升。另外，高校在实践育人的实施过程中，要定期开展实践主体、实践单位对实践育人工作满意度的测评，对大学生、实践单位反馈的问题要及时跟进，建立人才培养方案与专业建设改革的倒逼机制，进而健全教育质量的评价体系。